基础会计
（第三版）

陆萍 王妹 邱强 主编

·南京·

图书在版编目(CIP)数据

基础会计 / 陆萍,王妹,邱强主编. —3 版. —南京：东南大学出版社,2023.1(2024.12重印)
ISBN 978-7-5766-0407-8

Ⅰ.①基… Ⅱ.①陆… ②王… ③邱… Ⅲ.①会计学-高等学校-教材 Ⅳ.①F230

中国版本图书馆 CIP 数据核字(2022)第 223641 号

责任编辑：夏莉莉　　责任校对：李成思　　封面设计：颜庆婷　　责任印制：周荣虎

基础会计（第三版）

Jichu Kuaiji(Di-san Ban)

主　编	陆　萍　王　妹　邱　强	
出版发行	东南大学出版社	
社　址	南京市四牌楼 2 号(邮编：210096　电话：025-83793330)	
经　销	全国各地新华书店	
印　刷	广东虎彩云印刷有限公司	
开　本	787mm×1092mm　1/16	
印　张	14.75	
字　数	359 千字	
版　次	2023 年 1 月第 3 版	
印　次	2024 年 12 月第 2 次印刷	
书　号	ISBN 978-7-5766-0407-8	
定　价	38.00 元	

本社图书若有印装质量问题，请直接与营销部联系，电话：025-83791830。

前 言
FOREWORD

经济越发展,会计越重要。会计学基础是会计学专业学生的入门课程,也是非会计专业人员了解会计工作的一门基础课程。我们于2015年、2020年出版了《基础会计》第一版和第二版,深受广大读者的欢迎。随着我国市场经济的不断发展,会计理论与实务研究工作也在日益深化。为此,我们再次精心组织了本教材的改版工作。本教材的特色是注重会计实务,充分考虑企业会计准则的变化,力求使初学者掌握会计的基本理论、基本方法和基本技能。本次改版是在保持原有体例下进行的,主要结合了近几年我国对企业会计准则及相关法规的修订与完善,并对原教材的错漏之处进行了修改。每章后面会根据章节内容配有思考题、习题和案例题供读者使用。本书内容新颖、通俗易懂、实用性强,既可作为高等院校教材,也适合自学进修和业务学习之需要。

本书由南京林业大学经济管理学院陆萍、王妹和邱强主编。具体分工如下:第一章由王妹撰写;第二章、第九章由陆萍撰写;第三章、第六章由邱强撰写;第四章、第十二章由曾华锋撰写;第五章由秦希撰写;第七章、第八章由宋淑鸿撰写;第十章、第十一章由陈健撰写。全书由陆萍负责统稿。

由于作者水平有限,错漏之处恳请读者指正。

陆萍
2022年10月

目 录
CONTENTS

第一章　总论 ··· 1
 第一节　会计的产生与发展 ·· 1
 第二节　会计的概念、对象和职能 ·· 9
 第三节　会计核算方法 ··· 13
 巩固和实践 ··· 15

第二章　会计要素 ··· 16
 第一节　会计要素概述 ··· 16
 第二节　财务状况要素 ··· 20
 第三节　经营成果要素 ··· 23
 巩固和实践 ··· 27

第三章　财务会计概念框架 ·· 30
 第一节　财务会计概念框架概述 ··· 30
 第二节　财务报告目标 ··· 31
 第三节　会计假设 ··· 34
 第四节　会计信息质量特征 ··· 36
 第五节　会计确认与计量 ·· 39
 巩固和实践 ··· 41

第四章　账户与复式记账原理 ··· 42
 第一节　会计等式 ··· 42
 第二节　会计科目与账户 ·· 45
 第三节　复式记账法 ·· 49

第四节　借贷记账法 ·· 51
　　巩固和实践 ·· 60

第五章　企业主要经济业务的会计处理 ·· 65
　　第一节　主要经济业务概述 ·· 65
　　第二节　供应过程中经济业务的会计处理 ·· 65
　　第三节　生产过程中经济业务的会计处理 ·· 70
　　第四节　销售过程中经济业务的会计处理 ·· 78
　　第五节　利润和利润分配经济业务的会计处理 ·· 81
　　第六节　其他经济业务的会计处理 ·· 86
　　巩固和实践 ·· 88

第六章　账户的分类 ·· 94
　　第一节　账户分类的涵义 ·· 94
　　第二节　账户按经济内容分类 ·· 95
　　第三节　账户按用途和结构分类 ·· 97
　　巩固和实践 ·· 99

第七章　会计凭证 ··· 101
　　第一节　会计凭证的概念、作用和种类 ··· 101
　　第二节　原始凭证的填制和审核 ··· 105
　　第三节　记账凭证的填制和审核 ··· 107
　　第四节　会计凭证的传递和保管 ··· 111
　　巩固和实践 ··· 112

第八章　会计账簿 ··· 114
　　第一节　会计账簿的作用和种类 ··· 114
　　第二节　序时账簿 ··· 116
　　第三节　分类账簿 ··· 120
　　第四节　会计账簿的使用规则 ··· 124
　　第五节　对账和结账 ··· 129
　　巩固和实践 ··· 130

第九章　财产清查 ··· 131
　　第一节　财产清查的意义和种类 ··· 131

第二节　财产物资的盘存制度 …………………………………………………… 133
　　第三节　财产清查的准备工作和方法 …………………………………………… 135
　　第四节　财产清查结果的处理 …………………………………………………… 140
　　巩固和实践 …………………………………………………………………………… 144

第十章　会计报表 …………………………………………………………………… 147
　　第一节　会计报表的意义和内容 ………………………………………………… 147
　　第二节　资产负债表 ……………………………………………………………… 152
　　第三节　利润表 …………………………………………………………………… 157
　　第四节　现金流量表 ……………………………………………………………… 162
　　第五节　所有者权益变动表 ……………………………………………………… 166
　　第六节　会计报表的报送和汇总 ………………………………………………… 170
　　巩固和实践 …………………………………………………………………………… 172

第十一章　账务处理程序 …………………………………………………………… 174
　　第一节　账务处理程序的意义和要求 …………………………………………… 174
　　第二节　记账凭证账务处理程序 ………………………………………………… 175
　　第三节　汇总记账凭证账务处理程序 …………………………………………… 197
　　第四节　科目汇总表账务处理程序 ……………………………………………… 201
　　第五节　多栏式日记账账务处理程序 …………………………………………… 204
　　巩固和实践 …………………………………………………………………………… 206

第十二章　会计工作组织 …………………………………………………………… 209
　　第一节　会计规范 ………………………………………………………………… 209
　　第二节　会计机构的设置 ………………………………………………………… 211
　　第三节　会计岗位设置与会计人员配备 ………………………………………… 213
　　第四节　会计档案管理 …………………………………………………………… 216
　　巩固和实践 …………………………………………………………………………… 217

附录　中华人民共和国会计法 …………………………………………………… 218

参考文献 ……………………………………………………………………………… 225

第一章 总论

第一节 会计的产生与发展

会计是人类社会的生产经营活动发展到一定历史阶段的产物。会计不是从天上掉下来的，也不是人间固有的，它是随着人们的生产和其他经济活动的发展，基于管理的需要而产生、发展并不断地完善的。物质资料生产是人类社会赖以生存和发展的基础。在生产活动中，为了获得一定的劳动成果，必然要消耗一定的人力、物力和财力。在人类社会的早期，人们只是凭借头脑来记忆经济活动过程中的所得与所耗。随着生产活动日趋纷繁复杂，便产生了专门记录和计算经济活动过程中所得和所耗的会计。简言之，人们之所以需要会计是为了帮助人们记录、计算那些通过观察和记忆已无法直接了解的、越来越复杂的经济活动。

一、会计的萌芽

会计最初表现为人类对经济活动的计量与记录行为。在原始社会中，人类为了生存，必须结成团体共同生活和劳动，形成氏族社会。随着人类劳动经验的积累、劳动工具的进步、脑力和体力的增强，人类获取生活资料的能力也不断提高。大约在原始社会野蛮时代的中期，氏族社会成员的劳动所获不仅能满足暂时的生活需要，还出现了一些剩余。这时，为了记录劳动成果的获取情况，以便在氏族社会内部统一管理和分配，人类发明了一些简单的符号和行为来记录劳动成果的取得和分配情况。据考证，人类的原始计量行为产生于旧石器时代的中、晚期，距今约十万至二三十万年。人们通过在山洞内绘出简单的动物图像、在骨片上刻画条痕和在鹿角上刻画纹道来达到管理生产、分配和储备剩余产品的目的。

在距今约五千至八千年的新石器时代，随着生产力的发展，剩余产品的分配、储备，我国出现了"结绳记事"记数方法。《周易集解》引《九家易》说："事大大其绳，事小小其绳，结之多少，随物众寡"，即凡记录小数或小事，打一个小结，而记录大数或大事，打一个大结，绳结的大小以数目或事件的大小为转移。绳结的多少即所记录的经济活动的数量表现。

到了原始社会末期，随着早期文字的产生和记事用数码符号的出现，原始会计行为开始发生变革，出现了刻契记事方法。将会计记录刻写在竹木、龟甲、兽骨或石板上，这就是刻契记事。

应当指出的是，上述的这些记事方法属于一种综合性质的行为，它不仅与会计有关，而且与数学、统计学以及其他学科有关，因此我们将远古时代的记事会计称为人类会计发展史上的一个阶段——会计萌芽阶段。

二、会计的产生

人类以实物为计量单位的记录形式绵延了一个漫长的历史时期。直到人类历史上发生第二次社会大分工即手工业和农业的分离以后(第一次是畜牧业和农业的分离),才有了专门为交换而进行的商品生产,随着商品交换范围的扩大,作为一般等价物的货币才开始出现,会计由原始计量和记录时代步入货币计量时代。

随着社会经济的不断发展、生产力的不断提高、剩余产品的大量出现,会计作为生产经营过程的附带职能也逐步独立出来,成为独立职能。到了西周(公元前1046—前771),我国有了"会计"的命名和较为严格的会计机构,并开始把会计提高到管理社会经济的地位上来认识,由此"会计"的意义也随之明确。

据《周礼》所述,西周王朝建立了较为严格的会计机构,由天官大宰总揽国家财政大权,其下设"司会"专职官吏来掌管国家和地方的"百物财用",即掌管钱粮赋税。司会为计官之长,级别为中大夫,负责勾考,"司会掌邦之六典、八法、八则……而听其会计",主要职责是"以九贡之法致邦国之财用,以九赋之法令田野之财用,以九功之法令民职之财用,以九式之法均节邦之财用",并"以参互考日成,以月要考月成,以岁会考岁成",其中"参互""月要"和"岁会"相当于今天的旬报、月报和年报,建立了"参互""月要"和"岁会"等会计报告文书,初步具备了旬报、月报、年报等会计报表的作用。

关于"会计"一词的涵义,战国时期的《孟子·万章章句下》中记载:"孔子尝为委吏矣,曰:'会计当而已矣。'"东汉许慎在《说文解字》中称:"会,合也。……计,会也,算也。"清代学者焦循在《孟子正义》一书中解释:"零星算之为计,总合算之为会。"其基本含义是既有日常的零星核算,又有岁终的总合核算,通过日积月累到岁终的核算,达到正确考核王朝财政经济收支的目的。

我国"会计"命名的出现,是我国会计理论发生、发展的一种表现,而完备的会计机构的出现,也是我国会计发展史上的一个突出进步。

我国历代封建王朝,从秦汉至唐宋,逐步形成"三省六部"官制。据《旧唐书·职官志》所载:三省即中书省、门下省和尚书省,分别分管决策、审议和执行。其中尚书省下设吏、户、礼、兵、刑、工六部。户部总揽国家财政,具体包括田土、人口的统计,赋税的征收,财政预算,会计以及汇总全国的财物收支结存。刑部中的比部掌管审计,独立于财计部门,行使监督之权。至宋代,神宗熙宁七年(公元1074年)十月曾设置会计司,负责统一勾考全国财政税赋出入,这是我国对官厅会计的首次命名,虽然设置后不久即取消,但其影响却是深远的。

会计作为一种计算、记录和考核收支的工具,无论在我国还是在国外都有着悠久的历史。世界上著名的文明古国,如中国、古印度、古埃及、古巴比伦等都曾留下对会计活动的记载。据马克思考证,在印度的原始公社里,农业上已经有了记账员,负责登记农业账目,登记和记录与此有关的一切事项。在公元前三四千年,古埃及法老已设有专职的"录事",管理宫廷的赋税收入和军饷、官吏俸禄等各项支出。大约三千年以前,古巴比伦就开始在金属或瓦片上作商业交易的记录。在西方,会计在封建经济逐渐瓦解、资本主义经济逐渐形成的过程中产生了。

三、单式簿记的产生与发展

随着社会过渡到商品经济社会,会计核算内容、方法等也发生了很大的变化,会计技术获得了较大的发展。记账方法由单式簿记发展到复式簿记。单式簿记的方法体系由会计核算项目、账簿设置、记录方法、会计凭证、结算方法及会计报告等具体方法组成。

(一)会计核算项目

设置会计科目是现代会计的重要方法之一,但在古代单式簿记时代是没有会计科目的。据史料考证,在我国奴隶制和封建制时代的官厅会计中,人们最早是按照国家财政项目进行分类并分项进行核算的;而在民间会计中,人们先后采用过按人名、物名和各收支项目进行分类、分项目核算的形式。

(二)账簿设置

对于账簿的设置,我国古代的账簿设置经历了单一流水账设置和"三账"设置两个阶段。夏、商王朝的单式簿记主要是单一流水账。在单一流水账下仅采用一种综合性的账簿,它既无项目之分,也无总括与明细之分,唯一的法则就是序时记录,所以后人将其称为流水账。西周至明清时代的单式簿记主要是"三账"。所谓"三账"是指"草流""细流"和"总清"这三账。草流主要起赶急暂记和原始凭证的作用;细流根据草流整理登记,相当于现代的明细分类账;总清又称誊清账,具有总分类账的性质,是定期根据细流加以归类整理而出,在总清账中,一般是一张账页记录一个项目。

在此期间,古埃及人主要设置的是日记账,古希腊有流水账,古罗马有备忘录、日记账,古印度有流水账和分类账。

(三)记录方法

这一时期的会计记录方法包括文字叙述式会计记录法和定式简明会计记录法两个阶段。文字叙述式会计记录法是世界各国会计记录中都曾运用过的一种方法。由于对经济业务的记录尚无一定的规则可循,因此在这种方法下,叙事力尽其详,却很难顾及简练。在我国,这种方法的存续期间为商代至春秋战国时代。定式简明会计记录法对账目的记录有较固定的格式,文字表述简明扼要,数字运用准确规范,记账符号基本统一且置于每句记录之首。在我国,这种方法的存续期间为秦汉至明清时期。

(四)会计凭证

在我国,单式簿记的会计凭证经历了经济凭证和原始凭证这两个阶段。我国最初使用的经济凭证在财物收支活动中仅起一般经济凭证的作用,而尚未同账面记录有机地联系起来,这一时期大约在西周至春秋时代。原始凭证的使用始于战国时代,终于清朝末年。原始凭证不仅可以作为财物出入的依据,还是会计人员登记账目的依据,并且有了保管制度。在西方各国,会计凭证大抵也经历了上述两个阶段。

(五)结算方法

结算方法在整个单式簿记方法体系中占有重要的地位。中式簿记结算方法的演进大致经历了"盘点结算法""三柱结算法"和"四柱结算法"三个阶段。盘点结算法的存续期间约在原始社会末期至商代,是通过盘点实物库存以取得各类财物本期保存数的一种结算方法。三柱结算法的存续期间约在西周至中唐,是采用"本期收入－本期支出＝本期结余"这一公式,结算出本期财物增减变化过程及其结果的一种结算方法。四柱结算法的存续期间约在中唐至清末,是采用"旧管＋新收－开除 ＝ 实在"这一基本公式,计算出本期财物增减变动及其结果的一种结算方法。"旧管""新收""开除"和"实在"分别相当于现代会计中的"期初结存""本期收入""本期支出"和"期末结存"。在西方,会计结算方法同样也经历了盘点结算法和三柱结算法阶段。

(六)会计报告

单式会计报告在我国经历了两个阶段:一个是文字叙述式会计报告的编制阶段,另一个是文字数据组合式会计报告的编制阶段。前者起讫时间为西周到汉代,后者起讫时间为唐代到明清。在西方,会计报告同样也经历了这两个阶段。公元10世纪左右,在意大利出现了一种"平衡账"。这种账的左边列资产,右边列负债、资本和利润。公元1200年左右,法国人又编制了一种"余额表"。这些意味着西欧民间会计报告开始向财务报表的编制时期过渡。

四、复式簿记的产生与初步发展

(一)西方复式簿记的产生与初步发展

尽管人们尚不了解复式簿记的确切起源,但对于其早期历史的许多方面已取得了一致的意见。左右对照的账户形式是为了适应商业的复杂化,而复式簿记也是为了满足当时的会计制度无法解决的商业上的要求而于1250—1440年在意大利北部产生的。借贷复式簿记是会计发展史上的一种科学的复式簿记,它突破了单式簿记的局限性,从而使会计记录体现了全面、辩证的观点。所谓借贷复式簿记是指将每笔经济业务同时在两个或两个以上相互联系的账户中,分为借方和贷方,并以相等的金额做成对立而统一的记录。

中世纪,地中海沿岸资本主义经济逐渐繁荣起来,与之相适应的会计也得到了发展。13世纪,处于封建时期的意大利,其位于地中海沿岸的某些城市,如佛罗伦萨、热那亚、威尼斯等,手工业、商业和金融业较为发达,产生了资本主义的最初萌芽,成为推动会计发展的重要因素。在佛罗伦萨市,从事金融业的经纪人所使用的银行账簿开始以借主和贷主的名字开立人名账户,每一人名账户分借贷两方,左方为借,右方为贷。每笔借贷款项分别记入一个账户的借方和另一个账户的贷方。这种方法被称为佛罗伦萨式簿记法,这是借贷记账法的萌芽。

随着资本主义经济的进一步发展,14世纪40年代(1340年左右)意大利的热那亚开始出现了不仅按人名设置账户,而且按物品设置账户的会计账簿;每一账户分左右两方,左方为借,右方为贷。一切经济业务都分别记入一个相应账户的借方和另一个相应账户的贷方,借贷双方金额相等。这种方法被称为热那亚式簿记法,这使记账方法前进了一大步。

到了15世纪末期,意大利的威尼斯商人在热那亚式簿记法的基础上,增设了损益账户、资本账户和试算平衡表,致使所有账户都能够进行试算平衡。这种方法被称为威尼斯式簿记法,这使资本主义经济下会计的记账法得到进一步的完善。

1494年意大利数学家、会计学家卢卡·帕乔利的《算术、几何、比及比例概要》(又称《数学大全》)一书在威尼斯出版发行,其中第3卷第9部(《计算与记录详论》)集中反映了当时威尼斯复式簿记的内容、方法和程序,并从理论上加以说明。这一著作对借贷复式记账做了系统的介绍,并介绍了以日记账、分录账和总账三种账簿为基础的会计制度,此后相继传至世界各国。世界会计史学界认为,自从这一著作问世之后,整个会计界才从对会计实务的研究中摆脱出来,从而向着会计理论研究的方向发展,为世界现代会计的发展奠定了基础。

(二)中式复式簿记的产生与初步发展

在西式簿记没有传入我国之前,我国是有复式簿记的,其经历了三脚账、龙门账和四脚账,由不完全复式簿记发展至完全复式簿记。

1. 三脚账

三脚账大约产生于明朝,在账簿格式上分为上下两格,上收下付,上格记来账,下格记去账,记账符号为"来""去"和"收""付"。三脚账的记账规则是"上来下去"或"上收下付",具体地说,凡现金收付事项,只记录现金的对方,而另一方因已明确为现金,可略去不记,这显然是单式记录,俗称"一脚";凡转账业务必须记两笔,即同时记入来账和去账,这就成了复式记录,俗称"两脚"。两者相加,便得到"三脚",这就是取名为"三脚账"的由来。它是一种不完全的复式记账,是中式簿记由单式向复式发展的一种过渡形态。三脚账从来账、去账过入总清簿的主要是人欠、欠人项目,而不重视商品进销和费用项目,因而总清簿中所记之数不能进行平衡结算,而只能用盘存的方法倒轧出盈亏。

2. 龙门账

明末清初,随着手工业、商业的发达和资本主义经济萌芽的产生,我国商人创立了龙门账,又名合龙门账。龙门账以"收××来账""付××去账"作为记账符号,对每一经济事项的处理要求同时反映相互对应的两方面,把账簿中的账目划分为"进""缴""存""该"四大类,设总账进行分类记录。"进"指全部收入,包括利息收入和经营收入等;"缴"指全部支出;"存"指全部资产,包括存货、现金和债权等;"该"指期初全部权益,包括业主投资应拥有的利益及债权人贷出款项应拥有的利益,即资本和债务之和。对于进和缴、存和该,分别计算它们的差额来确定企业的盈亏,进大于缴为盈,反之为亏;存大于该为盈,反之为亏。两者平行计算,而且差额必相等(进一缴=存一该),如若不等,就表明记账有误。因此,它能起账项之间相互钩稽的作用,实行双轨计算盈亏。

年终结账时(农历腊月底),结出各账户余额,根据进、缴账户余额编制"进缴表";根据存、该账户余额编制"存该表",轧算两表是否相符,就是所谓的"合龙门"或"轧龙门"。因此,人们便将这种账务处理称为龙门账。

3. 四脚账

四脚账,又名"天地合账",是中式会计发展过程中比较成熟的一种复式记账,产生的确切时间至今尚无定论,但一般认为它产生于18世纪中叶,即清朝乾隆到嘉庆年间。四脚账在账簿格式上与三脚账相同,但是对现金的收付事项在处理时同时记载两笔,这样在总清簿中专设现金账户,便于定期汇总、平行转录于总清簿,因而比三脚账多了一笔记录,故命名为"四脚账"。不仅如此,"四脚账"把账目划分为进、缴、存、该,以反映收益、费用、资产、权益的增减变化以及它们之间的平衡关系,并定期结账,将进、缴、存、该账户的余额,分别编制进缴表和存该表,并以进缴表的盈亏数轧平存该表中的差额,俗称"天地合"平账法。之所以称其为"天地合",是因为在这种账簿组织中,一项货款分别记录于上下两格,上格记来账(如客户来货或转来之账及资本等均属来账),下格记去账(如客户欠账、公司产业、营业费用等均属去账),而此上下两格所记数额必须相等,反映同一账项的来龙去脉。上格为天,下格为地,故有"天地合"之谓。

人类会计方法的演进,经历了由单式簿记向复式簿记转化的过程,它是社会经济发展的客观要求。我国长期以来使用的单式簿记在历史上发挥了积极的作用。但由于明清时期中国社会资本主义萌芽未能进一步发展,失去了推动会计发展的内在动力,因而使中国的会计水平渐渐落后于西方。到清朝后期,我国从国外引入了借贷复式记账法。

五、会计的进一步发展

15世纪意大利数学家、会计学家卢卡·帕乔利出版了关于复式借贷记账方法的著作《算术、几何、比及比例概要》,标志着近代会计的开始,它是会计发展史上的一个重要里程碑。18世纪末19世纪初,西方出现了股份公司并不断发展,资本所有权同经营权相分离。从19世纪中叶开始,英国的公司法就要求财务报表必须经过公司监事的审查,并向投资者提供审计后的财务报表,此后这一程序逐渐演变为由独立的执业会计师进行查账的制度。1854年苏格兰成立了世界上第一家特许会计师协会,标志英国出现了以审查会计报表为目标的独立职业会计师,这被誉为继复式簿记后会计发展史上的第二个里程碑,形成了以企业会计向股东集团、债权人及外部利害关系人提供各种财务报表为中心任务的"财务会计"概念。20世纪30年代以后,为了使会计核算工作规范化,增强会计报表的真实性和可比性,西方各国先后制定了会计准则,将会计理论和方法提升到了一个新水平。1939年第一份代表美国的公认会计原则(GAAP)的会计研究公报(ARB)发表,一般认为这是近代会计迈入现代会计阶段的标志。在这一阶段,传统簿记逐渐发展成为主要向企业外部有利害关系者提供财务信息的财务会计,实现了严格意义上的会计的转变。

第二次世界大战后,即20世纪50年代,出现了大规模的企业经营,为适应国内外市场激烈竞争的需要,迫切需要企业内部经济活动和经营管理的合理化,迫使企业经营管理与企业会计结合起来,产生了管理会计,为企业内部决策者服务。管理会计从传统的、单一会计系统中分离出去,是会计发展史上的第三个里程碑,标志着现代会计分化为财务会计和管理会计两大分支。

随着现代科学技术的进步,现代化生产迅速发展,经济管理水平不断提高,人类进入信息和知识经济时代,会计理论和会计技术有了突飞猛进的发展。现代会计的特征是日益科学化、规范化和国际化。至20世纪70年代,发达国家就已经应用电子计算机处理会计数据,建立了电子计算机的全面信息管理系统。会计电算化使会计记录和计算技术有了重大飞跃,成为现代会计的另一个重要标志。如今,财务机器人的问世又引发了财务会计新变革,它把会计人员从重复劳动中解放出来,要求他们关注更高价值的任务,大大提高了工作效率,实现了会计科学的根本变革。

我国会计也是随着社会政治制度变迁及社会经济发展而不断发展。1840年到1949年是中华民族苦难深重的历史时期。伴随着帝国主义的铁蹄,西方先进的簿记理论与方法开始传入我国。最早运用西式簿记的企业是列强在中国开办的工厂、商业和银行以及被帝国主义控制的海关、铁路和邮政部门。在20世纪30年代,曾发起了改良中式簿记运动,一些著名的会计学家如潘序伦、赵锡禹、徐永祚等人先后对引进借贷复式簿记、改良中式会计等作出了重要贡献,对中小型企业的会计曾经起过一定的作用,但仍存在中式簿记和西式簿记并存的局面。

中华人民共和国成立后,财政部设置了会计制度司和会计制度审议委员会,根据不同时期经济发展的要求,制定了一系列按照所有制性质和企业经营方式划分的企业会计制度,如先后制定了《财政总预算会计制度》《国营工业企业统一会计科目及会计报表格式》等多种统一的会计制度。1985年1月公布了《中华人民共和国会计法》(简称《会计法》),这是我国第一部会计大法,加强和改善了我国的会计工作。

随着经济体制改革的深入进行,为了适应社会主义市场经济的发展和扩大对外开放的需要,我国对原有财务会计制度作了进一步的改革,于1992年11月公布了《企业财务通则》和《企业会计准则》,1993年7月1日起执行,同时也出台了分行业的财务会计制度,这些会计法规的出台是我国会计理论和会计实务发展的重要里程碑,标志着我国会计发展走上了与国际趋同的道路。此外,1993年12月29日第八届全国人民代表大会常务委员会第五次会议通过《关于修改〈中华人民共和国会计法〉的决定》,对《会计法》进行了第一次修正,1999年10月31日第九届全国人民代表大会常务委员会第十二次会议进行了修订,并于2000年7月1日开始执行。修订后的《会计法》突出强调了单位负责人对本单位会计工作和会计资料真实性、完整性的责任,加大了对违法会计行为的惩治力度。这是保障会计工作更好地为社会主义市场经济服务的重要措施。2017年11月4日第十二届全国人民代表大会常务委员会第三十次会议对《会计法》进行了第二次修正。

为了进一步提高会计信息质量,增强会计信息透明度,财政部自1997年开始陆续发布了《关联方关系及其交易的披露》等多项具体会计准则;2000年12月29日发布《企业会计制度》,2001年1月1日起执行,该制度结合我国国情,借鉴国际惯例,是一个跨行业、跨经济成分,融准则与制度于一体、统一通用的会计核算制度。2006年2月15日,财政部发布了包括《企业会计准则——基本准则》和《企业会计准则第1号——存货》等38项具体准则在内的新的一整套企业会计准则体系,使得我国企业会计准则与国际会计准则理事会指定的国际财务报告准则之间实现了实质性趋同。新会计准则从2007年1月1日起在上市公司范围内施行,鼓励其他企业执行。同年10月30日,财政部又发布了《企业会计准则——应用指南》,执行新会计准则的企业不再执行原准则和《企业会计制度》《金融企业会计制度》等。2014年初开始,财政部陆续颁布了《企业会计准则第39号——公允价值计量》《企业会计准则第40号——合营安排》《企业会计准则第41号——在其他主体中权益的披露》3项新准则,修订了《企业会计准则第2号——长期股权投资》《企业会计准则第9号——职工薪酬》《企业会计准则第30号——财务报表列报》《企业会计准则第33号——合并财务报表》4项准则;2017年,修订了《企业会计准则第22号——金融工具确认和计量》《企业会计准则第23号——金融资产转移》《企业会计准则第24号——套期会计》《企业会计准则第37号——金融工具列报》《企业会计准则第16号——政府补助》及《企业会计准则第14号——收入》。

财政部除颁布了一系列企业会计准则外,还颁布了有关小企业、事业单位和政府会计的准则和制度。如2011年10月18日,颁布了《小企业会计准则》;2012年12月6日,颁布了修订的《事业单位会计准则》;2015年10月23日,颁布了《政府会计准则——基本准则》;2017年10月24日,颁布了《政府会计制度——行政事业单位会计科目和报表》;2016年,颁布了《政府会计准则第1号——存货》《政府会计准则第2号——投资》《政府会计准则第3号——固定资产》《政府会计准则第4号——无形资产》4项具体准则;2017年,颁布了《政府会计准则第5号——公共基础设施》《政府会计准则第6号——政府储备物资》2项具体准则。

会计随着社会生产的发展而发展,与经济管理活动紧密相连。随着经济全球化、信息化和网络化,人类进入了以知识驱动为基本特征的崭新的经济时代,会计理论和会计实践都将面临一个新的、更快的发展阶段,同时也面临着更多的挑战。

第二节 会计的概念、对象和职能

一、会计的概念

会计是以货币为主要计量单位,以会计凭证为依据,运用专门的技术方法,对一个单位的经济活动进行全面、综合、连续、系统的反映与监督,并向有关决策者提供会计信息的一种管理活动。在企业,会计主要反映企业的财务状况、经营成果和现金流量,并对企业经营活动和财务收支进行监督。

任何有经济活动的地方,人们必然会按照一定的目的,用一定的形式来管理自己的经济活动。人们对经济活动的管理,首先是对物质资料的生产和耗费的管理。任何生产者总希望以较少的耗费生产出较多的物质资料。为了达到这样的目的,就需要对生产和生产成果进行记录、计算、对比、分析,借以反映和控制生产过程。在商品经济条件下,利用货币形式作为统一计量尺度,从价值方面来反映和监督生产过程并确定其生产经营成果的活动,就是会计管理。随着经济的发展,会计除了反映和监督外,还通过预测、决策、计划、控制和分析来谋求经济效益。长期实践证明,经济越发展,会计在经济管理方面的作用越重要。加强会计工作,对于加强经济管理、提高经济效益、发展我国经济建设具有十分重要的意义。

二、会计的特点

会计的特点是指会计本身所具有的特殊性,它反映了会计的本质特征。会计的特点是以货币为主要计量单位,运用一整套专门的方法,对经济活动进行连续、系统和准确的记录和计算。

(一)会计以货币为主要计量单位进行综合反映

为了计算和记录经济业务数量的增减变化,必须采用一定的计量单位。计量单位通常有实物单位(如:重量、长度、实物量等)、劳动单位(如:劳动日、工时)和货币单位。在会计核算中虽然也使用实物和劳动单位进行计量,但主要是以货币单位对经济活动进行综合记录和计算。货币单位可以把不同种类的财产物资、不同性质的收入和支出、发生的成本和费用等综合在一起进行反映,以取得经营管理上所必需的各种综合的核算资料,它能全面地说明各单位的各种错综复杂的经济活动和财务收支情况。因此,在商品经济存在的条件下,会计必须以货币作为主要计量单位对经济活动进行综合的核算和监督,以求得各种总括的核算指标。

(二)会计以凭证为主要依据运用一整套专门的方法

为了正确核算和监督经济活动,会计运用一整套专门的方法,包括设置账户、复式记账、填制和审核凭证、登记账簿、成本计算、财产清查和编制会计报表等。这些专门方法的互相配合与综合利用,构成了记录、计算、反映和监督经济活动的一套完整的方法体系。

(三) 会计对经济活动所提供的数据资料具有连续性、系统性、综合性和全面性

会计对经济活动的记录和计算必须具有连续性、系统性、综合性和全面性。所谓连续性,是指按照经济业务发生的时间顺序进行记录,不能间断。所谓系统性,是指对发生的经济业务要科学分类,以分门别类地反映经济活动和财务收支情况,同时各项指标又要有科学联系,构成一套完整的指标体系。所谓综合性,是指将已发生或已完成的各项经济活动以货币为计量单位进行综合反映,以便了解和考核经济活动的过程和结果。所谓全面性,是指对属于会计所要核算和监督的经济业务都要全面记录和计算,做到正确无误,既不能遗漏,也不能任意取舍,更不能出现差错。

三、会计的对象

会计的对象是指会计所反映(核算)和监督(控制)的内容,即特定主体能够以货币表现的经济活动。需要特别指出的是,并非所有的经济活动都是会计对象,只有以货币表现的经济活动才是会计对象。从宏观上讲,会计的对象存在于社会再生产过程中,即生产、分配、交换、消费四个环节包括的各种各样的经济活动就是会计的对象。从微观上讲,会计的对象是一个单位能够以货币表现的经济活动。以货币表现的经济活动通常又称为价值运动或资金运动。因此,会计的对象就是资金运动。不同性质的单位,其经济活动的特点是不同的,从而引起的资金运动过程也是不同的。会计按其使用单位分类,一般分为行政单位会计、事业单位会计和企业会计三类,其中制造业企业的资金运动最具代表性。下面以制造业企业为例,说明企业会计对象的具体内容。

制造业企业是主要从事产品生产和销售的营利性单位。企业要生存和发展,就需要进行生产经营活动,必须拥有一定数量的财产物资作为物质基础。这些财产物资的货币表现(包括货币本身)称为经营资金(简称资金)。制造业企业的资金运动通常表现为资金投入企业(资金筹集)、资金在企业内部循环与周转(资金运用)、资金退出企业(资金分配)三个过程。其中,资金运用包括供应过程、生产过程、销售过程三个阶段。所以,制造业企业就其经济活动过程来说,可以划分为资金筹集(资金投入)、供应过程、生产过程、销售过程和资金分配过程(资金退出)五个基本环节。

资金筹集是指企业在设立或生产经营时,依法吸收投资者投入的或向债权人借款的资金形成生产能力的经济活动。投资者投入的资金构成了企业的所有者权益;向债权人借款的资金形成了企业的债权人权益,即企业的负债。

投入企业的资金,一部分用于建造厂房、购买机器设备及其他固定资产等非流动资产,使资金由货币资金转化为固定资金;另一部分投入生产经营过程中,不断地改变形态,经过供应过程、生产过程、销售过程三个阶段,周而复始地循环与周转,支撑着企业的正常运营。

供应过程是指企业以现金或银行存款等货币资金购买生产用材料等各种劳动对象,为进行生产储备必要的物资的过程。在这个过程中,企业资金由货币资金转化为储备资金。

生产过程是指劳动者利用劳动资料将材料加工成产品并验收入库的过程。这时的企业资金由原来的储备资金转化为在产品及产成品形态的资金。在这个过程中,一部分货币资金用于支付职工薪酬和其他生产费用而转化为在产品,成为生产资金。此外,在生产过程中,厂房、机器设备等劳动资料因使用而磨损,这部分磨损的价值(通常称为固定资产折旧)转移到在产品的价值中,也构成生产资金的一部分。当产品加工完成并验收入库后,生产资金即转化为成品资金。

销售过程是指企业将生产出来的产品销售给购买者,实现销售收入,通过结算,重新取得货币资金的过程。在这个过程中,企业资金由成品资金又转化为货币资金(其中包括新创造的纯收入)。

资金分配是指企业对所取得收入的分配。收入包括生产经营垫支的成本和利润两部分。分配的过程是:将一部分纯收入以所得税形式上缴国家,按规定提取盈余公积和分配给投资者的利润,归还债务,又用货币资金购买材料,支付生产费用,继续进行周转。企业资金从货币资金形态开始,顺序经过储备资金、生产资金、成品资金,最后又回到货币资金形态的过程称为资金循环。资金循环周而复始地不断进行,即为资金周转,如图1-1所示。

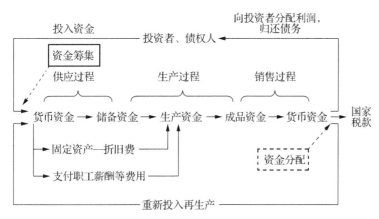

图1-1 资金循环周转图

制造业企业的资金除了在上述五个基本环节中不断地循环周转以外,有时还会发生对外投资和收回投资等情况,使企业的资金发生减少和增加变动,这些资金的变动同样是企业的资金运动。

四、会计的职能

会计的职能是指会计在实践中客观存在的功能,这是伴随着会计的产生而同时产生的,也随着会计的发展而发展。马克思曾将会计概括为"对过程的控制和观念的总结",就是对会计职能的科学概括。随着经济的不断发展,经济关系的复杂化和管理理论水平的不断提高,会计职能的内涵也不断地得到充实和开拓。现代会计的职能可以概括为反映、监督和参与经济决策。反映、监督是会计的基本职能,参与经济决策则是会计进一步发展的新的职能。

(一)反映职能

会计的反映职能,又称核算职能,是指会计能够对特定主体连续、系统、全面、综合地反映其资金运动的功能。这种功能在会计产生的时候起就已经客观存在了。人们为了管理自己的经济活动,总是首先要了解和掌握经济活动的情况。而会计工作使用货币作为统一的价值尺度,客观地、正确地计量和反映经济活动;运用会计的专门方法记账、算账、报账,对会计信息进行综合、整理和分析;对经济活动进行考核、评价,充分发挥会计信息的反馈作用。

(二)监督的职能

会计的监督职能,又称控制职能,是指对特定主体资金运动的控制,即对特定主体经济活动和相关会计核算的真实性、合法性和合理性进行监督检查。为了管理经济活动,需要利用会计信息来掌握经济活动情况,但是仅仅掌握情况还不能成为管理,只有在充分了解情况的基础上,按照一定的经济目标对经济活动实行严格的控制,才能真正达到管理的目的。会计监督是处于价值运动过程中的经济监督,不仅是事后监督,还是事前监督,是其他经济监督所不能代替的。在现代企业制度下,会计监督不仅存在,而且十分重要。因为社会主义市场经济是一种法制化经济,企业的合法经营是其生存和发展的必要条件,国家通过制定一套完善的法律、法规体系促使企业遵纪守法。会计作为企业重要的管理部门,依靠专门的程序和方法,连续、系统、全面、及时地收集、处理、反映企业财务收支活动的信息;会计人员必须全面理解和掌握国家统一的会计制度以及《中华人民共和国票据法》《中华人民共和国证券法》《中华人民共和国税法》等法律法规。因此,会计人员有能力和义务判别出不合法收支,并及时向经营者和有关部门反馈,以避免不合理收支情况的发生。会计通过对资金运动的全面、系统的监督,实现它在经济管理中的独特职能。

(三)参与经济决策职能

决策是指为解决面临的问题或完成某项任务而制定与选择方案的过程。决策贯穿于企业管理的各个方面和管理过程的始终,它不是一个静止的一次完成的过程,而是一个多因素相互影响、相互制约的不断修正、调节的动态过程。会计是一种管理活动,具有参与企业决策的职能。会计工作是以处理价值信息为基础的控制系统。会计工作离不开会计人员:一方面,会计人员借助于会计方法对企业价值运动进行核算和控制,提供各种决策所需信息;另一方面,在决策实施过程中因各种不确定的随机因素的干扰,实施过程会偏离预定的正常轨道,在各种指标上发生偏差。这要求会计人员通过各种渠道收集、加工和传递关于当前行动的特征、状态的财会信息,并将当前的行动及其实际结果同预期的目标相对照,查明活动中偏差的性质和程度,从而采取积极措施校正当前的行动,使之导向预定的目标。可见企业的经济决策离不开会计。随着社会生产的进一步发展和科学技术的进步,会计参与经济决策的职能也会越来越突出,并将成为会计在经济管理中更直接、更有效的职能。

第三节　会计核算方法

会计核算方法是反映和监督会计对象,完成会计任务的手段。会计方法包括会计核算方法、会计分析方法和会计检查方法。会计核算方法是对经济业务进行完整、连续和系统的记录与计算,为经营管理提供必要的信息所应用的方法,一般包括设置账户、复式记账、填制和审核会计凭证、登记账簿、成本计算、财产清查、编制会计报表和会计报表资料分析利用等几个方面。

一、设置账户

设置账户是对会计对象的具体内容进行归类、反映和监督的一种专门方法。由于会计对象十分复杂,为了系统地、连续地进行反映和监督,企业、事业单位除了设立科目进行分类以外,还必须根据规定的会计科目以设置账户的方法对它们进行分类,并对它们的增减变动分类地加以反映和监督。正确、科学地设置会计科目及账户,细化会计对象,提供会计核算的具体内容,是满足经营管理需要,完成会计核算任务的基础。

二、复式记账

复式记账是对每一项经济业务通过两个或两个以上相互联系的账户进行登记的一种专门方法。任何一项经济活动都会引起资金的增减变动或财务的收支变动,因为在经济活动中,每项经济业务的发生都会引起至少两个方面资金的增减变动。例如,以银行存款购买原料,一方面引起原料的增加,另一方面引起银行存款的减少;又如,以现金支付费用,一方面引起费用的增加,另一方面引起现金的减少。采用复式记账,不仅可以全面地、相互联系地反映资金增减变化的来龙去脉,也可以通过账户之间的一种平衡关系来检查会计记录的正确性,实现全面地反映和监督企业、事业单位的经济活动。

三、填制和审核会计凭证

会计凭证是记录经济业务,明确经济责任,作为记账依据的书面证明。在会计核算中要以会计凭证作为记账的依据。填制和审核会计凭证是可以保证会计记录完整、真实和可靠,审查经济活动是否合理、合法的一种专门方法。对每一项经济业务都应填制会计凭证并加以审核,以保证会计核算的质量并明确经济责任。

四、登记账簿

登记账簿是根据会计凭证，在账簿上连续地、系统地、完整地记录经济业务的一种专门方法。在会计工作中采用"设置账户"的会计核算方法，是为了对错综复杂的经济业务进行科学的分类，以便取得经济管理工作中所需要的各种指标。但对这些指标的归纳、整理还需要在具有一定格式的簿籍中进行登记，这种簿籍就是账簿。按照记账的方法和程序登记账簿并定期进行对账、结账，可以提供完整的、系统的会计资料，也是完整、正确编制会计报表的依据。

五、成本计算

成本计算是按一定的成本对象，对生产、经营过程中所发生的成本、费用进行归集，从而计算各个对象的总成本和单位成本的一种专门方法。这一专门方法主要是在企业会计中采用的。在企业中，为了考核经营过程中各个阶段的费用开支，寻求节约支出和降低成本的途径，需要将各个阶段的费用、支出按照一定的对象加以归集。例如，在工业企业中，供应阶段中采购材料所发生的费用，要按每种材料来归集；生产阶段中生产产品所发生的费用，要按每种产品来归集；销售阶段中出售产品所发生的费用，要按售出的每种产品来归集。通过对这些费用进行归集，然后计算各种成本计算对象的总成本和单位成本。通过准确计算成本可以掌握成本构成情况，考核成本计划的完成情况，了解生产经营活动的成果，促进企业加强核算、节约支出、提高经济效益。

六、财产清查

财产清查是通过盘点实物，查核应收、应付款项，并与账面核对以查明财产物资实有数额的一种专门方法。在会计工作中，运用一系列的专门方法，将各种财产物资的结存数额在账簿中进行了反映。但是账面上反映的财产物资的结存数额是否与实际结存的数额完全相符，还需要用财产清查的方法加以查对核实。通过财产清查，一方面可以查明财产物资实存数，以保证账实相符；另一方面还可以检查各种物资的储存保管情况和各种应收、应付款项的结算情况，以防止各种物资的积压、毁损以及各种应收、应付款项的长期拖欠，从而改进财产物资的管理，进一步提高资金的使用效果，并为正确编制会计报表提供真实、正确的资料。

七、编制会计报表

编制会计报表是以书面报告的形式，定期并总括地反映企业、事业单位经济活动情况和经营成果的一种专门方法。编制会计报表是对日常核算工作的总结，是在账簿记录基础上对会计核算资料的进一步加工整理。编制会计报表可以为国家有关部门和企业及其投资者、债权人集中地提供主要经济信息，有利于改善企业经营管理水平，并作为有关单位进行投资决策的依据。

八、会计资料分析利用

会计资料分析利用是对会计资料所反映的各项经济指标进行分析对比,以便挖掘潜力,加强管理,提高企业经济效益。

上述会计核算方法是所有企业、事业单位共同适用的会计方法,也是当今世界各国普遍使用的会计方法。它们是一个完整的体系,是相互联系、紧密结合的,必须一环扣紧一环,才能保证核算工作的顺利进行。从填制和审核会计凭证开始到编制会计报表、会计资料分析利用,一个会计期间(一般指一个月)的会计核算工作即告结束,然后按照上述程序进入新的会计期间,如此循环往复,持续不断地进行下去,这个过程称为会计循环。会计核算方法体系及程序可概括为图1-2。

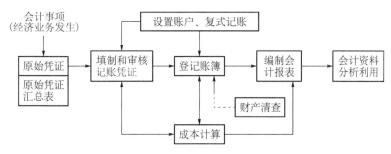

图1-2 会计核算方法体系及程序图

【巩固和实践】
思考题

1. 什么是会计?它有什么特点?
2. 什么是会计对象?制造业企业的资金循环周转情况如何?
3. 什么是会计的职能?会计的基本职能是什么?
4. 会计核算的方法有哪些?
5. 我国会计发展过程中使用过哪些会计方法?

第二章 会计要素

第一节 会计要素概述

一、会计要素的意义

在第一章中我们已说明会计的对象就是会计要反映和监督的内容,而会计所要反映和监督的内容就是社会再生产过程中的资金运动,但这一描述较为抽象。如何描述企业资金运动的过程及成果,提供能满足各方需求的会计信息,如企业拥有多少财产物资,这些财产物资是投资形成的还是负债形成的,企业获得了多少收入,费用支出是多少,有多少利润等等?如何将这一切用专门的专业术语描述下来呢?这实际上就是将会计对象的具体内容进行适当的分类描述,于是就产生了会计要素这一概念。

我国的《企业会计准则》将会计要素分为六个:资产、负债、所有者权益、收入、费用和利润。

会计要素是对会计对象的具体分类,是会计对象的具体化。这六大要素可全面反映会计主体的财务状况和经营成果。这六大要素又可分为反映财务状况的会计要素,包括资产、负债和所有者权益;反映经营成果的会计要素,包括收入、费用和利润。

二、会计要素的内容

(一)资产

资产指企业过去的交易或者事项形成的、由企业拥有或者控制的、预期会给企业带来经济利益的资源。按照这个定义,作为资产应该同时具备以下特征:

第一,作为一项资产,必须是由过去的交易或事项所形成的。也就是说在资产的定义中特别强调了过去发生这一原则,未来的、尚未发生的事项的可能后果不能确认为资产。

第二,作为一项资产,必须是企业拥有或控制的。这里特别强调了权属问题。所谓拥有是指企业对某项资产拥有所有权,例如企业的各种财产、债权和其他权利等;而所谓控制则是指企业实质上已经掌握了某项资产的未来收益和风险,但企业现在并不拥有该项资产的所有权,例如企业以融资租赁方式租入的固定资产等。

第三,作为一项资产,必须能给企业带来未来的经济利益。这一特征突出了资产的本质属性。也就是说,企业对客户所欠货款的追索权,仓库里待售的食品,正在使用中的机器设备,它们都是资产;但是,对于因客户已破产而令企业已无法追回的货款,仓库里待售的食品已经过期而不能再出售,由于技术进步等原因而淘汰或已不可使用的固定资产,尽管它们为企业所拥有,也不应该再作为该企业的资产。

符合资产定义的资源在同时满足以下条件时被确认为资产:

(1) 与该资源有关的经济利益很可能流入企业;

(2) 该资源的成本或者价值能够可靠地计量。

企业的资产按其流动性可划分为流动资产、长期投资、固定资产、无形资产和其他资产,如现金、银行存款、厂房、机器、专利权等(详见本章第二节)。

(二) 负债

负债指企业过去的交易或者事项形成的、预期会导致经济利益流出企业的现时义务。

按照这个定义,负债应同时具备以下几个特征:

第一,负债是由过去的交易、事项导致的现在仍然存在的义务。这里一是强调了是过去发生的这一特性,将来的交易尚未发生,不符合客观性原则,因此不构成负债;二是强调了是现时义务,也就是说,若过去交易产生的负债在过去已经偿还,现在已不存在,就不是现实义务,就不是企业的负债。

第二,负债在将来必须以债权人能够接受的经济资源来偿还。这是负债的实质所在,也就是说,负债就是企业将来要以资产或提供劳务的方式来偿还的一种受法律保护的责任。也许企业可以通过承诺一种新的负债来抵偿一项现有负债,负债仍然存在;也许企业承诺将负债转化为所有者权益来抵偿一项现有负债,这相当于用新增的因所有者权益而获得的资产偿还了现有负债。这两种偿债方式并没有违背负债的实质特征。若不需要用企业的资产或提供的劳务来偿还,则不是企业的负债,如企业股东大会批准的应分配的股票股利。

符合前述负债定义的义务在同时满足以下条件时被确认为负债:

(1) 与该义务有关的经济利益很可能流出企业;

(2) 未来流出的经济利益的金额能够可靠地计量。

在会计实务中,为了揭示企业的偿债能力,通常按照负债的流动性大小分为流动负债、长期负债和其他负债等,如短期借款、应付账款、长期借款和预计负债等(详见本章第二节)。

(三) 所有者权益

所有者权益指企业资产扣除负债后由所有者享有的剩余权益。对于公司来说,其所有者权益又称为股东权益。按照这个定义,所有者权益应同时具备以下几个特征:

第一,所有者权益是企业投资人对企业净资产的要求权,即对企业资产总额扣除负债总额后剩余资产的要求权利。这种要求权利会因企业资产总额和负债总额的增减变动而发生变动。

第二,所有者权益意味着企业所有者有分享企业税后利润的权利,但企业也因此承担着经营上的风险,如果企业发生亏损,资产减少首先减少所有者权益。

所有者权益按照来源可分为所有者投入的资本、直接计入所有者权益的利得和损失、留存收益等。

所有者投入的资本主要指所有者实际投入企业经营活动的各种财产物资,如实收资本(或者股本)、资本公积中的资本溢价等。

直接计入所有者权益的利得和损失指不应计入当期损益的、会导致所有者权益发生增减变动的、与所有者投入资本和向所有者分配利润无关的利得和损失。其中,利得指由企业非日常经营活动所形成的、会导致所有者权益增加的、与所有者投入资本无关的经济利益的流入;损失指由企业非日常经营活动所发生的、会导致所有者权益减少的、与向所有者分配利润无关的经济利益的流出。

留存收益是企业在经营过程中形成的盈余公积和未分配利润的总称。

(四)收入

收入指企业在日常活动中形成的、会导致所有者权益增加的、与所有者投入资本无关的经济利益的总流入。按照这个定义,收入具有以下特征:

第一,收入是企业在日常活动中形成的,而不是从偶发的交易或事项中产生。

第二,收入可能表现为企业资产的增加,也可能表现为企业负债的减少,或者二者兼而有之。例如企业可以向债权人提供商品或劳务,这样在偿还所欠债务的同时也产生了收入。

第三,收入能导致企业所有者权益的增加。

第四,收入是与所有者投入资本无关的经济利益的总流入。例如企业销售本企业生产的产品而发生的收入,企业提供劳务而获得的收入等,但收入不包括为第三方或者客户代收的款项,也不包括从银行取得借款而收到的款项。

收入只有在经济利益很可能流入从而导致企业资产增加或者负债减少且经济利益的流入额能够可靠计量时才予以确认。

收入包括主营业务收入、其他业务收入和投资收益等。但在这里必须说明的是,上面所说的收入指狭义的收入,即营业收入,广义的收入还应包括营业外收入等。

(五)费用

费用指企业在日常活动中发生的、会导致所有者权益减少的、与向所有者分配利润无关的经济利益的总流出。按照这个定义,费用具有以下特征:

第一,费用产生于过去的交易或过去的事项。

第二,费用的发生大多数情况下表现为资产的耗费,例如现金支付差旅费,原材料投入生产,固定资产投入使用等。

第三,费用有时也表现为负债的增加,如应支付给职工的工资费用。

第四,费用会导致所有者权益的减少,但与向所有者分配利润无关。

费用只有在经济利益很可能流出从而导致企业资产减少或者负债增加且经济利益的流出额能够可靠计量时才能予以确认。

费用中予以对象化的部分就称为成本,它包括为生产产品、提供劳务而发生的直接材料费用以及直接人工费用和各种间接费用。企业在确认收入时,应将已销售产品或提供劳务的成本等从当期收入中扣除。

费用中不予以对象化的部分则属于期间费用等,期间费用包括销售费用、管理费用和财务费用。销售费用指企业在销售商品过程中发生的各项费用以及为销售本企业商品而专设的销售机构的经营费用,包括企业在销售商品的过程中发生的包装费、运输费、装卸费、保险费、展览费和广告费,以及为销售本企业商品而专设的销售机构的职工薪酬等经营费用;管理费用指企业为组织和管理生产经营活动而发生的各项费用,包括企业的董事会和行政管理部门的职工工资、办公费、差旅费和折旧费等,以及聘请中介机构费、咨询费、诉讼费和招待费等;财务费用指企业为筹集生产经营所需资金而发生的各项费用,包括利息支出(减利息收入后的支出)、汇兑净损失(减汇兑收益后的损失)和相关的手续费等。

上述所定义的费用属于狭义上的概念,广义上的费用还包括直接计入当期利润的损失和所得税费用。在企业的日常经营活动中,企业拥有一定的资产,因使用或耗费,资产转变为费用,通过销售获得收入即新的资产作为补偿,从资产到费用,再从费用到资产,这一过程不断地重复,也就会不断地产生收入和利润。

(六)利润

利润指企业在一定会计期间内的经营成果,是衡量企业经营业绩的重要指标。利润包括收入减去费用后的净额、直接计入当期利润的利得和损失等。

直接计入当期利润的利得和损失指应当计入当期损益的、会导致所有者权益发生增减变动的、与所有者投入资本和向所有者分配利润无关的利得和损失,如营业外收入、营业外支出、公允价值变动损益等。

利润具备以下特征:

第一,利润是企业用货币表现的最终经营成果。

第二,利润在数额上等于收入减去费用再加上直接计入当期利润的利得和损失(损失为负数),正数为利润,负数为亏损。

企业的利润通常包括以下项目:

(1)营业利润为营业收入减去营业成本、税金及附加、销售费用、管理费用、财务费用、资产减值损失,再加上投资净收益后的金额。

(2)利润总额为营业利润加上营业外收入再减去营业外支出后的金额。

(3)净利润为利润总额减去所得税费用后的金额。

以上对六大会计要素分别作了说明。会计要素的划分在会计核算中有着重要的作用,是设置会计科目和账户的依据,也决定了会计报表的基本结构与内容。

三、划分会计要素的作用

将会计的对象分解为六个会计要素在会计核算中具有重要的作用。

第一,划分会计要素就是对会计的对象进行科学分类,这是会计的反映职能的具体表现。会计对象的内容非常繁杂,为了科学地、完整地、系统地对其进行反映和监督,必须对它们进行科学的分类,然后按类设置账户,并在一定格式的账簿上予以记录,最后以报表的方式予以公布,反映企业的财务状况与经营成果。若没有这种分类,会计将无法登记账簿、编制报表,会计的反映职能将无从谈起。

第二,划分会计要素是设置会计科目和会计账户的依据。将会计的对象分解为六个会计要素,并以六个会计要素所反映的经济内容为基础,再对这六个会计要素按一定的标志进行分类,这些标志就是账户的名称即会计科目。若不将会计的对象分解为会计要素,那么就无法设置账户、登记账簿,会计核算工作也就无从谈起了。

第三,会计要素构筑了会计报表的基本框架。会计报表是提供会计信息的一种重要手段。会计信息主要是一些具体的指标,而这些指标就是由按照会计要素组成的会计报表提供的。有关会计报表的基本框架正是按照会计要素间的关系构建的,如根据"资产=负债+所有者权益",构建了资产负债表;根据"收入-费用=利润",构建了损益表。所以说会计要素为会计报表的结构与内容即会计报表的构建工作奠定了基础。

第二节 财务状况要素

关心企业的人必然关注企业的资产、负债和所有者权益的结构与数额,这些都属于企业的基本财务状况信息。所谓财务状况就是指一个单位的资产构成和其权益结构,它可以反映一个单位的总体财务素质。资产、负债和所有者权益这三大会计要素就构成了财务状况要素,可用下面的等式来表示它们之间的关系:

$$资产=负债+所有者权益$$

或

$$资产=权益$$

该等式也被称为"会计恒等式"或"会计方程式"。把这三大要素进一步分解并以表格的方式予以列示,就构建了企业的资产负债表(见表2-1)。在表中,资产、负债和所有者权益这三大要素又被细分为表中的各个项目,以满足阅读报表的人获取财务状况信息的需要。表中项目内的数据来源于会计的账簿记录,这里我们先对资产负债表中的项目内容作一初步了解,为今后学习需要设置哪些账户以及如何设置账户作好准备(这里仅介绍简化的资产负债表,正式的资产负债表将在第十章详细介绍)。

第二章 会计要素

表2-1 资产负债表

编制单位：金海机械公司　　　　　2019年12月31日　　　　　　　　　　　　单位：万元

资产	期末余额	年初余额	负债及所有者权益	期末余额	年初余额
流动资产：			流动负债：		
货币资金	1 000		短期借款	2 300	
交易性金融资产	500		应付账款	800	
应收票据			预收款项	300	
应收账款	400		应付职工薪酬	200	
预付款项	100		应交税费	300	
其他应收款	500		其他应付款	200	
存货	2 000		一年内到期的非流动负债		
一年内到期的非流动资产			流动负债合计	4 100	
流动资产合计	4 500		非流动负债：		
非流动资产：	债权投资		长期借款	1 000	
长期股权投资	500		应付债券		
固定资产	3 000		长期应付款		
无形资产	600		非流动负债合计	1 000	
商誉			所有者权益（或股东权益）：		
其他非流动资产			实收资本（或股本）	3 000	
非流动资产合计	4 100		资本公积		
			盈余公积	500	
			未分配利润		
			所有者权益合计	3 500	
资产总计	8 600		负债和所有者权益总计	8 600	

下面介绍资产负债表的基本结构。表头有编制报表的单位名称、报表的编制日期、金额单位；表身的左半部分是按资产的流动性排列的，顺序为流动资产、非流动资产；表身的右半部分是负债及所有者权益，负债是按偿债的时间长短来排列的，偿债时间较短的流动负债在前，长期负债在后。

（一）资产

1. 流动资产

流动资产指可以在一年以内（含一年）或超过一年的一个营业周期内变现或耗用的资产，主要包括货币资金（库存现金和银行存款等）、交易性金融资产、应收账款、预付款项和存货等。

（1）货币资金项目包括库存现金、银行存款以及其他货币资金。库存现金指企业持有的现款，即由出纳保管的企业的现金；银行存款指企业存放在银行或其他金融机构的款项；

其他货币资金是企业除库存现金和银行存款以外的货币资金。

（2）交易性金融资产指企业为交易目的持有的债券投资、股票投资、基金投资等交易性金融资产的公允价值。

（3）应收账款指企业因销售商品、产品、提供劳务等，应向购货单位或接受劳务单位收取的款项。

（4）预付款项指企业按照购货合同规定预付给供应单位的款项。

（5）其他应收款指企业应收的除应收账款、预付账款等以外的其他各种应收款，如职工个人借的差旅费、企业各职能部门借的备用金等。

（6）存货是指企业在日常活动中持有以备出售的产成品或商品、处在生产过程中的在产品、在生产或提供劳务过程中耗用的各种材料和物料，如原材料、在产品、半成品、库存商品等。

（7）一年内到期的非流动资产指企业非流动资产中将于一年以内（含一年）到期的各种资产，需要将这部分资产单独报告。

2. 非流动资产

非流动资产指不能在一年以内（含一年）或者超过一年的一个营业周期内变现或者耗用的资产，主要包括长期股权投资、固定资产、无形资产和商誉等。

（1）长期股权投资指企业准备持有超过一年（不含一年）、不能变现或不准备随时变现的各种股权性质的投资和其他投资。企业进行长期股权投资的目的是为了能够对被投资企业实施控制或影响，或者是为了获取投资收益。

（2）固定资产指企业的各种固定资产的净值，如使用期限超过一年的房屋、建筑物、机器、机械、运输工具以及其他与生产经营有关的设备、器具、工具等。

（3）无形资产指企业拥有或者控制的没有实物形态的可辨认非货币性长期资产，如专利权、非专利技术、商标权、著作权和土地使用权等。

（4）商誉指企业在合并中形成的商誉的价值。

（5）其他非流动资产指除资产负债表上所列非流动资产项目以外的其他周转期超过一年的长期资产。

（二）负债及所有者权益

1. 流动负债

流动负债指将在一年以内（含一年）或超过一年的一个营业周期内偿还的债务，包括短期借款、应付账款、预收款项、应付职工薪酬、应交税费、其他应付款和一年内到期的非流动负债等。

（1）短期借款指企业向银行或其他金融机构等借入的期限在一年以内（含一年）的各种借款。

（2）应付账款指企业因购买材料、商品或接受劳务供应等而应付给供应单位的款项。

（3）预收款项指企业按照合同规定向供货单位预收的款项。

（4）应付职工薪酬指企业应付未付的职工薪酬，如工资、奖金、津贴等。

(5) 应交税费指企业应交纳的各种税费，如应交纳的增值税、所得税等。

(6) 其他应付款指企业应付、暂收其他单位或个人的款项。如企业收取的客户的包装物押金等。

(7) 一年内到期的非流动负债指企业非流动负债中将于一年以内（含一年）到期的那部分金额，需要将这部分负债单独报告。

2. 非流动负债

非流动负债指偿还期在一年以上（不含一年）或一个营业周期以上的债务，包括长期借款、应付债券、长期应付款等。

(1) 长期借款指企业向银行或其他金融机构借入的期限在一年以上（不含一年）的各项借款。

(2) 应付债券指企业为筹集长期资金而发行的债券。

(3) 长期应付款指企业除长期借款、应付债券以外的其他各种长期应付款，如应付融资租入固定资产的租赁费等。

3. 所有者权益

所有者权益也称股东权益，指企业资产扣除负债后由所有者享有的剩余权益。所有者权益包括实收资本（或股本）、资本公积、盈余公积、未分配利润，以及直接计入所有者权益的利得和损失等。

(1) 实收资本指企业投资者按照企业章程或合同、协议的约定，实际投入企业的资本。

(2) 资本公积指企业收到的投资者超出其在企业注册资本（或股本）中所占份额的投资。它包括资本（股本）溢价和其他资本公积。

(3) 盈余公积指企业从净利润中提取的留存收益。它包括法定盈余公积和任意盈余公积。盈余公积可以用来弥补亏损或转增资本，符合一定条件的企业也可以用盈余公积分派现金股利。

(4) 未分配利润指企业的净利润按照规定分配后的剩余部分。这部分没有分配的利润留存在企业，可在以后的年度进行分配。未分配利润和盈余公积属于企业的留存收益。

阅读了金海机械公司的资产负债表后，我们得知该公司在 2019 年 12 月 31 日的资产合计是 8 600 万元。这些资产的资金有两个来源：一个是由债权人提供的 5 100 万元，另一个是由所有者提供的 3 500 万元。债权人和所有者的权益有时也总称为权益。这个报表非常形象而又具体地展示了会计恒等式：资产＝负债＋所有者权益（资产＝权益），即 8 600 万元＝5 100 万元＋3 500 万元。也就是说，企业的资产全部是由债权人和所有者提供的，并且在金额上一定保持平衡。

第三节　经营成果要素

经营成果是指企业在一定期间内生产经营活动的结果。具体说来就是：企业在生产经营活动过程取得的收入与耗费相比较的差额。企业利益相关者尤其会关注这个信息。收入、费用和利润这三大会计要素就构成了经营成果要素。若将这三大会计要素之间的关系以方程来表示,即:

$$收入-费用=利润$$

把这三大要素进一步分解并以表格的方式予以列示,就构建了企业的利润表(见表2-2)。在表中,收入、费用和利润这三大要素又被细分为表中的各个项目,以满足阅读报表的人获取经营成果信息的需要。表中项目内的数据来源于会计的账户,这里我们先对利润报表中的项目内容作一初步了解,为今后学习需要设置哪些账户以及如何设置账户作好准备(这里仅介绍简化的利润表,正式的利润表将在第十章详细介绍)。

表2-2 利润表

编制单位:金海机械公司　　　　2019年12月31日　　　　　　　　　　　　单位:万元

项目	本期金额	上期金额
一、营业收入	10 000	
减:营业成本	8 000	
税金及附加	200	
销售费用	500	
管理费用	200	
研发费用		
财务费用(收益以"-"号填列)	300	
加:公允价值变动收益(损失以"-"号填列)		
投资收益(损失以"-"号填列)		
信用减值损失(损失以"-"号填列)		
资产减值损失(损失以"-"号填列)		
二、营业利润(亏损以"-"号填列)	800	
加:营业外收入	1	
减:营业外支出	1	
三、利润总额(亏损总额以"-"号填列)	800	
减:所得税费用	220	
四、净利润(净亏损以"-"号填列)	580	

利润表的基本结构是:表头为编制报表的单位名称、报表所属期间、计量单位等。利润表的表身反映经营成果的各个项目和计算过程,是将收入和费用按照同类属性分别加以归集,分别计算营业利润、利润总额、净利润。其中:

(1)营业收入是指企业经营主要业务和其他业务所确认的收入总额。

(2)营业成本是指企业经营主要业务和其他业务发生的实际成本总额。

(3)税金及附加是指企业经营业务应负担的消费税、资源税、房产税、印花税、城市道路维护建设税和教育费附加等。

（4）销售费用是指企业在销售商品过程中发生的包装费、广告费等费用和为销售本企业商品而专设的销售机构的职工薪酬、业务费等经营费用。

（5）管理费用是指企业为组织和管理生产经营发生的管理费用，如企业管理部门发生的管理人员工资、差旅费、办公费和招待费等。

（6）财务费用是指企业筹集生产经营所需资金等而发生的筹资费用，如利息净支出（减利息收入后的支出）、汇兑净损失（减汇兑净收益后的损失）和金融机构手续费。

（7）资产减值损失是指企业因资产减值而发生的损失。

（8）公允价值变动收益是指企业按照相关准则规定应当计入当期损益的资产或负债公允价值变动净收益，如交易性金融资产当期公允价值的变动额。若为净损失，以"－"号填列。

（9）投资收益是指企业以各种方式对外投资所取得的收益。若为净损失，以"－"号填列。企业持有的交易性金融资产处置和出售时，处置收益部分应当自"公允价值变动损益"项目转出，列入本项目。

（10）营业外收入是指企业取得的与日常经营活动没有直接关系的各项利得，如罚没利得、政府补助利得、无法支付的应付款利得等。

（11）营业外支出是指企业发生的与日常经营活动没有直接关系的各项损失，如罚款支出、捐赠支出、盘亏损失等。

（12）所得税费用是指企业根据会计准则确认的应从当期利润总额中扣除的所得税费用。

阅读了金海机械公司的利润表后，我们得知该公司2019年的经营成果：所有的收入减去所有的支出后企业的净利润为580万元。

会计的六大要素构成了资产负债表和利润表的基本框架。会计的六大要素相互影响，密切联系，全面综合地反映了企业的经营活动。现在我们举例说明在企业日常的经营活动中，这六大要素的增减变动以及它们之间的相互影响。

假设金海机械公司在2020年1月份发生了下面6笔经济业务。为了简化问题，这里暂不考虑税的问题。

【例2-1】 向银行借入1 000万元6个月的短期借款，借款已存入银行。

这项经济业务使得有关财务状况要素发生了变化，具体说来是使资产负债表中资产方的货币资金中的银行存款增加了1 000万元，同时使负债方的短期借款增加了1 000万元。

【例2-2】 购置价值200万元的设备一台，货款以银行存款支付。

这项经济业务使得有关财务状况要素发生了变化，具体说来是使资产负债表中资产方的固定资产增加了200万元，同时使资产方的货币资金中的银行存款减少了200万元。

【例2-3】 原来企业借入的1 000万元长期借款经借贷双方协商后转为对企业的投资。

这项经济业务使得有关财务状况要素发生了变化，具体说来是使资产负债表中所有者权益方的实收资本增加了1 000万元，同时使负债方的长期借款减少了1 000万元。

【例 2-4】 销售库存产成品一批取得销售收入 1 000 万元,款项已存入银行。

这项经济业务使得有关财务状况要素发生了变化,具体说来是使资产负债表中资产方的货币资金中的银行存款增加了 1 000 万元,同时使所有者权益("未分配利润"项目)增加了 1 000 万元。

这项经济业务使得所有者权益增加,是因为企业在经营活动中取得了经营成果——由收入而引起的。也就是说,反映一定时期经营成果要素的报表——利润表中"营业收入"项目增加了 1 000 万元,同时意味着企业的利润也相应增加了 1 000 万元,从而导致了反映某一时点财务状况要素的报表——资产负债表中所有者权益("未分配利润"项目)的增加(未分配利润与营业收入将在第六章中详细介绍)。

【例 2-5】 上述出售的库存产成品的成本为 800 万元。

这项经济业务使得有关财务状况要素发生了变化,具体说来是使资产负债表中资产方的存货减少了 800 万元,同时使所有者权益("未分配利润"项目)减少了 800 万元。

这项经济业务使得所有者权益减少 800 万元,是因为企业在经营活动中为了取得 1 000 万元的收入而付出的代价。具体说来,就是反映企业一定时期经营成果要素的报表——利润表中"营业成本"项目增加了 800 万元,同时意味着企业利润减少了 800 万元,从而导致了反映某一时点财务状况要素的报表——资产负债表中所有者权益("未分配利润"项目)的减少。

【例 2-6】 以银行存款支付企业管理费用 100 万元。

这项经济业务使得有关财务状况要素发生了变化,具体说来是使资产负债表中的货币资金中的银行存款减少了 100 万元,同时使所有者权益方的未分配利润减少了 100 万元。

因为这项经济业务涉及了经营成果要素——费用,因此还使利润表中的管理费用增加了 100 万元。

此时的资产负债表和利润表见表 2-3 和表 2-4。

表 2-3 资产负债表

编制单位:金海机械公司　　　　　　　2020 年 1 月 31 日　　　　　　　单位:万元

资产	期初数	增减金额	期末数	负债及所有者权益	期初数	增减金额	期末数
流动资产:				流动负债:			
货币资金	1 000	+①1 000 -② 200 +④1 000 -⑥ 100	2 700	短期借款	2 300	+①1 000	3 300
				应付账款	800		800
交易性金融资产	500		500	预收款项	300		300
应收账款	400		400	应付职工薪酬	200		200
预付款项	100		100	应交税费	300		300
其他应收款	500		500	其他应付款	200		200
存货	2 000	-⑤800	1 200	一年内到期的非流动负债			

续表 2-3

资产	期初数	增减金额	期末数	负债及所有者权益	期初数	增减金额	期末数
流动资产:				流动负债:			
一年内到期的非流动资产				流动负债合计	4 100	+1 000	5 100
流动资产合计	4 500	+900	5 400	非流动负债:			
非流动资产:				长期借款	1 000	-③1 000	0
债权投资				应付债券			
长期股权投资	500		500	长期应付款			
投资性房地产				非流动负债合计	1 000	-1 000	0
固定资产	3 000	+②200	3 200	负债合计	5 100	0	5 100
在建工程				所有者权益(或股东权益):			
无形资产	600		600	实收资本(或股本)	3 000	+③1 000	4 000
商誉				资本公积			
其他非流动资产				盈余公积	500		500
				未分配利润		+④1 000 -⑤ 800 -⑥ 100	100
非流动资产合计	4 100	+200	4 300	所有者权益合计	3 500	+1 100	4 600
资产总计	8 600	+1 100	9 700	负债和所有者权益总计	8 600	+1 100	9 700

表 2-4 利润表

编制单位:金海机械公司　　　　　　2020 年 1 月 31 日　　　　　　　　　　　　单位:万元

项目	本期数
一、营业收入	④1 000
减:营业成本	⑤ 800
税金及附加	
销售费用	
研发费用	
管理费用	⑥ 100
财务费用	
加:投资收益	
二、营业利润(亏损以"-"号填列)	100
加:营业外收入	
减:营业外支出	
三、利润总额(损失以"-"填列)	100
减:所得税	
四、净利润(损失以"-"填列)	100

【巩固和实践】

思考题

1. 为什么要划分会计要素？我国企业会计准则中对会计要素是如何划分的？

2. 什么是资产？资产有哪些确认条件？

3. 什么是负债？负债有哪些特征？

4. 什么是所有者权益？所有者权益有哪些特征？所有者权益包括哪些内容？

5. 什么是收入？收入有哪些特征？

6. 什么是费用？费用有哪些特征？

7. 企业发生的收入和费用对企业的资产、负债及所有者权益会产生什么影响？

习题

1. 目的:练习会计要素的分类。

2. 资料:某公司5月31日有关项目余额如下：

(1) 存放在出纳处的现金	2 000元	(2) 存放在银行的款项	600 000元
(3) 库存的各种材料	38 000元	(4) 房屋	1 800 000元
(5) 机器设备	1 600 000元	(6) 投资者投入资本	3 510 000元
(7) 购货方拖欠货款	160 000元	(8) 从银行借入的2年期借款	140 000元
(9) 库存的完工产品	100 000元	(10) 拖欠供货商货款	200 000元
(11) 企业留存的盈余公积	150 000元	(12) 固定资产已提折旧	300 000元

3. 要求:划分各项目的类别(资产、负债或所有者权益)，并将各项目金额填入下面的项目类别表中。

项目类别表

项目序号	会计要素类别及金额		
	资产	负债	所有者权益
例:(1)	2 000		
合计			

案例题

王小明开了一家小型超市,20×9年有关超市的信息资料列示如下：

超市的信息资料表

单位:元

有关信息	金额
全年销售收入	1 800 000
全年销售成本	1 500 000

第二章 会计要素

续表

有关信息	金额
支付工资	60 000
水、电、房租、电话等各项杂费	150 000
年末欠供货商货款	216 000
年末库存商品	160 000
保险柜里的现金和存入银行的款项	40 000
年末面包车价值(本年已考虑折旧 6 000)	20 000
年初面包车价值	26 000

注：面包车一年前价值 26 000 元，但是现在经过一年的折旧，价值比以前减少了 6 000 元。

要求：

(1) 计算并评价该超市一年来的经营成果和财务状况。

(2) 假如现在王小明打算整体出售该超市，若不考虑资产增值、减值问题，也不考虑超市的一切无形资产价值，一切均按超市的信息资料表中列示的账面价值转让，你认为王小明可获得多少转让收入，为什么？若年末欠供货商货款为 260 000 元，你认为该超市的经营状况如何呢？

第三章 财务会计概念框架

第一节 财务会计概念框架概述

一、财务会计概念框架的含义

财务会计概念框架可被视为会计理论架构,在较高层面上描述了财务报告的范围和目标,构成财务报告内容的概念框架层面明确和定义了财务信息的质量特征(如相关性、可靠性、可比性等)以及会计报告的基本要素(如资产、负债、所有者权益等)。所谓财务会计概念框架是由相互关联的目标和基本要素所形成的一个有条理的系统,期望它有一致的标准来描述财务会计及其报告的性质、功能和局限性。

现在,人们都将美国财务会计准则委员会(FASB)颁布的 7 份财务会计概念公告(目前生效的有 6 份)作为财务会计概念框架的范本。这 7 份概念公告分别是:第 1 号《企业财务报告的目标》(1978.11)、第 2 号《会计信息的质量特征》(1980.5)、第 3 号《企业财务报表的要素》(1980.12)、第 4 号《非营利组织财务报告的目标》(1980.12)、第 5 号《企业财务报表的确认与计量》(1984.12)、第 6 号《财务报表的要素》(取代第 3 号,1985.12)、第 7 号《在会计计量中使用现金流量信息和现值》(2000.2)。这些概念公告之间的关系是:财务报告目标是概念结构的起点,起着指引方向的作用;会计信息质量特征是连接财务报告目标与其他概念的桥梁;财务报表的要素及其确认与计量是财务报告的具体体现,也是实现财务报告目标的手段。

继美国 FASB 建立了财务会计概念框架之后,英国、澳大利亚、加拿大等国家以及国际会计准则的制定机构也制定了本国或国际会计概念框架。英国会计准则委员会(ASB)发布的相关文件是《财务报告原则公告》;加拿大特许会计师协会(CICA)发布的相关文件是《财务报告概念》;澳大利亚会计准则委员会(AASB)发布的相关文件是《会计概念公告》;国际会计准则理事会(IASB)发布的相关文件是《编制和提供财务报表的框架》。这些概念框架基本都是在美国的财务会计概念框架基础上制定的,内容上有众多的类似之处,总之美国的财务会计概念框架不仅形成最早,而且也最具代表性。

二、概念框架的作用

财务会计概念框架以市场经济与现代企业的一些基本理论为基础,主要是明确财务会计中的一些核心概念,它以财务报告目标、会计信息质量特征、会计要素及其确认与计量为核心,形成一个内在一致的理论体系,具有重要的作用。

关于财务会计概念框架的作用,FASB 作了如下论述:"通过制定财务会计报告的结构和方向,促进公正的(不偏不倚)财务和相关信息的提供,有助于发挥资本和其他市场的职能在整个经济中有效地配置有限的资源。预期这一概念框架将能为公众的利益服务。"

财务会计概念框架的第一个作用是评估并据以修订既有的会计准则,可以用来定期对已制定的准则的质量进行评估,看其是否与财务会计概念框架一致。财务会计概念框架的评估作用不难理解,因为作为财务会计的规范不是一成不变的,会计准则保持其有用性依赖于它能够随着经济环境的变化和使用者的新需求而定期加以评估并进行必要的修订。

财务会计概念框架的第二个作用是指导会计准则制定机构发展新的会计准则。过去的准则基本上是在一些流行的会计惯例的基础上归纳形成的,往往不能保证前后逻辑的一致性,主要问题在于缺乏理论的指导。

财务会计概念框架的第三个作用是在缺乏会计准则的领域内起到基本的规范作用。随着经济发展,经济业务不断创新,准则的制定往往比较滞后,此时概念框架就起到对会计实务的规范作用。财务会计概念框架属于公认会计原则体系的最后一个层次,虽然其本质不属于会计准则,但在出现新情况而面对新问题又缺乏相关会计准则时,可以作为一种替代性的规范文件。

第二节 财务报告目标

现有文献中,人们常常将"财务报告目标""会计目标""财务报表目标"等概念混淆使用,这是因为就财务会计而言,其目标可以在财务报表中体现,而财务报表又是财务报告的核心。因此,本书对这些概念也不详细区分,我们尽可能使用"财务报告目标"一词。

一、财务报告目标的意义

通用目的财务报告目标是人们通过会计实践预期要达到的目的,它是会计理论的中心,也是财务会计概念框架的基础。只有以财务报告目标为起点确立财务会计概念框架,才能较好地指导会计准则的制定与运用。财务报告目标之所以是概念框架的起点与核心,是因为它首先具有连接会计系统和会计环境的特征;其次具有连接会计理论和会计实践的特征,即财务报告目标属于会计理论,但它又能够指导会计准则;最后具有能制约其他会计理论,并不被其他会计理论所推倒的特征,即财务报告目标明确了会计系统的方向,可以检验其他会计理论是否脱离了会计系统的运行轨道。

二、财务报告目标的两种不同观点

从国外对财务报告目标的研究来看,在20世纪七八十年代,会计理论界形成了两种不同的观点,即受托责任观和决策有用观。

受托责任观认为,财务报告目标就是向资源所有者(股东)如实反映资源的受托者(管理层)对受托资源的管理和使用情况,财务报告应主要反映企业历史的、客观的信息,即强调信息的可靠性。其理由是:在市场经济条件下,企业的所有权和经营权分离,受托责任无所不在,作为委托人的所有者十分关注资本的保值增值,通过财务报告上所反映的信息即可达到此目的。多数会计学者认为,在资本市场不是很发达的情况下,受托责任观比较切合实际,它可以使企业的会计行为与其经济行为相一致。因为美国和英国的资本市场比较发达,所以这个观点在美国和英国的准则中并不突出。

决策有用观认为,财务报告目标就是向会计信息使用者(主要包括现有的、潜在的投资者和信贷人以及企业管理层)提供对他们进行决策有用的信息,而对决策有用的信息主要是关于企业现金流的信息和关于经营业绩及资源变动的信息。财务报告应主要反映现时的信息,即强调信息的相关性。其理由是:在高度发达的资本市场上,所有者(委托人)和经营者(受托人)的委托和受托的关系已经变得比较模糊,所有者往往人数众多,作为委托人的所有者更加关注整个资本市场的可能风险和报酬以及所投资企业的可能风险和报酬。

三、财务报告的有用性和局限性

(一)关于报告主体的经济资源、对主体的求偿权以及经济资源与求偿权的变动

通用目的财务报告提供关于报告主体财务状况的信息,也就是关于主体的经济资源和对报告主体的求偿权的信息。财务报告同时提供关于改变报告主体经济资源和求偿权的交易及其他事项影响的信息。这两类信息均为作出是否向主体提供资源的有关决策提供有用的信息。

1. 经济资源与求偿权

关于报告主体的经济资源和求偿权的性质和金额的信息,有助于会计信息使用者识别报告主体的财务优势和劣势。这些信息可以帮助使用者评估报告主体的流动性、偿债能力和融资需求,也可以帮助会计信息使用者评估管理层对报告主体的经济资源受托责任的履行情况。关于求偿权的优先顺序和支付需求的信息,有助于会计信息使用者预测未来现金流量对报告主体有求偿权的各方如何分配。不同类型的经济资源对会计信息使用者评估报告主体的未来现金流量前景有不同的影响。有些未来现金流量直接从现有的经济资源中产生,如应收账款;有些未来现金流量从综合使用不同经济资源并向客户销售商品或提供劳务

中产生。

2. 经济资源与求偿权的变动

报告主体的经济资源与求偿权的变动源自报告主体的财务业绩以及其他事项和交易。报告使用者为了评估报告主体的未来现金流量前景和管理层对报告主体的经济资源受托责任的履行情况，需要能够识别这两类变动。关于报告主体财务业绩的信息，能够帮助使用者理解报告主体通过使用其经济资源获得的回报。关于报告主体对过去财务业绩和管理层履行其受托责任情况的信息，通常有助于预测报告主体经济资源的未来回报。

3. 权责发生制会计所反映的财务业绩

权责发生制是描述交易及其他事项在其发生实际影响的期间对报告主体的经济资源和求偿权的影响，即使由此产生的现金流入或流出在不同的期间内发生。关于报告主体在某一期间内由经济资源和求偿权变动所反映的财务业绩信息，有助于评估报告主体过去及未来产生净现金流入的能力，并且能够帮助会计信息使用者评估管理层对报告主体的经济资源受托责任的履行情况，同时还能够反映市场价格或者利率变化等事项对报告主体的经济资源和求偿权增加或减少的影响程度，进而影响报告主体产生净现金流入的能力。

4. 过去现金流量所反映的财务业绩

关于报告主体在某一会计期内的现金流量信息，有助于会计信息使用者评估报告主体产生未来净现金流入的能力，还有助于评估管理层对报告主体的经济资源受托责任的履行情况。这些信息反映报告主体如何获得及消耗现金，包括关于报告主体的借款、还款、现金股利以及可能影响报告主体流动性和偿债能力的其他因素的信息。关于现金流量的信息也有助于会计信息使用者理解报告主体的经营状况，评价其筹资及投资活动，评估其流动性及偿债能力，以及解释关于财务业绩变动的其他信息。

5. 非因财务业绩导致的经济资源与求偿权的变动

报告主体的经济资源和求偿权也可能因为财务业绩之外的因素而发生变动。这类变动的信息对会计信息使用者来说也是重要的，能够使其完整理解报告主体的经济资源与求偿权变动的原因，以及这些变动对未来财务业绩的影响。

（二）财务报告的局限性

通用目的财务报告是基于会计准则作出的，是建立在一系列会计规则（如权责发生制、收付实现制等）的基础上，很大程度上财务报告是基于估计、判断和模型编制的，而不是精确的描述。基于此，财务报告无法为现有和潜在的投资者、债权人及其他会计信息使用者提供其所有需要的信息，财务报告目标也不是反映报告主体的价值，而是提供有关信息以协助会计信息使用者估计报告主体的价值。财务会计概念框架构建了用于指导会计估计、会计判断的概念,这些概念是财务报告编制者力求实现的目标。

第三节 会计假设

会计核算的前提条件也称会计假设,它是对会计核算所处的时间、空间环境根据客观的、正常的情况和趋势经过逐步认识所作的合理的判断和设定。如为了及时计算企业的损益情况,就有必要将企业的生产过程人为地划分为一定期间;为了反映企业的经营情况,就有必要选择确立一定的计量单位。另外,会计核算对象的确定、会计政策的选择、会计数据的搜集都要以这一系列的基本前提为依据。会计核算的基本前提包括:会计主体、持续经营、会计分期、货币计量。

一、会计主体

会计主体,又称为会计实体、会计个体,是一个独立的经济实体,指会计信息所反映的特定单位或者组织。它独立地记录和核算本身有关的经济业务,而不能核算、反映企业投资者或者其他经济主体的经济活动。会计主体基本前提为会计人员在日常的会计核算中对各项交易或事项作出正确判断,对会计处理方法和会计处理程序作出正确选择提供了依据。

会计主体不同于法律主体。一般来说,法律主体往往是一个会计主体。例如,一个企业作为一个法律主体,应当建立会计核算体系,独立地反映其财务状况、经营成果和现金流量。但是,会计主体不一定是法律主体。例如,在企业集团的情况下,一个母公司拥有若干个子公司,企业集团在母公司的统一领导下开展生产经营活动。母子公司虽然是不同的法律主体,但是为了全面反映企业集团的财务状况、经营成果和现金流量,就有必要将这个企业集团作为一个会计主体,编制合并会计报表。

二、持续经营

持续经营指在可以预见的将来,企业会按当前的规模和状态继续经营下去,不会停业,也不会大规模削减业务。在持续经营前提下,会计核算应当以企业持续、正常的生产经营活动为前提。

企业是否持续经营,在会计原则、会计方法的选择上有很大差别。一般情况下,应当假定企业将按当前的规模和状态继续经营下去,不会停业,也不会大规模削减业务。明确这个基本前提,就意味着会计主体将按照既定用途使用资产,按照既定的合约条件清偿债务,会计人员就可以在此基础上选择会计原则和会计方法。例如,一般情况下,企业的固定资产可以在一个较长的时期内发挥作用,如果可以判断企业会持续经营,就可以假定企业的固定资产会在持续经营的生产经营过程中长期发挥作用并服务于生产经营过程,固定资产就可以根据历史成本进行记录,并采用折旧的方法将历史成本分摊到各个会计期间或相关产品的成本中。如果判断企业不会持续经营,固定资产就不应采用历史成本进行记录并按期计提折旧。

由于持续经营是根据企业发展的一般情况所作的设定,而任何企业都存在破产、清算的风险,也就是说企业不能持续经营的可能性总是存在的。为此,需要企业定期对其持续经营基本前提作出分析和判断。如果可以判断企业不会持续经营,就应当改变会计核算的原则和方法,并在企业财务会计报告中作相应披露。

三、会计分期

会计分期,又称为会计期间,指将一个企业持续经营的生产经营活动划分为一个个连续的、长短相同的期间。

会计分期的目的是将持续经营的生产经营活动划分成连续、相等的期间,定期确立收入、费用和利润,定期确立资产存量、负债和所有者权益,以便结算账目、编制会计报表以及对会计信息进行比较和分析,从而及时向各方面提供有关企业财务状况、经营成果和现金流量的信息。

会计期间划分为年度、季度和月度,其起讫日期采用公历日期。最常见的会计期间是一年,以一年确定的会计期间称为会计年度,按年度编制的财务会计报告也称为年报。在我国,会计年度自公历每年的 1 月 1 日起至 12 月 31 日止。为满足人们对会计信息的需求,也要求企业按短于一个完整的会计年度的期间编制财务报告,如要求上市公司每个季度提供一次财务会计报告据以结算盈亏,按期编报财务会计报告,从而及时向各方面提供有关企业财务状况、经营成果和现金流量的信息。

四、货币计量

货币计量是指会计主体在会计核算过程中采用货币作为计量单位,计量、记录和报告会计主体的生产经营活动。

在我国,在货币计量前提下,企业的会计核算通常以人民币为记账本位币。业务收支以人民币以外的货币为主的企业可以选定其中一种货币作为记账本位币,但是编报的财务会计报告中应当折算为人民币。在境外设立的中国企业向国内报送的财务会计报告中也应当折算为人民币。

第四节　会计信息质量特征

从某种意义上说,会计信息是会计主体向社会提供的一种"公共产品"。会计信息虽然是以数字形式表现,但它并不是抽象的数字,它代表着一定的经济意义。数字不同,对决策者的影响也就不同,因此高质量的会计信息对会计信息使用者进行经济决策的影响就较大,财务报告目标也才能较好地实现。会计信息的质量特征就是使会计信息有用的特征,即会计信息所要达到或满足的质量标准。在财务会计概念框架中,会计信息质量特征与财务报告目标存在内在的逻辑关系。

一、基本质量特征

1. 可靠性

可靠性要求会计核算应当以实际发生的交易或事项为依据,如实反映企业的财务状况、经营成果和现金流量。

可靠性是对会计工作的基本要求。会计工作提供信息的目的是为了满足会计信息使用者的决策需要,因此就应做到内容真实、数字准确、资料可靠。在会计核算工作中坚持可靠性原则,就应当在会计核算时客观地反映企业的财务状况、经营成果和现金流量,保证会计信息的真实性;会计工作应当正确运用会计原则和方法,准确反映企业的实际情况;会计信息应当能够经受验证,以核实其是否真实。

如果企业的会计核算不是以实际发生的交易或事项为依据,没有如实地反映企业的财务状况、经营成果和现金流量,会计工作就失去了存在的意义,甚至会误导会计信息使用者,导致决策的失误。

2. 相关性

相关性要求企业提供的会计信息应当能够反映企业的财务状况、经营成果和现金流量,以满足会计信息使用者的需要。

信息的价值在于其与决策相关,有助于决策。相关的会计信息能够有助于会计信息使用者评价过去的决策,证实或修正某些预测,从而具有反馈价值;有助于会计信息使用者进行预测,作出决策,从而具有预测价值。在会计核算工作中坚持相关性原则,就要求在收集、加工、处理和提供会计信息的过程中,充分考虑会计信息使用者的信息需求。对于特定用途的会计信息,不一定都要通过财务会计报告来提供,而可以采用其他形式加以提供。

如果会计信息在提供以后没有满足会计信息使用者的需求,对会计信息使用者的决策没有什么作用,就不具有相关性。

3. 重要性

重要性要求企业的会计核算应当遵循重要性原则的要求,在会计核算过程中对交易或事项应当区别其重要程度,采用不同的核算方式。对于对资产、负债、损益等有较大影响并进而影响财务会计报告使用者据以作出合理判断的重要会计事项,必须按照规定的会计方法和程序进行处理,并在财务会计报告中予以充分、准确的披露;对于次要的会计事项,在不影响会计信息真实性和不至于误导财务会计报告使用者作出正确判断的前提下,可适当简化处理。

二、提升质量特征

1. 可理解性

可理解性要求企业的会计核算和编制的财务会计报告应当清晰明了,便于会计信息使用者理解和使用。

提供会计信息的目的在于使用,要使用会计信息首先必须了解会计信息的内涵,弄懂会计信息的内容,这就要求会计核算和财务会计报告必须清晰明了。要在会计核算工作中坚持可理解性原则,会计记录就应当准确、清晰,填制会计凭证、登记会计账簿时必须做到依据合法、账户对应关系清楚、文字摘要完整;在编制会计报表时,项目钩稽关系清楚、项目完整、数字准确。

2. 可比性

可比性要求企业的会计核算应当按照规定的会计处理方法进行,会计指标应当口径一致、相互可比。

可比性有两层含义。一是要求企业的会计核算应当按照国家统一的会计制度的规定进行,使所有企业的会计核算都建立在相互可比的基础上。只要是相同的交易或事项,就应当对其采用相同的会计处理方法。会计处理方法的统一是保证会计信息可比的基础。不同的企业可能处于不同行业、不同地区,经济业务发生于不同时点,为了保证会计信息能够满足决策的需要,便于比较不同企业的财务状况、经营成果和现金流量,企业应当遵循可比性原则的要求。

二是要求企业的会计核算方法在前后各期应当保持一致,不得随意变更。如有必要变更,应当将变更的内容和理由、变更的累积影响数以及累积影响数不能合理确定的理由等在会计报表附注中予以说明。

在会计核算工作中要求企业的会计核算方法在前后各期应当保持一致,不得随意变更,并不意味着所选择的会计核算方法不能作任何变更,在符合一定条件的情况下,企业也可以变更会计核算方法,并在企业财务会计报告中作相应披露。

3. 实质重于形式

实质重于形式要求企业应当按照交易或事项的经济实质进行会计核算,而不应当仅仅按照它们的法律形式作为会计核算的依据。

在实际工作中,交易或事项的外在法律形式或人为形式并不总能完全反映其实质内容。所以,会计信息要想反映其所拟反映的交易或事项,就必须根据交易或事项的实质和经济现实,而不能仅仅根据它们的法律形式进行核算和反映。

例如,对于以融资租赁方式租入的资产,虽然从法律形式来讲承租企业并不拥有其所有权,但是由于租赁合同中规定的租赁期相当长,接近于该资产的使用寿命;租赁期结束时承租企业有优先购买该资产的选择权;在租赁期内承租企业有权支配资产并从中受益,从其经济实质来看,企业能够控制其创造的未来经济利益。所以,会计核算上将以融资租赁方式租入的资产视为承租企业的资产。

如果企业的会计核算仅仅按照交易或事项的法律形式或人为形式进行,而其法律形式或人为形式又没有反映其经济实质和经济现实,那么其最终结果将不仅不会有利于会计信息使用者的决策,反而会误导会计信息使用者的决策。

4. 谨慎性

谨慎性也称稳健性,要求企业在进行会计核算时应当遵循谨慎性原则的要求,不得多计资产或收益、少计负债或费用,不得计提秘密准备。

企业的经营活动充满着风险和不确定性,在会计核算工作中坚持谨慎性原则,要求企业在面临不确定因素的情况下作出职业判断时应当保持必要的谨慎,充分估计到各种风险和损失,既不高估资产或收益,也不低估负债或费用。例如,要求企业定期或者至少于每年年度终了,对可能发生的各项资产损失计提资产减值准备等,就充分体现了谨慎性原则,体现了谨慎性原则对历史成本计量的修正。

5. 及时性

及时性要求企业的会计核算应当及时进行,不得提前或延后。

会计信息的价值在于帮助所有者或其他方面作出经济决策,具有时效性。即使是客观、可比、相关的会计信息,如果不及时提供,对于会计信息使用者也没有任何意义,甚至可能误导会计信息使用者。在会计核算过程中坚持及时性原则,一是要求及时收集会计信息,即在经济业务发生后,及时收集整理各种原始单据;二是及时处理会计信息,即在国家统一的会计制度规定的时限内,及时编制出财务会计报告;三是及时传递会计信息,即在国家统一的会计制度规定的时限内,及时将编制出的财务会计报告传递给财务会计报告使用者。

如果企业的会计核算不能及时进行,会计信息不能及时提供,就无助于经济决策,就不符合及时性原则的要求。

第五节 会计确认与计量

一、会计确认与计量的意义

会计确认与计量也称为财务报表的确认与计量,指将某一项目作为一项资产、负债、收入、费用等正式地列入会计主体的财务报表的过程。确认是根据一定的基础和标准来判断某一项目属于哪个会计要素,应何时列入财务报表;计量则是在确认的基础上,根据一定的计量单位和计量属性来认定某一项目的金额大小。

从会计实务来看,对某一项目进行确认和计量的程序包括初始确认与计量、再确认与计量以及终止确认与计量三个环节。其中,初始确认与计量是将某一项目认定为资产、负债、收入等要素,并进行会计记录;再确认与计量是在初始确认与计量的基础上,对所有项目的数据进行筛选、浓缩,最终列示在财务报表里,并对财务报表数字产生影响;终止确认与计量是指如果有足够证据表明经过第一、第二环节确认与计量的某一项目发生了变化,应立即修正或终止对它的确认与计量,甚至从财务报表中将其剔除。

二、会计确认基础

会计确认基础是指在时间上对某一项目的确认作出规定。可以选择的确认基础有两个,即权责发生制和收付实现制。

(一) 权责发生制

权责发生制也称应计制,我国要求企业的会计核算应当以权责发生制为基础。凡是当期已经实现的收入和已经发生或应当负担的费用,不论款项是否收付,都应当作为当期的收入和费用;凡是不属于当期的收入和费用,即使款项已在当期收付,也不应当作为当期的收入和费用。

有时,企业发生的货币收支业务与交易或事项本身并不完全一致。例如,款项已经收到,但销售并未实现;或者款项已经支付,但并不是为本期生产经营活动而发生的。为了明确会计核算的确认基础,更真实地反映特定会计期间的财务状况和经营成果,就要求企业在会计核算过程中应当以权责发生制为基础。

(二) 收付实现制

收付实现制是与权责发生制相对应的一种确认基础,它是以收到或支付现金作为确认收入和费用的依据。目前,我国的行政单位采用收付实现制,事业单位除经营业务采用权责发生制外,其他业务也采用收付实现制。

权责发生制与收付实现制是相互对应的概念,如果权利、责任的发生时间恰好与款项的收付时间一致,则二者确认的结果相同;如果不一致,则二者确认的结果有一定差异。

(三)配比原则

配比原则作为会计要素确认要求,用于利润确定。会计主体的经济活动会带来一定的收入,也必然要发生相应的费用。有所得必有所费,所费是为了所得,两者是对立的统一,利润正是所得比较所费的结果。配比原则的依据是受益原则,即谁受益,费用归谁负担。受益原则承认得失之间存在因果关系,但并非所有费用与收入之间都存在因果关系,必须按照配比原则区分有因果联系的直接成本费用和没有直接联系的间接成本费用。直接费用与收入进行直接配比来确定本期损益;间接费用则通过判断而采用适当合理的标准,先在各个产品和各期收入之间进行分摊,然后用收入配比来确定损益。

收入与费用之间的配比方式主要有两种:一是根据收入与费用之间因果关系进行直接配比;二是根据收入与费用项目之间存在的时间上的一致关系进行间接配比。

三、会计计量

会计计量主要解决已经确认项目的货币计量问题。计量的过程就是予以货币量化的过程,在这个过程中,主要考虑计量单位和计量属性。

(一)计量单位

计量单位也叫计量尺度,指计量对象量化时采用的具体标准,会计上的计量单位笼统地说就是货币,一般采用名义货币单位。名义货币单位即各国主要流通的法定货币单位,按照名义货币单位计量有如下的优点:一是符合"币值稳定"的会计假设;二是保证计量单位统一;三是在物价变动不大时,能比较准确、真实地反映企业的财务状况和经营成果;四是可以简化计量手续,减少会计人员的工作量等。

(二)计量属性

计量属性是指被计量对象的特性的外在表现形式,即被计量对象予以数量化的特征,目前主要有5种计量属性,即历史成本、重置成本、可变现净值、现值和公允价值。

1. 历史成本

在历史成本计量下,资产按照购置时支付的现金或现金等价物的金额,或者按照购置资产时所付出的对价的公允价值计量;负债按照因承担现时义务而实际收到的款项或资产的金额,或者按照承担现时义务的合同金额,或者按照日常活动中为偿还负债预期需要支付的现金或现金等价物的金额计量。

2. 重置成本

在重置成本计量下,资产按照现在购买相同或者相似资产所需支付的现金或者现金等价物的金额计量;负债按照现在偿付该项债务所需支付的现金或者现金等价物的金额计量。

3. 可变现净值

在可变现净值计量下,资产按照其正常对外销售所能收到现金或者现金等价物的金额扣减该资产至完工时估计将要发生的成本、估计的销售费用以及相关税费后的金额计量。

4. 现值

在现值计量下,资产按照预计从其持续使用和最终处置中所产生的未来净现金流入量的折现金额计量;负债按照预计期限内需要偿还的未来净现金流出量的折现金额计量。

5. 公允价值

公允价值是指市场参与者在计量日发生的有序交易中,出售一项资产所能收到或者转移一项负债所需支付的价格。

关于如何选择使用某一种计量属性,《企业会计准则》强调,企业在对会计要素进行计量时,一般应当采用历史成本,采用重置成本、可变现净值、现值、公允价值计量的,应当保证所确定的会计要素金额能够取得并可靠计量。

【巩固和实践】

思考题

1. 什么是财务会计概念框架?它的作用是什么?
2. 什么是受托责任观?
3. 什么是决策有用观?
4. 会计假设有哪些?
5. 实质重于形式的含义是什么?
6. 会计确认基础有哪些?
7. 什么是计量属性?

第四章 账户与复式记账原理

第一节 会计等式

一、会计等式

企业是从事生产和经营活动的相对独立的经济组织,是现代国民经济的基本单位。为了从事各种以营利为目的的活动,企业必须拥有各种经济资源,也就是资产。资产的拥有者可以用现金也可以用实物向企业投资,从而满足企业生产经营的需要。企业的资产按照来源分,大体有两种:一种是国家(政府)、企业法人、团体或个人以投资的方式投入的;另一种是企业以借款的方式从金融机构或其他单位借入的。投资于企业的资产所有者在会计上被称为业主,借款给企业的单位或个人在会计上被称为债主(债权人),业主或债主并不是无偿地将资产提供给企业。投资人既要求企业在一定的条件下或日期归还其本金,还要求在企业的生产经营活动中获得一定的投资收益。另一方面,对于企业而言,它筹得的资金不会闲置不用,而是投入生产经营活动中加以运用,因此就形成了企业持有的各项资产。债权人和业主将其拥有的资本提供给企业使用,对于企业运用这些资本所获得的各项资产就相应地享有一种索取权,这种权利在会计中统称为权益。资产与权益反映了同一经济资源的两个方面,即一方面是归会计个体所拥有的或能够支配的各项资产,另一方面是资产提供者可以提出一系列要求的权益。权益表明了资产的来源,全部资产必须与全部权益在金额上相等,资产与权益的这种相互依存关系决定了资产总额必然等于权益总额。这种关系可以表述为如下等式:

$$资产 = 权益$$

企业的权益又可以分为债权人的权益(负债)和所有者的权益,这样上述会计等式可变换为:

$$资产 = 负债 + 所有者权益$$

此等式反映了资产、负债和所有者权益三个会计要素之间的内在数量联系,是基本会计等式。它反映了企业在某一时点(期初或期末)的财务状况,是编制对外会计报表即资产负债表的理论依据。

由于企业经营的目的是为了获得盈利,在投入经营后的每一会计期间,企业一方面要获得收入,另一方面也必然发生相应的费用,根据权责发生制和配比性原则的要求,可以得出公式:

$$收入－费用＝利润$$

该等式反映了企业在某一会计期间的经营动态情况,是编制损益表的理论依据。

从产权关系上看,企业实现的利润应归属于投资者,使所有者权益增加,相应的资产也会增加;反之,企业发生的亏损也只能由所有者承担,会使所有者权益减少,相应的资产也会减少。因此,上述静态和动态会计等式之间的关系又可以转化为:

$$资产＝负债＋(所有者权益＋收入－费用)$$
$$＝负债＋(所有者权益＋利润)$$

企业的利润通过分配以后,又转化为所有者权益,上述等式又还原为:

$$资产＝负债＋所有者权益$$

"资产＝负债＋所有者权益"是国际上通用的基本会计等式,又被称为"会计恒等式"。基本会计等式是会计核算中复式记账、账户余额试算平衡以及编制资产负债表的理论依据。

二、经济业务的发生对会计恒等式的影响

在一个企业的生产经营活动中,必然要发生各种各样的经济业务,每项经济业务的发生又必然要引起资产、负债、所有者权益的增减变化。但是不论怎样增减变化,都不会破坏会计等式。因为,尽管各个企业在经济活动中发生的经济业务是多种多样的,但是从它们对资产和权益的影响来看,不外乎四种类型,分别是:

(1) 经济业务发生引起资产与负债同时等额增加或等额减少,会计等式保持平衡。

(2) 经济业务发生引起资产与所有者权益同时等额增加或等额减少,会计等式保持平衡。

(3) 经济业务发生引起负债与所有者权益此增彼减,增减的额度相等,会计等式保持平衡。

(4) 经济业务发生引起资产项目内部或负债项目内部或所有者权益项目内部此增彼减,增减的额度相等,会计等式保持平衡。

现举例说明。

假定东方公司20×8年12月31日资产和权益的各会计要素项目的期末余额如表4-1所示。

表 4-1　东方公司资金平衡关系表

20×8年12月31日　　　　　　　　　　　　　　　　　　　　　　单位：元

资产		权益（负债和所有者权益）	
项目	金额	项目	金额
库存现金	100	应付账款	60 000
银行存款	56 900	短期借款	50 000
应收账款	23 000	应付票据	
原材料	95 000	实收资本	450 000
库存商品	85 000	资本公积	50 000
固定资产	350 000		
合计	610 000	合计	610 000

从表4-1可以看出企业在20×8年年末的资产总额与权益（负债＋所有者权益）总额相等，都是610 000元，这反映了一个时点上企业的会计要素之间的平衡关系，是一种静态的平衡。

次年的1月该企业发生下列经济业务：

【例4-1】　1月5日，外购一批原材料50 000元，以银行存款支付。

这项经济业务发生后，使"原材料"项目增加了50 000元，同时，也使"银行存款"减少了50 000元。原材料是资产项目，银行存款也是资产项目，资产项目内部一增一减，导致资产总额不变，会计等式的平衡关系未被破坏。

【例4-2】　1月12日，以10天后到期的汇票40 000元支付前欠的购买原材料货款。

这项业务发生后，应付票据增加了40 000元，应付账款减少了40 000元。负债项目内部此增彼减，导致负债总额不变，会计等式的平衡关系未被破坏。

【例4-3】　1月19日，收到海洋公司的投资款36 000元，已收到银行的进账通知单。

这项经济业务发生后，使"银行存款"项目增加了36 000元，同时，也使"实收资本"项目增加了36 000元。银行存款是资产项目，实收资本是所有者权益项目，资产与所有者权益同时等额增加了36 000元，会计等式左右两边同时等额增加，会计等式的平衡关系未被破坏。

【例4-4】　1月21日，以银行存款4 500元归还前欠的应付账款。

这项经济业务发生后，使"银行存款"项目减少了4 500元，同时，也使"应付账款"项目减少了4 500元。银行存款是资产项目，应付账款是负债项目，资产与负债同时等额减少，会计等式左右两边同时等额减少，会计等式的平衡关系未被破坏。

以上经济业务的发生引起资产、负债及所有者权益的增减变动对会计等式的影响结果如表4-2所示。

表 4-2 东方公司资金平衡关系表

20×9年1月31日　　　　　　　　　　　　　　　　　　　　　　单位:元

资产		权益(负债或所有者权益)	
项目	金额	项目	金额
库存现金	100	应付账款	15 500
银行存款	38 400	短期借款	50 000
应收账款	23 000	应付票据	40 000
原材料	145 000	实收资本	486 000
库存商品	85 000	资本公积	50 000
固定资产	350 000		
合计	641 500	合计	641 500

以上例子说明,虽然有各种各样的经济业务发生,然而对一个会计主体来说,任何经济业务只会引起会计等式中左边或右边的某一会计要素的增加,同时另一要素等额减少,或者引起会计等式左右两边同时发生等额的增减变化,无论怎样也不会破坏会计等式的平衡关系,即不会破坏会计等式。

第二节　会计科目与账户

一、会计科目

(一) 设置会计科目的意义

会计要素是对会计对象的基本分类,但对会计信息使用者而言仍显粗略。因此,有必要在将会计对象区分为会计六要素的基础上,进一步细化会计要素为具体项目,以便分门别类地提供信息使用者所需的会计信息。大量的、复杂的经济业务的发生,必然引起会计要素各具体项目的增减变动。为了全面、连续、系统地反映和监督经济活动所引起的各会计要素增减变动的情况及其结果,提供反映会计主体经济活动的综合的会计信息,就必须对会计对象的具体内容按其不同的特点和经营管理的要求进行科学的分类,以便按各分类项目进行会计核算。会计科目就是对会计对象的具体内容进行分类核算的项目。

设置会计科目是根据会计对象的具体内容和经营管理的要求,事先确定进行分类核算的项目名称、编号及核算内容的一种专门会计方法。

通过设置会计科目,可以将纷繁复杂、性质不同的经济业务进行科学的分类,并将经济业务发生所引起的各项会计要素的增减变化分门别类地记在账上,使复杂的经济信息条理化,变成有规律、便于应用的会计信息,为企业内部经营管理和企业外部有关部门提供各种所需的经济指标。

(二) 会计科目的设置原则

会计科目是会计要素进一步分类的标志,它反映会计要素的构成及其变化情况。作为为投资者、债权人、企业经营管理者等提供会计信息的重要手段,会计科目必须根据一定的原则进行设置。设置会计科目一般应遵循以下几项原则:

1. 设置会计科目必须满足经济管理的要求

会计信息是国家进行宏观经济管理,企业进行自身经济管理和投资者进行投资决策所不可缺少的基础资料。因此,会计科目的设置首先应满足国家宏观经济管理的要求。为此,财政部根据《企业会计准则》的规范统一制定标准会计科目,作为各会计主体设置会计科目的依据。其次,会计科目的设置应满足会计主体自身经济管理的要求,为企业进行经济预测、经营决策,以及考核、分析、评价企业的经济活动提供必要的会计信息。最后,会计科目的设置还应满足投资者对会计资料的要求,便于投资者了解企业生产经营状况,有助于投资者进行投资决策。

2. 设置会计科目应贯彻统一性和灵活性相结合的原则

为了规范会计主体的会计科目,便于会计指标的对比和汇总,财政部统一制定会计科目,规定了会计科目的名称、编号和核算内容。各会计主体应按财政部规定,设置和使用会计科目。在不影响会计核算要求和会计指标汇总以及对外提供统一的会计报表的前提下,会计主体也可以根据实际情况,自行增设、减少或合并某些会计科目。只有坚持统一性和灵活性相结合的原则,才能使会计信息更具有相关性和可比性。

3. 设置会计科目要保持相对稳定

为了将不同会计期间的会计资料进行分析比较,会计科目一经确定,就应保持相对稳定,不应随意变动。所谓相对稳定,意味着会计科目不会一成不变,如确需变动应在会计报表中加以说明。

4. 会计科目的设置必须与企业、单位的业务规模相适应

会计科目的设置除了要符合以上原则之外,还必须与本企业、本单位的业务繁简、规模相适应。一般来说,业务繁复、规模较大的企业、单位,其会计科目应当设置得细一些,会计科目的数量可以多一些;业务简单、规模较小的企业、单位,其会计科目可以设置得粗一些,会计科目的数量也应当少一些,以免不必要地增加会计核算的工作量。

(三) 会计科目的分类

会计科目的分类就是按照企业经济管理的需要和会计核算的要求对会计科目进行科学的分类。就某个企业来讲,会计科目是相互联系、相互补充的一个完整指标体系。常用会计科目详见表4-3。

表4-3 常用会计科目参照表

顺序号	名称	顺序号	名称
	一、资产类	2211	应付职工薪酬
1001	库存现金	2221	应交税费
1002	银行存款	2231	应付利息
1101	交易性金融资产	2232	应付股利
1121	应收票据	2241	其他应付款
1122	应收账款	2501	长期借款
1123	预付账款	2502	应付债券
1131	应收股利	2701	长期应付款
1221	其他应收款	2801	预计负债
1231	坏账准备		三、所有者权益类
1401	材料采购	4001	实收资本（或股本）
1402	在途物资	4002	资本公积
1403	原材料	4101	盈余公积
1404	材料成本差异	4103	本年利润
1405	库存商品	4104	利润分配
1411	周转材料		四、成本类
1471	存货跌价准备	5001	生产成本
1511	长期股权投资	5101	制造费用
1512	长期股权投资减值准备		五、损益类
1601	固定资产	6001	主营业务收入
1602	累计折旧	6051	其他业务收入
1603	固定资产减值准备	6101	公允价值变动损益
1604	在建工程	6111	投资收益
1606	固定资产清理	6115	资产处置损益
1701	无形资产	6301	营业外收入
1702	累计摊销	6401	主营业务成本
1703	无形资产减值准备	6402	其他业务成本
1801	长期待摊费用	6403	税金及附加
1901	待处理财产损溢	6601	销售费用
	二、负债类	6602	管理费用
2001	短期借款	6603	财务费用
2201	应付票据	6701	资产减值损失
2202	应付账款	6711	营业外支出
2203	预收账款	6801	所得税费用

1. 会计科目应首先按其反映的经济内容进行分类

会计科目按其反映的经济内容分为资产类、负债类、所有者权益类、损益类、成本类会计科目。利润属于所有者权益,其会计科目归入所有者权益类科目中(如表4-3所示)。

会计科目按经济内容进行的分类,有助于了解和掌握各会计科目核算的内容以及会计科目的性质,正确运用各会计科目提供的信息资料。

2. 会计科目还应按其提供会计信息资料的详细程度进行分类

为此,可以将会计科目分为总分类科目和明细分类科目。总分类科目又称一级科目,是对会计对象的具体内容所作的总括分类,它提供的会计信息较为概括;明细分类科目又称明细科目,是对某一总分类科目核算内容所作的详细的分类,它提供的信息更具体、详细。明细科目又可按其提供指标的详细程度不同,进一步划分为二级明细科目和三级明细科目,三级明细科目是某二级明细科目的更详细的分类。必要时还可设置四级明细科目。表4-3所列示的会计科目均为总分类科目,各总分类科目均可根据实际需要设置二级乃至三级明细科目。例如,在"原材料"总分类科目下,可先按材料类别设置二级明细科目,如"方钢""圆钢""扁钢"等。由于明细分类科目是针对某一总分类科目所作的进一步分类,明细分类科目的具体设置应因总分类科目的不同而异。例如,"原材料"科目一般按材料种类设置明细科目,"应收账款""应付账款"科目则按对方单位名称设置明细科目等等。

会计科目按提供会计资料详略程度进行的分类,有助于了解会计科目反映的具体经济内容,提供经营管理所需要的会计信息。

二、账户

账户是根据会计科目开设的,它是分类连续记录各项经济业务,反映各个会计要素增减变化情况及其结果的一种手段。账户是会计信息的储存单元,设置账户是会计的一种专门方法。

会计科目和账户在会计理论中是两个不同的概念,两者之间既有联系又有区别。会计科目是按照经济内容来设置的,账户也是按照经济内容来记录各个会计要素的增减变动情况和结果的,从这一点说,会计科目和账户是相同的。但是会计科目并不存在结构问题,而账户则必须有一定的结构,从这一点说,会计科目和账户是不同的。在实际工作中,由于会计科目是设置账户的依据,两者在经济内容上是相同的,因此常把会计科目作为账户的同义词。

会计事项复杂多变,但经济业务的发生所引起的资产、负债和所有者权益的变动,从数量上看不外乎增加和减少两种情况,因此用来分类记录经济业务的账户在结构上也相应地分为两个部分,即把账户分为左、右两方,用以分别记录各会计要素的增加和减少数额。经济业务的繁杂性决定了不同的账户具有不同的格式,但账户的基本结构一般应包括以下主要内容:

(1) 账户(或会计科目)的名称。
(2) 记账的日期。
(3) 摘要,即简要说明经济业务内容。
(4) 凭证号数,是记账和事后查考的依据。
(5) 增加和减少的金额。

账户基本结构见表 4-4。

表 4-4 账户名称(会计科目)

| 年 | | 凭证号数 | 摘要 | 左方 | 右方 | 余额 |
月	日					

账户的左方和右方分别记录增加额和减少额,余额可以分为期初余额和期末余额。本期增加额合计和本期减少额合计,又称为本期增加发生额、本期减少发生额,两者统称为本期发生额。本期的期末余额即下期的期初余额。期初余额、本期增加发生额、本期减少发生额和期末余额的关系可用下列公式表达:

期末余额＝期初余额＋本期增加发生额－本期减少发生额

至于账户的哪一方记录增加额,哪一方记录减少额,是由记账方法和账户的性质所决定的。但是,不论采用哪种记账方法,属于何种性质的账户,其增加额和减少额都应按相反的方向进行记录。如果左方记录增加额,则右方就应记录减少额;反之,如果左方记录减少额,则右方就应记录增加额。账户的期初余额、期末余额一般应与增加额记入同一方向。

在教学实践和教科书中,一般采用简化的丁字账格式表明账户的结构,记录账户的增加额、减少额和余额,其格式如图 4-1 所示。

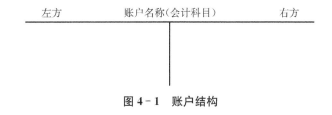

图 4-1 账户结构

第三节 复式记账法

一、复式记账的意义

记账方法是按照一定的规则,使用一定的符号,在账户中登记各项经济业务的方法。会计记账方法由早期的单式记账法,随着社会经济的发展和人们对实践的总结,逐步改进演变为复式记账法。复式记账法是对每一项经济业务都要以相等的金额同时在两个或两个以上相互联系的账户中进行登记的方法。比如,企业以一笔现金支付费用,它不仅要记录现金的减少,同时还要记录费用的增加,且现金减少的数额与费用增加的数额是完全相等的。

复式记账法对于完整、系统、正确地反映企业、单位的资金运动,建立严密的核算体系,具有重要的意义。

首先,采用复式记账法,由于对每项经济业务都在相互联系的两个或两个以上账户中作双重记录,这不仅可以了解每一项经济业务的来龙去脉,而且当全部经济业务都已相互联系地登记入账之后,还可以通过账户记录,完整、系统地反映出经济活动的过程和结果。

其次,采用复式记账法,由于对每项经济业务都要以相等的金额分类登记入账,因而它使全部账户借贷双方的发生额和余额的合计自动平衡。利用这种平衡关系可以对账户记录的结果进行试算平衡,以检查账户记录是否正确和完整。

此外,复式记账法的出现,一方面反映了记账方法本身的进步,另一方面也推动了会计核算中一系列其他方法的发展。比如,复式记账要求账户组成一个完整的体系,把账户体系和复式记账结合起来,就可以完整地反映生产成本的计算过程并进行损益的计算;利用复式记账在数字上所形成的自动平衡,可以根据账面资料编制资产负债表和现金流量表等财务会计报告。可以说,正是有了复式记账,才使会计记录成为科学的经济活动记录,才使会计核算形成连续性、系统性、全面性和综合性的特点,才使会计成为一门保持着旺盛的生命力的科学。

二、复式记账的理论依据

复式记账法的理论依据是会计的恒等式,即:

$$资产=负债+所有者权益$$

企业在经济活动中发生的各项经济业务都将引起资产、负债和所有者权益三个要素的增减变动。其变化类型不外乎是任何经济业务只会或者引起会计等式中左方或右方某一会计要素的增加,同时另一会计要素等额减少;或者引起会计等式左右两方同时发生等额的增减变化,无论怎样也不会破坏会计等式的平衡关系。由于经济业务的变化至少涉及两个方面,这两个方面可用相应的两个账户表示,加之变化的金额相等,以此为依据,对经济业务都以相等的金额同时在两个或两个以上的相互联系的账户中进行登记。这就是复式记账法。

三、复式记账的方法

复式记账法按照记账符号、记账规则、试算平衡方法的不同,可以分为借贷记账法、增减记账法和收付记账法。

借贷记账法是最早产生的复式记账法,也是当今世界各国通用的复式记账法。增减记账法是我国在20世纪60年代以后开始在一部分行业中运用的一种复式记账法。收付记账法是我国传统的记账方法,在20世纪30年代以前,收付记账法用得比较多的是单式记账法。20世纪30年代以后,曾出现过一种改良的复式收付记账法,称为"改良中式簿记",但流传不久便为借贷记账法所代替。根据我国财政部发布的《企业会计准则》规定,企业的记账方法统一采用借贷记账法。

第四节 借贷记账法

一、借贷记账法的概念

借贷记账法是全世界普遍采用的复式记账法。它是以"借""贷"作记账符号,以会计恒等式为理论依据,对每一项经济业务都在两个或两个以上的账户中,作金额相等、借贷方向相反的记录的一种复式记账法。

借贷记账法起源于13、14世纪的意大利。"借""贷"二字的含义,最初是从借贷资本家的角度来解释的。借贷资本家以经营货币资金的借入和贷出为主要业务,对于借进的款项,记在贷主名下,表示自身的债务增加;对于贷出的款项,则记在借主名下,表示自身的债权增加。这样,"借""贷"二字分别表示债权(应收款)、债务(应付款)的变化。随着商品经济的发展,借贷记账法也逐渐发展和不断完善。"借""贷"二字不仅反映债权、债务关系,还反映多种经济业务的增减变化。因此在用借贷记账法记录经济业务时,不再按"借""贷"二字的本来含义记账,而只是作为一种记账符号。

二、借贷记账法的账户结构

在借贷记账法下,任何账户都分为借方和贷方两个基本部分,账户的左方为借方,右方为贷方。在记录经济业务时,账户的借贷两方必须作相反方向的记录。具体到每个账户,要根据账户的性质和经济业务的具体内容来确定借方记增加还是减少,贷方记减少还是增加。

(一)资产账户和费用、成本账户的结构

资产账户的结构是:增加数记入账户的借方,减少数记入账户的贷方,账户若有余额,一般为借方余额,表示资产的结余数额。

费用、成本的发生,在未从收入中抵消之前,可以将其看成一种资产。因此费用、成本账户的结构与资产类账户的结构基本相同。当费用、成本增加时,将其数额记入账户的借方;当费用、成本减少或转销时,将其记入账户的贷方;期末一般无余额,如果因某种情况而有余额时,其余额应在借方,表示尚未转销的数额。

资产账户和费用、成本账户结构如表4-5所示。

表 4-5 资产账户和费用、成本账户

借方	账户名称(会计科目)		贷方
期初余额	×××		
本期增加数	×××	本期减少数	×××
本期借方发生额	×××	本期贷方发生额	×××
期末余额	×××		

资产账户和费用、成本账户期末余额的计算方法如下：

借方期末余额＝借方期初余额＋本期借方发生额－本期贷方发生额

（二）负债、所有者权益账户和收入成果账户的结构

负债、所有者权益账户的结构是：增加数记入账户的贷方，减少数记入账户的借方，账户若有余额，一般为贷方余额，表示负债或所有者权益的结余数额。

收入成果账户的结构与负债、所有者权益账户的结构基本相相同。因为在成本费用一定的条件下，收入成果的增加可以视为所有者权益的增加。在收入成果账户中，贷方登记收入的增加额，借方登记收入的减少额或转销额，期末一般无余额，如果因某种情况而有余额时，其余额应在贷方，表示尚未转销的数额。

负债、所有者权益账户和收入成果账户的结构如表 4-6 所示。

表 4-6 负债、所有者权益账户和收入成果账户

借方	账户名称(会计科目)		贷方
本期减少数	×××	期初余额	×××
		本期增加数	×××
本期借方发生额	×××	本期贷方发生额	×××
		期末余额	×××

负债、所有者权益账户和收入成果账户期末余额的计算方法如下：

贷方期末余额＝贷方期初余额＋本期贷方发生额－本期借方发生额

综上所述，由于各类账户所反映的经济内容不同，因而账户的借、贷两方所反映的内容也不相同。而这正是借贷记账法的巧妙之处，即先确定资产账户和费用、成本账户的借、贷双方分别表示增加、减少，再规定了与它对应的负债、所有者权益账户和收入成果账户的借、贷双方只能分别表示减少、增加。这样每项经济业务用借贷记账法反映出来，必然会出现"有借必有贷"的效果。

三、借贷记账法的记账规则

借贷记账法的记账规则可以用一句话概括："有借必有贷，借贷必相等。"它表示对每一

项经济业务都要按借贷相反的方向,同时记入两个或两个以上相互联系的账户,并且记入借方的金额合计一定等于记入贷方的金额合计。

在用借贷记账法记录经济业务时,对每项经济业务进行分析可遵循以下步骤:

(1) 确定经济业务所涉及的账户。

(2) 根据经济业务的内容确定应在哪个账户中反映增加,在哪个账户中反映减少。

(3) 判断经济业务所涉及的账户类别(属于资产和负债、所有者权益类账户,还是属于收入成果和费用、成本类账户)。

(4) 根据借贷记账法的账户结构,确定记账方向,即记入哪个账户的借方和记入哪个账户的贷方,并确定记账的金额。

现仍以东方公司发生的 4 项经济业务为例说明。

【例 4-5】 1月5日,外购一批原材料 50 000 元,材料已验收入库,款项以银行存款支付。

购买原材料应记入"原材料"账户,这是一个资产类账户,"原材料"账户增加了 50 000 元,增加数应记入借方。货款支付应记入"银行存款"账户,这是一个资产类账户,"银行存款"账户减少了 50 000 元,减少数应记入贷方。因此,这项经济业务应在这两个账户中作如图 4-2 和图 4-3 所示的记录。

图 4-2 "银行存款"账户记录　　图 4-3 "原材料"账户记录

【例 4-6】 1月12日,以 10 天后到期的商业汇票 40 000 元支付前欠的购买原材料货款。

此项业务使应付票据增加 40 000 元,应付账款减少 40 000 元。

企业因购买材料、商品和接受劳务供应等应支付但尚未支付给供应单位的款项通过"应付账款"账户进行核算,它是负债类账户。贷方登记增加,借方登记减少,期末余额在贷方,表示尚未归还的款项数额。

企业因购进商品、材料等经营业务而对外发生债务时,所开出、承兑或申请承兑的商业汇票通过"应付票据"账户进行核算,它是负债类账户。开出、承兑或申请承兑时增加,记入账户的贷方;汇票到期实际支付款项或因其他原因注销应付票据时减少,记入账户的借方;期末余额在贷方,表示尚未到期归还的商业汇票金额。

开出汇票应记入"应付票据"账户,增加数应记入贷方。支付前欠货款应记入"应付账款"账户,减少数应记入借方。因此,这项业务应在这两个账户中作如图 4-4 和图 4-5 所示的记录。

图 4-4 "应付票据"账户记录　　图 4-5 "应付账款"账户记录

【例 4-7】 1 月 19 日,收到海洋公司投资款 36 000 元,已收到银行的进账通知单。

企业在银行开立结算账户并进行的款项收付是通过"银行存款"账户进行核算的,它是资产类账户。存入时,记入账户的借方,付出时,记入账户的贷方,期末余额在借方,表示银行存款的结余数额。

企业接受所有者的投资是通过"实收资本"账户进行核算的,它是所有者权益类账户。所有者投入资本时增加,记入账户的贷方;因各种原因减少资本时,记入账户的借方;期末余额在贷方,表示企业实收资本的实有数额。

因此,这项业务应做如图 4-6 和图 4-7 所示的记录。

图 4-6 "银行存款"账户记录　　　　图 4-7 "实收资本"账户记录

【例 4-8】 1 月 21 日,以银行存款 4 500 元归还前欠的应付账款。

此项业务使银行存款和应付账款同时减少 4 500 元。

企业因购买材料、商品和接受劳务供应等应支付但尚未支付给供应单位的款项通过"应付账款"账户进行核算,它是负债类账户。贷方登记增加,借方登记减少,期末余额在贷方,表示尚未归还的款项数额。

这项经济业务发生后,使"银行存款"账户减少 4 500 元,它是资产类账户,应记入贷方;同时,也使"应付账款"账户减少 4 500 元,它是负债类账户,应记入借方。

因此,这项业务应做如图 4-8 和图 4-9 所示的记录。

图 4-8 "应付账款"账户记录　　　　图 4-9 "银行存款"账户记录

从上面 4 个例子中可以看出,在运用借贷记账法的记账规则记录一笔经济业务时,就在有关账户之间形成了应借、应贷的相互关系,账户之间的这种相互关系通常被称为账户对应关系,存在对应关系的账户互称为对应账户。通过清晰的账户对应关系,不仅可以全面地了解一项经济业务的来龙去脉,还可以利用这种账户对应关系检查经济业务的合法合理性,检查会计记录的正确性。

在会计核算中,为了保证会计核算的正确性,在经济业务发生之后、登记账户之前,应按借贷记账法的记账规则,根据经济业务所涉及的账户、借贷方向和金额,首先在记账凭证中编制会计分录,然后根据记账凭证中的会计分录登记账簿。所谓会计分录,是指在记账凭证中指明经济业务应借、应贷的账户名称及其金额的记录。

按借贷记账法的记账规则,根据前面 4 项经济业务的发生、完成情况,应分别编制会计

分录如下:

(1) 借:原材料　　　　　　　　　　　　50 000
　　　贷:银行存款　　　　　　　　　　　　　50 000
(2) 借:应付账款　　　　　　　　　　　　40 000
　　　贷:应付票据　　　　　　　　　　　　　40 000
(3) 借:银行存款　　　　　　　　　　　　36 000
　　　贷:实收资本　　　　　　　　　　　　　36 000
(4) 借:应付账款　　　　　　　　　　　　4 500
　　　贷:银行存款　　　　　　　　　　　　　4 500

会计分录按所涉及账户的对应关系简单与否分为简单会计分录和复合会计分录两种。简单会计分录指只涉及两个账户发生对应关系的会计分录,即一借一贷的会计分录,如前面的4组会计分录都是简单会计分录。复合会计分录指涉及两个以上账户发生对应关系的会计分录,即一借多贷、多借一贷或多借多贷的会计分录。下面举例说明。

【例4-9】 1月28日,公司购进材料一批,价款50 000元,其中用银行存款支付30 000元,其余20 000元尚未支付,材料已验收入库。

这项经济业务所涉及的账户有"原材料""银行存款"以及"应付账款"三个账户。"原材料"账户增加,"银行存款"账户减少,"应付账款"账户增加。会计分录为:

借:原材料　　　　　　　　　　　　　50 000
　　贷:银行存款　　　　　　　　　　　　30 000
　　　　应付账款　　　　　　　　　　　　20 000

【例4-10】 1月29日,收到债务人开出的1个月后到期的商业汇票3 800元,银行支票2 500元,清偿前欠货款,收到支票后当即存入银行。

收到债务人开出的汇票应记入"应收票据"账户的借方,将支票存入银行应记入"银行存款"账户的借方,债务人清偿前欠货款应记入"应收账款"账户的贷方。会计分录为:

借:应收票据　　　　　　　　　　　　3 800
　　银行存款　　　　　　　　　　　　2 500
　　贷:应收账款　　　　　　　　　　　　6 300

此两项业务分别为一借多贷、多借一贷的会计分录,属于复合会计分录。复合会计分录实际上是由几个简单会计分录组合而成。复合会计分录可以集中地、全面地反映某项经济业务的全面情况,可以简化记账手续。简单会计分录反映问题直观,便于检查。在实际工作中,可以编制多借多贷的复合会计分录,但不允许将几项经济业务合并编制复合会计分录。

复合会计分录其实也可以拆开,分离成几个简单会计分录。如例4-9中的会计分录可分解成:

借:原材料		30 000
贷:银行存款		30 000
借:原材料		20 000
贷:应付账款		20 000

同样,可将例 4-10 中的会计分录分解成:

借:应收票据		3 800
贷:应收账款		3 800
借:银行存款		2 500
贷:应收账款		2 500

这里需要特别说明的是,会计分录是经济业务本质的会计反映,一项经济业务需要编制的是简单会计分录还是复合会计分录,完全取决于这项经济业务本身。既不要人为地把多项经济业务合并编制成复合会计分录,甚至是多借多贷的会计分录,也不要人为地把一项经济业务分解成若干个简单会计分录。在编制会计分录时,为了保持清晰的账户对应关系,应尽力避免编制多借多贷的会计分录,除非这是经济业务所必需的。

四、试算平衡

在借贷记账法下,选用"借""贷"这一对矛盾性的记账符号记账,并确立了"有借必有贷,借贷必相等"的科学记账规则,统一地按对立方式有规律地进行记账,因此全部账户的借方发生额和贷方发生额也必然相等。从而,全部账户的借方余额也必然与贷方余额相等。这就形成了账户之间的一系列平衡关系。这种平衡关系主要包括以下三方面:

(1) 全部账户的期初借方余额合计数 = 全部账户的期初贷方余额合计数。

(2) 全部账户的本期借方发生额合计数 = 全部账户的本期贷方发生额合计数。

(3) 全部账户的期末借方余额合计数 = 全部账户的期末贷方余额合计数。

上述三方面的平衡关系可以用来检查账户记录的正确性。如果三方面都保持平衡,说明记账工作基本上是正确的。通常把这种检查账户记录的工作称为试算平衡。有些错误的发生并不影响借贷双方发生额和余额的平衡,因而不能通过试算平衡来发现所有会计处理上的错误。例如,记错账户或记错金额并不一定影响借贷平衡。为了保证账户记录的正确性,在进行日常核算时,应认真进行复核,尽量做到不出差错或少出差错。

试算平衡通常是通过编制试算平衡表来进行的。试算平衡表是根据各个账户的期初余额、本期借方发生额、本期贷方发生额和期末余额编制的。以东方公司而论,此项工作的结果如图 4-10 至图 4-16 中的各账户所示(本期无变动的账户不列入)。

第四章 账户与复式记账原理

借方	银行存款		贷方
期初余额	56 900	①	50 000
③	36 000	④	4 500
⑥	2 500	⑤	30 000
本期发生额	38 500	本期发生额	84 500
期末余额	10 900		

借方	应付账款		贷方
②	40 000	期初余额	60 000
④	4 500	⑤	20 000
本期发生额	44 500	本期发生额	20 000
		期末余额	35 500

图 4-10 "银行存款"账户   图 4-11 "应付账款"账户

借方	原材料		贷方
期初余额	95 000		
①	50 000		
⑥	50 000		
本期发生额	100 000	本期发生额	0
期末余额	195 000		

借方	实收资本		贷方
		期初余额	450 000
		③	36 000
本期发生额	0	本期发生额	36 000
		期末余额	486 000

图 4-12 "原材料"账户   图 4-13 "实收资本"账户

借方	应收账款		贷方
期初余额	23 000	⑥	6 300
本期发生额	0	本期发生额	6 300
期末余额	16 700		

借方	应付票据		贷方
		②	40 000
本期发生额	0	本期发生额	40 000
		期末余额	40 000

图 4-14 "应收账款"账户   图 4-15 "应付票据"账户

借方	应收票据		贷方
⑥	3 800		
本期发生额	3 800	本期发生额	0
期末余额	3 800		

图 4-16 "应收票据"账户

根据上述资料,可以编制试算平衡表如表 4-7 所示。

表 4-7 东方公司试算平衡表

20×9 年 1 月 31 日　　　　　　　　　　　　　　　　　　　　　单位:元

账户	期初余额		本期发生额		期末余额	
	借方	贷方	借方	贷方	借方	贷方
资产:						
库存现金	100				100	
银行存款	56 900		38 500	84 500	10 900	
应收票据			3 800		3 800	

续表 4-7

账户	期初余额 借方	期初余额 贷方	本期发生额 借方	本期发生额 贷方	期末余额 借方	期末余额 贷方
应收账款	23 000			6 300	16 700	
原材料	95 000		100 000		195 000	
库存商品	85 000				85 000	
固定资产	350 000				350 000	
负债:						
短期借款		50 000				50 000
应付票据				40 000		40 000
应付账款		60 000	44 500	20 000		35 500
所有者权益:						
实收资本		450 000		36 000		486 000
资本公积		50 000				50 000
合计	610 000	610 000	186 800	186 800	661 500	661 500

五、总分类账户与明细分类账户

总分类账户是以货币量度总括反映会计要素的增减变动情况,提供总括核算资料的账户。前面所列举的账户都是总分类账户。明细分类账户是根据实际需要,在总分类账户下开设的,用来详细反映会计要素的增减变化情况,提供详细核算资料的账户。需要强调的是,并不是所有的账户都必须设置明细分类账户,应该根据企业的实际情况决定是否设置或如何设置明细分类账户。

由于总分类账户和所属明细分类账户的核算内容是相同的,因此在登记时应该采用平行登记的方法(不需要设置明细分类账户的除外)。在借贷记账法下,总分类账户与明细分类账户之间的平行登记可以概括地归纳为:同时,同向,等额。

(1)"同时"是指每一项经济业务,在同一会计核算期,既要记入有关的总分类账户,又要记入有关的明细分类账户。如果一项经济业务涉及某一个总分类账户所属的几个明细分类账户,则应分别记入有关的几个明细分类账户。

(2)"同向"是指每一项经济业务,在总分类账户和所属明细分类账户进行登记时,其记账方向(借方或贷方)必须相同。

(3)"等额"是指每一项经济业务,记入总分类账户中的金额必须与记入所属明细分类账户中的金额或金额之和相等,并且总分类账户的期初余额、本期发生额和期末余额应当与所属明细分类账户的期初余额、本期发生额和期末余额之和相等。

【例4-11】 飞翔公司20×9年3月份"原材料"和"应付账款"两个总分类账户及其所属明细分类账户的月初余额分别如下(本章暂不考虑增值税问题):

"原材料"总分类账户有借方余额20 000元,其所属明细分类账户余额为:

A材料:1 000千克,单价15元/千克,计15 000元。

B 材料:1 000 千克,单价 5 元/千克,计 5 000 元。

"应付账款"总分类账户有贷方余额 10 000 元,其所属明细分类账户余额为:

万达公司:3 000 元。

向阳公司:7 000 元。

假设 3 月份发生有关"原材料"账户的收、发业务以及与供应单位的结算业务如下:

(1) 3 月 3 日向万达公司购进 A 材料 200 千克,单价 15 元/千克,计 3 000 元,货款尚未支付。

会计分录为:

 借:原材料——A 材料   3 000

  贷:应付账款——万达公司   3 000

(2) 3 月 5 日仓库发出 A 材料 300 千克,单价 15 元/千克,计 4 500 元;发出 B 材料 100 千克,单价 5 元/千克,计 500 元,A、B 材料直接用于制造产品。

会计分录为:

 借:生产成本   5 000

  贷:原材料——A 材料   4 500

     ——B 材料   500

(3) 3 月 10 日向万达公司购进 A 材料 200 千克,单价 15 元/千克,计 3 000 元;向向阳公司购进 B 材料 400 千克,单价 5 元/千克,计 2 000 元,共计 5 000 元,货款未付。

会计分录为:

 借:原材料——A 材料   3 000

    ——B 材料   2 000

  贷:应付账款——万达公司   3 000

     ——向阳公司   2 000

(4) 3 月 18 日用银行存款偿还前欠万达公司货款 9 000 元;偿还前欠向阳公司货款 7 000 元,共计 16 000 元。

会计分录为:

 借:应付账款——万达公司   9 000

     ——向阳公司   7 000

  贷:银行存款   16 000

(5) 3 月 18 日仓库发出 A 材料 1 000 千克,单价 15 元/千克,计 15 000 元;发出 B 材料 800 千克,单价 5 元/千克,计 4 000 元,共计 19 000 元,直接用于制造产品。

会计分录为:

 借:生产成本   19 000

  贷:原材料——A 材料   15 000

     ——B 材料   4 000

根据上述资料,采用平行登记的方法记入"原材料"总分类账户和"应付账款"总分类账户,同时记入其所属的明细分类账户如图4-17至图4-22所示。

借方	应付账款		贷方
(4) 16 000	期初余额		10 000
	(1)		3 000
	(3)		5 000
本期发生额 16 000	本期发生额		8 000
	期末余额		2 000

图4-17 "应付账款"总分类账户

借方	应付账款——万达公司		贷方
(4) 9 000	期初余额		3 000
	(1)		3 000
	(3)		3 000
本期发生额 9 000	本期发生额		6 000
	期末余额		0

图4-18 "应付账款——万达公司"明细分类账户

借方	应付账款——向阳公司		贷方
(4) 7 000	期初余额		7 000
	(3)		2 000
本期发生额 7 000	本期发生额		2 000
	期末余额		2 000

图4-19 "应付账款——向阳公司"明细分类账户

借方	原材料		贷方
期初余额 20 000	(2)		5 000
(1) 3 000	(5)		19 000
(3) 5 000			
本期发生额 8 000	本期发生额		24 000
期末余额 4 000			

图4-20 "原材料"总分类账户

借方	原材料——A材料		贷方
期初余额 15 000	(2)		4 500
(1) 3 000	(5)		15 000
(3) 3 000			
本期发生额 6 000	本期发生额		19 500
期末余额 1 500			

图4-21 "原材料——A材料"明细分类账户

借方	原材料——B材料		贷方
期初余额 5 000	(2)		500
(3) 2 000	(5)		4 000
本期发生额 2 000	本期发生额		4 500
期末余额 2 500			

图4-22 "原材料——B材料"明细分类账户

【巩固和实践】

思考题

1. 会计等式为什么会成立?发生经济业务为什么不会影响会计等式的平衡关系?
2. 结合会计等式的平衡关系,概述经济业务的类型。
3. 什么是账户?为什么要设置账户?设置账户的原则主要有哪些?账户可以分为哪几类?
4. 什么叫复式记账?复式记账的根据何在?
5. 什么叫借贷记账法?它有哪些特点?
6. 什么叫会计分录?为什么要编制会计分录?

习题一

1. 目的:了解和练习会计要素的分类。

第四章 账户与复式记账原理

2. 资料：精益机器制造公司 20×9 年 1 月 31 日的资产、负债及所有者权益状况如下：

序号	项目	金额(元)	资产	负债	所有者权益
1	生产车间的各种机械设备	150 000			
2	生产用厂房	300 000			
3	已完工入库的车床	80 000			
4	运输卡车	120 000			
5	装配中的车床	50 000			
6	库存钢材及其他材料	100 000			
7	向银行借入的短期借款	25 000			
8	出借包装物所收取的押金	10 000			
9	尚未缴纳的税金	1 200			
10	采购员预借的差旅费	200			
11	企业提存的盈余公积	600 000			
12	本月实现的利润	70 000			
13	仓库用房屋	40 000			
14	向新俞公司购入钢材的未付款项	60 000			
15	库存的机器设备用润滑油	300			
16	向银行借入的长期借款	220 000			
17	存在银行的款项	73 000			
18	资本金	30 000			
19	财会部门库存现金	500			
20	存在银行的信用证存款	1 000			
21	管理部门用的电子计算机	30 000			
22	应付给供应单位的货款	3 800			
23	应收售给光明公司的车床货款	35 000			
24	应付给食堂的代扣职工伙食费	20 000			
25	库存生产用煤	60 000			
	合计				

3. 要求：
(1) 根据上述项目内容，区分资产、负债及所有者权益。
(2) 将资产、负债及所有者权益的有关金额分别填入各栏，加计合计数，并测算是否平衡。

习题二

1. 目的：了解资产、负债及所有者权益的增减变动及其平衡关系。

2. 资料：

(1) 江东公司 20×9 年 1 月 31 日的资产、负债及所有者权益状况如下：

固定资产	450 000 元	应交税费	2 000 元
银行存款	18 000 元	本年利润	11 000 元
应付账款	4 000 元	库存商品	10 000 元
原材料	26 000 元	应收账款	2 900 元
实收资本	450 000 元	盈余公积	32 000 元
库存现金	100 元	短期借款	9 000 元
其他应收款	1 000 元		

(2) 该公司 2 月份发生下列经济业务：

① 从银行存款中提取现金 300 元。

② 采购员张丽暂借差旅费 300 元，财务科以现金付讫。

③ 以银行存款缴清上月欠缴税金 2 000 元。

④ 从勤立公司购入原材料 8 000 元，货款尚未支付。

⑤ 以银行存款购入机器一台，价值 2 000 元，投入生产使用。

⑥ 向银行借入短期借款 15 000 元，存入银行存款账户。

⑦ 以银行存款偿还勤丰公司货款 12 000 元。

⑧ 生产车间领用原材料 16 000 元，全部投入产品生产。

⑨ 收到新华公司还来的上月所欠货款 2 900 元，存入银行存款账户。

⑩ 以银行存款归还短期借款 9 000 元。

3. 要求：

(1) 根据资料(1)，分清资产、负债及所有者权益，编制 1 月末的资产、负债及所有者权益平衡表。

(2) 根据资料(2)，分清资产、负债及所有者权益的增减变化及其结果，编制 2 月末的资产、负债及所有者权益试算平衡表。

习题三

1. 目的：练习运用借贷记账法编制会计分录。

2. 资料：新东公司 20×9 年 3 月 10—20 日发生下列经济业务：

(1) 用银行存款购买材料，价款 20 000 元，材料已验收入库。

(2) 用银行存款支付前欠某单位的货款 30 000 元。

(3) 向银行借入三年期借款 400 000 元，存入银行。

(4) 用银行存款归还到期短期借款 200 000 元。

(5) 收到所有者投入的设备，价值为 300 000 元。

(6) 某职工因临时出差，经批准向单位借现金 2 000 元。

(7) 将现金 200 元存入银行。

(8) 收到迅华公司付来的租用包装物押金 1 000 元，将收到的支票存入银行。

(9) 以银行存款归还前欠利民公司的货款 14 000 元。
(10) 开出应付票据抵付原欠浦兴公司的账款 20 000 元。
3. 要求:对上述经济业务进行分析,并编制会计分录。

习题四

1. 目的:练习运用借贷记账法。
2. 资料:见习题二。
3. 要求:
(1) 开设各有关账户,登记期初余额。
(2) 根据所提供的经济业务编制会计分录,并据以登记各有关账户。
(3) 结出各账户的本期发生额和期末余额,并编制试算平衡表。

习题五

1. 目的:练习总分类账户和明细分类账户的平行登记,了解总分类账户与所属明细分类账户的关系。
2. 资料:
(1) 大丰机械公司 20×9 年 3 月 31 日的"原材料""应付账款"账户余额如下:
① "原材料"总分类账户:借方余额 7 940 元,其中:

材料名称	计量单位	数量	单价/元	金额/元
1 号钢	千克	600	0.90	540
2 号钢	千克	5 000	1.00	5 000
3 号钢	千克	2 000	1.20	2 400

② "应付账款"总分类账户:贷方余额 4 740 元,其中:

供应单位名称	金额/元
秦风钢铁公司	600
梅益钢铁公司	3 600
江山钢铁公司	540

(2) 该公司 4 月份发生下列有关经济业务:
① 4 月 4 日,生产车间领用 2 号钢 2 000 千克,每千克 1 元;领用 3 号钢 1 500 千克,每千克 1.20 元。全部投入产品生产。
② 4 月 5 日,以银行存款偿还前欠货款 3 540 元,其中梅益公司 3 000 元,江山公司 540 元。
③ 4 月 8 日,向梅益公司购入 2 号钢 1 000 千克,每千克 1 元;3 号钢 1 000 千克,每千克 1.20 元。原材料均已验收入库,货款尚未支付。
④ 4 月 10 日,以银行存款偿还前欠秦风公司货款 600 元。
⑤ 4 月 15 日,向江山公司购入 1 号钢 500 千克,已验收入库,货款 450 元未付。

⑥ 4月16日,生产车间领用下列钢材投入生产:1号钢700千克,每千克0.90元;2号钢1 800千克,每千克1元。

⑦ 4月17日,向秦风公司购入3号钢1 000千克,每千克1.20元。3号钢已验收入库,货款当即以银行存款支付。

⑧ 4月18日,以银行存款偿还梅益公司货款2 200元。

⑨ 4月22日,生产车间领用下列钢材投入生产:2号钢900千克,每千克1元;3号钢1 500千克,每千克1.20元。

⑩ 4月30日,向梅益公司购入2号钢1 700千克,每千克1元;3号钢500千克,每千克1.20元。原材料均已验收入库,货款尚未支付。

3. 要求:

(1) 根据资料(1),开设"原材料"和"应付账款"总分类账户及有关的明细分类账户,登记期初余额。

(2) 根据资料(2),编制会计分录;登记"原材料"和"应付账款"总分类账户及有关的明细分类账户(其他账户从略)。

(3) 结出各账户的本期发生额和期末余额。

(4) 将"原材料"和"应付账款"总分类账户所属明细分类账户的本期发生额和余额合计数与有关总分类账户核对。

案例题一

东风公司20×9年1月1日投资创办了清风俱乐部。截至1月5日,该俱乐部共发生5笔经济业务,经入账后,各账户的余额如下:

(1) 库存现金　　　　　2 000

(2) 银行存款　　　　　158 000

(3) 原材料　　　　　　60 000

(4) 固定资产　　　　　150 000

(5) 应付账款　　　　　70 000

(6) 实收资本　　　　　300 000

该俱乐部尚未结算利润。

试将其5笔经济业务的内容以会计分录形式列示。

(注意:各笔会计分录要能够加以合理解释。该5笔分录入账后的结果须产生题目所列示的各账户余额。)

案例题二

太平公司于20×9年年初创立时收到三星公司的投资100 000元,同时向明光公司赊购机器一台计40 000元,经营一年后,发生亏损6 000元。

请你试就5种可能的情况,说明资产、负债及所有者权益的增减变化。

第五章 企业主要经济业务的会计处理

第一节 主要经济业务概述

企业的日常生产经营活动包括供应、生产、销售三个主要环节。而作为一个企业,要开展生产经营活动,必须首先通过各种方式筹集资金,如投资者投资、发行股票、发行债券、借贷等,然后企业才能运用所筹集到的资金开展经济业务,进入供、产、销过程。

企业最初筹集到的资金一般表现为货币资金形态。资金运动的起点就是货币资金,随着生产经营活动的进行,企业的资金就以货币资金→储备资金→生产资金→成品资金→货币资金的形式不断运动,依次通过供、产、销三个过程。

在供应过程中,企业用货币资金购买机器设备等劳动资料形成固定资产,购买材料等劳动对象形成储备资金。因为固定资产可供企业长期使用,所以在供应过程中的主要经济业务就是购买材料。购买材料时,需要以货币资金来支付材料货款与采购费用,这样企业的资金就由货币资金形态转化为储备资金形态。这些就构成了供应过程的核算内容。

在生产过程中,劳动者制造产品,企业就要支付给劳动者工资,生产中消耗了材料就产生了材料费,使用了设备等固定资产就产生了折旧费等,这些生产费用最终都要归集和分配到各种产品上去,构成产品的生产成本。这时企业的资金由储备资金形态转化为生产资金形态,产品完工后资金就由生产资金形态转化为成品资金形态。因此生产过程中生产费用的发生、归集和分配以及产品成本的计算,就构成了生产过程的核算内容。

在销售过程中,要选择合适的销售与货款结算方式销售产品,只有实现了销售,企业才能得到价值补偿。这时企业的资金就从成品资金形态转化为货币资金形态。在销售过程中,企业还要支付销售费用、交纳税金、计算利润,并且依照国家和企业的有关规定合理分配企业利润。这些都属于销售过程的核算内容。

综上所述,企业在日常生产经营活动中的主要经济业务包括:① 资金筹集业务;② 供应过程业务;③ 生产过程业务;④ 销售过程业务;⑤ 利润形成与分配业务;⑥ 其他经济业务。在内容的介绍顺序方面,我们做了少许调整。将资金筹集业务和其他经济业务的内容放在本章的最后一节即第六节"其他经济业务的会计处理"中来介绍。

第二节 供应过程中经济业务的会计处理

供应过程是企业经营过程的第一个阶段,属于生产准备阶段。在供应过程中,企业用货币资金支付货款和采购费用,从而需要计算材料的采购成本。因此供应过程的主要经济业务是材料采购。供应过程核算的主要任务是反映和监督材料的买价和采购费用,确定采购成本,检查材料采购计划执行情况和考核储备资金的占用情况及执行情况,达到节约资金的目的。

一、供应过程中需要设置的账户

为了正确核算供应过程的经济业务,需要设置的主要账户有"在途物资""原材料""应付账款""预付账款""应交税费"等。

(一)"在途物资"账户

"在途物资"账户是资产类账户,也是材料物资采购成本计算账户,用来核算企业采用实际成本进行材料物资日常核算时外购材料的采购成本。它的借方登记各种材料的买价和采购费用,即采购成本,采购费用包括运杂费、运输途中的合理损耗、入库前的挑选整理费以及购入材料应负担的税金(如进口材料的关税)和其他费用等;贷方登记结转已入库材料的实际采购成本;期末余额在借方,反映月末尚未验收入库的在途材料的采购成本。"在途物资"明细分类账户应按供应单位和采购材料的类别或品种设置。

(二)"原材料"账户

"原材料"账户是资产类账户,用来核算企业库存材料的增减变动及其结存情况。它的借方登记已验收入库材料的成本;贷方登记出库材料的成本;期末余额在借方,反映期末库存材料的成本。"原材料"明细分类账户应按材料的保管地点、类别、品种和规格设置。

(三)"应付账款"账户

"应付账款"账户是负债类账户,用来核算企业因购买材料、商品和接受劳务供应等而应付给供应单位的款项。它的贷方登记应付未付款项的数额;借方登记实际偿还应付款项的数额;期末余额在贷方,反映企业尚欠供货单位的款项。"应付账款"明细分类账户应按供应单位的名称设置。

(四)"预付账款"账户

"预付账款"账户是资产(债权)类账户,用来核算企业按照购货合同规定预付给供应单位的款项。它的借方登记企业向供应单位预付的货款;贷方登记收到供应单位提供的材料时冲销的预付款数;期末余额一般在借方,表示企业实际预付的款项余额;期末余额若在贷方,则表示企业尚应支付的款项。"预付账款"明细分类账户应按供应单位的名称设置。

(五)"应交税费"账户

"应交税费"账户是负债类账户,用来核算应交纳的各种税费,如增值税、消费税、所得税、城市维护建设税(简称"城建税")等。它的贷方登记计算出的各种应交而未交税费的增加,包括计算出的增值税、消费税、所得税、城建税等;借方登记实际交纳的各种税费,包括支付的增值税进项税额;期末余额若在贷方,表示企业尚未交纳的税费;期末余额若在借方,则表示企业多交或尚未抵扣的税费。"应交税费"账户应按税种设置明细分类账户,进行明细分类核算。

二、举例说明供应过程中经济业务的会计处理

假设飞翔公司20×9年6月份发生了下列经济业务：

【例5-1】 6月8日从远东公司购进甲种材料100千克，单价200元/千克，货款为20 000元，增值税税率13%计2 600元，运杂费2 600元。材料已验收入库，款项均以银行存款支付（本章运费暂不考虑增值税）。

这笔业务应作如下会计分录：

① 借：在途物资——甲种材料　　　　　　　　　　　22 600
　　　应交税费——应交增值税（进项税额）　　　　2 600
　　　　贷：银行存款　　　　　　　　　　　　　　　　　25 200

【例5-2】 6月9日向鑫达公司购进乙种材料200千克，丙种材料300千克，乙种材料的单价是200元/千克，货款为40 000元，增值税税率13%计5 200元；丙种材料的单价是300元/千克，货款为90 000元，增值税税率13%计11 700元。货款尚未支付。

这笔业务应作如下会计分录：

② 借：在途物资——乙种材料　　　　　　　　　　　40 000
　　　　　　　　——丙种材料　　　　　　　　　　　90 000
　　　应交税费——应交增值税（进项税额）　　　　16 900
　　　　贷：应付账款——鑫达公司　　　　　　　　　　146 900

【例5-3】 6月11日购入上述乙种、丙种材料时，共发生运杂费100元，已用银行存款支付（运费暂不考虑增值税）。

同时购入两种以上材料时发生的采购费用属共同性费用，这些费用应按适当的标准进行分摊，以便正确计算各种材料的采购成本。所谓"适当的标准"是指能够表明各种材料对共同性采购费用的合理分摊关系，如材料的重量、体积、件数、买价等。这些分配标准在实际工作中应视具体情况选择采用。假设本例以材料重量作为分配标准，在乙、丙两种材料之间分配运杂费。

分配率=100/(200+300)=0.2元/千克
乙种材料应分摊运杂费=200×0.2=40元
丙种材料应分摊运杂费=300×0.2=60元

这笔业务应作如下会计分录：

③ 借：在途物资——乙种材料　　　　　　　　　　　40
　　　　　　　　——丙种材料　　　　　　　　　　　60
　　　　贷：银行存款　　　　　　　　　　　　　　　　　100

【例5-4】 6月12日采购人员郑飞借差旅费2 000元，当即以银行存款转账付讫。

这笔业务应作如下会计分录：

④ 借：其他应收款——郑飞　　　　　　　　　　　　2 000
　　贷：银行存款　　　　　　　　　　　　　　　　　　　　2 000

【例5-5】 6月15日以银行存款向新星公司预付丁种材料货款3 000元。

这笔业务应作如下会计分录：

⑤ 借：预付账款——新星公司　　　　　　　　　　3 000
　　贷：银行存款　　　　　　　　　　　　　　　　　　　　3 000

【例5-6】 6月20日采购员郑飞回公司报销前借差旅费1 800元，余款200元以现金退回，出纳已收讫。

这笔业务应作如下会计分录：

⑥ 借：管理费用　　　　　　　　　　　　　　　　1 800
　　　库存现金　　　　　　　　　　　　　　　　　　200
　　贷：其他应收款——郑飞　　　　　　　　　　　　　　2 000

采购人员差旅费从性质上来讲与采购材料有关，可以作为材料采购成本。但为了简化外购材料成本的核算工作，现行企业会计制度规定，采购人员差旅费可以作为管理费用处理。

【例5-7】 6月26日收到本月15日向新星公司预购的丁种材料1 000千克，单价为57.90元/千克，增值税税率13%计7 527元，预付款不足部分当即以银行存款支付。另以现金支付运杂费100元。

这笔业务应作如下会计分录：

⑦ 借：在途物资——丁种材料　　　　　　　　　　58 000
　　　应交税费——应交增值税（进项税额）　　　　7 527
　　贷：预付账款——新星公司　　　　　　　　　　　　3 000
　　　　银行存款　　　　　　　　　　　　　　　　　　62 427
　　　　库存现金　　　　　　　　　　　　　　　　　　　100

【例5-8】 6月30日，本月采购的4种材料均已验收入库，月末结转入库材料的实际采购成本。

这笔业务应作如下会计分录：

⑧ 借：原材料：——甲种材料　　　　　　　　　　22 600
　　　　　　——乙种材料　　　　　　　　　　40 040
　　　　　　——丙种材料　　　　　　　　　　90 060
　　　　　　——丁种材料　　　　　　　　　　58 000
　　贷：在途物资——甲种材料　　　　　　　　　　　　22 600
　　　　　　——乙种材料　　　　　　　　　　　　40 040
　　　　　　——丙种材料　　　　　　　　　　　　90 060
　　　　　　——丁种材料　　　　　　　　　　　　58 000

将上述会计分录过入有关总分类账和在途物资明细分类账(详见表5-1至表5-4)。原材料按实际成本计价的总分类账核算过程见图5-1。

```
     借方    银行存款    贷方              借方    在途物资    贷方
 期初余额 120 000    ① 22 600         ① 22 600           ⑧ 210 700
                   ⑤  3 000         ② 130 000
                   ⑦ 62 427         ③     100
                                    ⑦  58 000


     借方    库存现金    贷方              借方    原材料     贷方
 期初余额  10 000    ① 2 600          期初余额 80 300
      ⑥     200    ③   100              ⑧ 210 700
                   ④ 2 000


     借方    应付账款    贷方              借方    应交税费    贷方
                   期初余额 20 000    ①  2 600   期初余额 170 000
                   ②      146 900    ② 16 900
                                     ⑦  7 527


     借方    预付账款    贷方              借方   其他应收款   贷方
  ⑤ 3 000         ⑦ 3 000          期初余额 1 000   ⑥ 2 000
                                    ④ 2 000


                     借方    管理费用    贷方
                    ⑥ 1 800
```

图5-1 供应过程的总分类账核算图

表5-1 在途物资明细分类账

材料名称或类别:甲种材料   单位:元

20×9年		凭证号数	摘要	借方			贷方	余额
月	日			买价	采购费用	合计		
6	略	1	材料买价与运杂费	20 000	2 600	22 600		22 600
6	30	8	结转采购成本				22 600	——
			本期发生额及余额	20 000	2 600	22 600	22 600	——

表 5-2　在途物资明细分类账

材料名称或类别：乙种材料　　　　　　　　　　　　　　　　　　　　　　　　　　　单位：元

20×9年		凭证号数	摘要	借方			贷方	余额
月	日			买价	采购费用	合计		
6	略	2	材料买价	40 000		40 000		40 000
		3	分摊运杂费		40	40		40 040
		8	结转采购成本				40 040	—
6	30		本期发生额及余额	40 000	40	40 040	40 040	—

表 5-3　在途物资明细分类账

材料名称或类别：丙种材料　　　　　　　　　　　　　　　　　　　　　　　　　　　单位：元

20×9年		凭证号数	摘要	借方			贷方	余额
月	日			买价	采购费用	合计		
6	略	2	材料买价	90 000		90 000		90 000
		3	分摊运杂费		60	60		90 060
		8	结转采购成本				90 060	—
6	30		本期发生额及余额	90 000	60	90 060	90 060	—

表 5-4　在途物资明细分类账

材料名称或类别：丁种材料　　　　　　　　　　　　　　　　　　　　　　　　　　　单位：元

20×9年		凭证号数	摘要	借方			贷方	余额
月	日			买价	采购费用	合计		
6	略	7	材料买价与运杂费	57 900	100	58 000		58 000
		8	结转采购成本				58 000	—
6	30		本期发生额及余额	57 900	100	58 000	58 000	—

第三节　生产过程中经济业务的会计处理

生产过程是企业经营过程的第二个阶段。在生产过程中，为了制造产品就必然要消耗原材料、辅助材料、燃料和动力，支付生产工人的工资及福利费用，发生厂房和机器设备等固定资产的折旧费，以及为了管理和组织生产而发生的各种费用。这些在生产过程中所发生的各种耗费称为生产费用，主要包括：直接材料费、直接人工费、制造费用、管理费用、财务费用和其他支出等。为制造某种产品所发生的费用支出总和就构成了产品的制造成本，也称生产成本。但是产品的制造成本只包括直接材料费、直接人工费和制造费用，而生产过程中发生的管理费用和财务费用属于期间费用，直接计入当期损益，不构成产品的制造成本。

生产过程核算的主要任务是：反映和监督企业在产品生产过程中发生的各项费用；根据所生产产品的品种、数量和质量正确计算产品的成本；考核生产过程中的资金占用情况和产品成本计划的执行情况；促进企业不断降低生产费用，提高经济效益。

一、生产过程中需要设置的账户

为了反映和监督企业在产品生产过程中所发生的各项费用，正确地计算产品的制造成本，需要设置以下账户：

（一）"生产成本"账户

"生产成本"账户是成本类账户，该账户是用来核算企业为进行产品生产而发生的各项生产费用的账户，并据以确定产品的实际生产成本。它的借方登记生产产品而发生的全部生产费用（直接材料费、直接人工费和制造费用等）；贷方登记已完成生产过程并已验收入库的产成品的实际成本；期末余额在借方，反映尚未加工完成的在产品的实际生产成本。"生产成本"明细分类账户应按产品类别或品种设置。

（二）"制造费用"账户

"制造费用"账户是成本类账户，该账户是用来核算企业为生产产品和提供劳务而发生的各项间接费用的账户。它的借方登记车间范围内发生的全部制造费用，如车间管理人员的薪酬、办公费、车间房屋和机器设备的折旧费、水电费、季节性和修理期间的停工损失以及其他不能直接记入产品成本的费用（如机物料消耗等）；贷方登记月末按一定标准和方法分配转入"生产成本"账户借方的制造费用数额。除季节性生产企业外，本账户应无余额。"制造费用"明细分类账户通常按不同的车间设置。

（三）"库存商品"账户

"库存商品"账户是资产类账户，该账户是用来核算企业库存产成品的收发存情况的账户。它的借方登记从"生产成本"账户贷方转来的产成品的实际生产成本；贷方登记已经出售的产成品的实际生产成本；期末余额在借方，表示月末库存产成品的实际生产成本。"库存商品"明细分类账户应按产品种类、品种和规格设置。

（四）"应付职工薪酬"账户

"应付职工薪酬"账户是负债类账户，该账户是用来核算企业应向职工支付的各种薪酬以及实际发放情况的账户。它的贷方登记应付的职工薪酬数，包括各种工资、奖金、津贴和福利费等；借方登记实际支付的职工薪酬数；期末余额若在贷方，表示本月应付职工薪酬大于实际支付的职工薪酬。"应付职工薪酬"明细分类账户可以按"工资""职工福利""社会保险""住房公积金"等薪酬种类设置。

（五）"累计折旧"账户

"累计折旧"账户是资产类账户，该账户是用来核算企业固定资产的累计折旧的账户。

它的贷方登记计提的固定资产折旧数;借方登记因报废、毁损或出售等原因而减少的固定资产已提折旧数;期末余额在贷方,表示企业全部固定资产已提折旧的累计数。该账户只进行总分类核算,不进行明细分类核算。

(六)"长期待摊费用"账户

"长期待摊费用"账户是资产类账户,该账户是用来核算企业已经支出了但应由本期和以后各期分别负担的,分摊期限在一年以上的各项费用,包括固定资产大修理支出、租入固定资产的改良支出以及摊销期在一年以上的其他待摊费用。它的借方登记企业已经支付的费用;贷方登记本期摊销的费用;期末余额在借方,表示已经支付而尚待分摊的费用。"长期待摊费用"明细分类账户应按费用的种类设置。

(七)"应付利息"账户

"应付利息"账户是负债类账户,该账户用来核算企业已经发生但尚未实际支付的利息费用。它的贷方登记按照一定标准计提的应由本期负担的利息费用;借方登记实际支付的利息费用;期末余额在贷方,表示已经预提但尚未支付的利息费用。"应付利息"明细分类账户应按贷款人或债权人设置。

二、举例说明生产过程中经济业务的会计处理

假设前述的飞翔公司6月份又发生了以下经济业务:

【例5-9】 本月领用材料共计182 780元,其用途如表5-5所示。

表5-5 发出材料汇总表

项目	甲种材料		乙种材料		丙种材料		丁种材料		金额合计/元
	数量/千克	金额/元	数量/千克	金额/元	数量/千克	金额/元	数量/千克	金额/元	
制造A产品消耗	50	11 300	100	20 020	150	45 030	500	29 000	105 350
制造B产品消耗	50	11 300	50	10 010	100	30 020	300	17 400	68 730
小计	100	22 600	150	30 030	250	75 050	800	46 400	174 080
车间一般消耗							100	5 800	5 800
管理部门一般消耗							50	2 900	2 900
合计	100	22 600	150	30 030	250	75 050	950	55 100	182 780

这笔经济业务的发生,一方面减少了库存原材料182 780元,应记入"原材料"账户的贷方;另一方面原材料投入生产,增加了生产费用。具体分析起来,其中属于为制造A、B产品而耗用的直接材料费应记入"生产成本"账户的借方,属于车间一般耗用的应记入"制造费用"账户的借方,属于管理部门一般耗用的应记入"管理费用"账户的借方。这笔经济业务的会计分录如下:

⑨ 借：生产成本——A产品　　　　　　　105 350
　　　生产成本——B产品　　　　　　　 68 730
　　　制造费用　　　　　　　　　　　　 5 800
　　　管理费用　　　　　　　　　　　　 2 900
　　　贷：原材料——甲种材料　　　　　　　　　 22 600
　　　　　　　——乙种材料　　　　　　　　　 30 030
　　　　　　　——丙种材料　　　　　　　　　 75 050
　　　　　　　——丁种材料　　　　　　　　　 55 100

【例5-10】 发放工资。从企业的银行存款中将32 000元转入职工的工资卡中。

这笔经济业务的发生，一方面说明企业的银行存款减少了32 000元，应记入"银行存款"账户的贷方；另一方面企业应付职工的工资负债也同时减少了32 000元，应记入"应付职工薪酬"账户的借方。这笔经济业务的会计分录如下：

⑩ 借：应付职工薪酬——工资　　　　　　32 000
　　　贷：银行存款　　　　　　　　　　　　　　 32 000

【例5-11】 根据有关工资结算凭证，确定本月共应付工资32 000元，按用途汇总如下：

A产品生产工人工资　　　　　 18 000
B产品生产工人工资　　　　　　9 000
车间管理人员工资　　　　　　 2 800
企业管理人员工资　　　　　　 2 200
合计　　　　　　　　　　　　32 000

工资是企业支付给职工的劳动报酬，但是由于工资结算日期和支付日期往往不一致，工资在应付未付期间就构成了企业对职工的一种负债，应记入"应付职工薪酬"账户的贷方进行核算。工资既为支付给职工的劳动报酬，又为产品生产的活劳动耗费，构成费用的一部分，称为工资费用。产品生产工人的工资应作为直接人工费记入"生产成本"账户的借方，车间管理人员的工资应记入"制造费用"账户的借方，企业行政管理人员的工资应记入"管理费用"账户的借方。这笔经济业务的会计分录如下：

⑪ 借：生产成本——A产品　　　　　　　 18 000
　　　生产成本——B产品　　　　　　　　9 000
　　　制造费用　　　　　　　　　　　　 2 800
　　　管理费用　　　　　　　　　　　　 2 200
　　　贷：应付职工薪酬——工资　　　　　　　 32 000

【例5-12】 飞翔公司本月以银行存款支付职工福利费4 480元，其中A产品生产工人的福利费 2 250 元,B 产品生产工人的福利费 1 260 元,车间管理人员的福利费 392 元,企业管理人员的福利费 308 元。

企业提取的职工福利费主要是用于职工因公负伤赴外地就医的路费、职工困难补助等方面的支出。企业计提职工福利费,就意味着一方面发生了一种费用,应随同职工的工资费用记入有关费用成本账户的借方;另一方面表示企业的负债增加,应记入"应付职工薪酬"账户的贷方。

这笔经济业务的会计分录如下:

(1) 支付福利费时

⑫-1 借:应付职工薪酬——职工福利　　　　　　　　　4 480
　　　　贷:银行存款　　　　　　　　　　　　　　　　　　　4 480

(2) 计提福利费时

⑫-2 借:生产成本——A 产品　　　　　　　　　　　　　2 520
　　　　生产成本——B 产品　　　　　　　　　　　　　1 260
　　　　制造费用　　　　　　　　　　　　　　　　　　　392
　　　　管理费用　　　　　　　　　　　　　　　　　　　308
　　　　贷:应付职工薪酬——职工福利　　　　　　　　　　4 480

【例 5-13】 以银行存款支付购置办公用品费用 4 400 元,其中车间的办公用品费用 2 708 元,企业管理部门的办公用品费用 1 692 元。

这笔经济业务的发生,一方面减少了企业的银行存款,应记入"银行存款"账户的贷方;另一方面增加了车间和企业行政管理部门的费用,应分别记入"制造费用"账户和"管理费用"账户的借方。这笔经济业务的会计分录如下:

⑬ 借:制造费用　　　　　　　　　　　　　　　　　　　2 708
　　　管理费用　　　　　　　　　　　　　　　　　　　1 692
　　　贷:银行存款　　　　　　　　　　　　　　　　　　　4 400

【例 5-14】 月底按照规定计提本月固定资产折旧 27 000 元,其中车间的固定资产折旧 18 000 元,企业管理部门的固定资产折旧 9 000 元。

固定资产在使用中要发生损耗,随着损耗而逐渐转移的价值称为固定资产折旧。固定资产折旧是生产费用的组成部分。这笔经济业务的发生,一方面增加了折旧费用,应记入"制造费用"和"管理费用"账户的借方;另一方面,固定资产的价值转移即折旧,要记入"累计折旧"账户的贷方。这笔经济业务的会计分录如下:

⑭ 借:制造费用　　　　　　　　　　　　　　　　　　　18 000
　　　管理费用　　　　　　　　　　　　　　　　　　　9 000
　　　贷:累计折旧　　　　　　　　　　　　　　　　　　　27 000

【例 5-15】 以银行存款 2 400 元预付公司办公室租赁的一台复印机今、明两年的租赁费。

这笔经济业务的发生应按照权责发生制原则,将今、明两年的复印机租赁费分别由今、明两年的 24 个月来分摊。

这笔经济业务的发生,一方面使企业等待分摊的费用增加了,应记入"长期待摊费用"账户的借方;另一方面使企业的银行存款减少,应记入"银行存款"账户的贷方。这笔经济业务的会计分录如下:

⑮ 借:长期待摊费用　　　　　　　　　　　　2 400
　　贷:银行存款　　　　　　　　　　　　　　　　　2 400

【例 5-16】 摊销应由本月负担的上项复印机租赁费 100 元。

办公室复印机租赁费属于管理费用。这笔经济业务的发生,一方面增加了管理费用 100 元,应记入"管理费用"账户的借方;另一方面减少了长期待摊费用,应记入"长期待摊费用"账户的贷方。这笔经济业务的会计分录如下:

⑯ 借:管理费用　　　　　　　　　　　　　　100
　　贷:长期待摊费用　　　　　　　　　　　　　　　100

【例 5-17】 预提应由本月负担的流动资金借款利息 300 元。

这里的银行借款利息属于企业为筹集资金而发生的费用,应记入"财务费用"账户。我国的大多数银行对企业的贷款利息是按季进行结算的,每月的利息要等到季末才实际支付。因此,根据权责发生制,对这部分已经发生但尚未支付的费用要预先提取,以便正确核算各期的费用。这笔经济业务的发生,一方面增加了利息费用,应记入"财务费用"账户的借方;另一方面增加了预提的应付费用,应记入"应付利息"账户的贷方。这笔经济业务的会计分录如下:

⑰ 借:财务费用　　　　　　　　　　　　　　300
　　贷:应付利息　　　　　　　　　　　　　　　　　300

【例 5-18】 将本月发生的制造费用 29 700 元记入产品成本,其中 A 产品负担 19 800 元,B 产品负担 9 900 元(制造费用的分配详见后面的"产品制造成本的计算"小节)。

制造费用是产品生产成本的组成部分,最终应由有关的产品负担。因此月末应结转"制造费用"账户,即一方面借记"生产成本",另一方面贷记"制造费用"。这笔经济业务的会计分录如下:

⑱ 借:生产成本——A 产品　　　　　　　　　19 800
　　　生产成本——B 产品　　　　　　　　　　9 900
　　贷:制造费用　　　　　　　　　　　　　　　　29 700

【例 5-19】 月底结转已完工验收入库的全部 A 产品 100 件,实际生产成本 145 670

元;B产品200件尚未完工。

A产品的实际生产成本是根据"生产成本——A产品"明细分类账计算的(详见表5-7)。

这笔经济业务说明,一方面A产品已全部完工并已验收入库,增加了库存的产成品,所以应记入"库存商品"账户的借方;另一方面产品已完成了生产过程,应记入"生产成本"账户的贷方。这笔经济业务的会计分录如下:

⑲ 借:库存商品　　　　　　　　　　　145 670
　　　贷:生产成本——A产品　　　　　　　　145 670

生产过程的总分类账核算过程见图5-2。

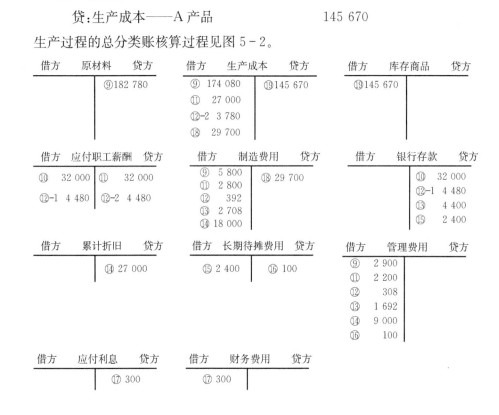

图5-2　生产过程的总分类账核算图

三、产品制造成本的计算

产品制造成本的计算是一项非常复杂的工作,详细的计算程序和计算方法将在"成本会计"课程具体阐述。这里仅向大家介绍最基本的成本计算理论,其目的是重点介绍在生产阶段需要设置的账户,以及这些账户在产品制造成本计算中的作用。

产品制造成本的计算,就是将生产过程中发生的各项费用,按照产品的品种或类别,分别归集和分配,最终计算各种完工产品的总成本和单位成本。

在产品制造过程中发生的能直接计入各个成本计算对象产品的费用,均应在费用发生时直接记入该种产品的制造成本中,若是因生产多种产品而发生的共同性生产费用,则先在

"制造费用"账户归集,月末再按适当的标准(如按生产工人的工资比例、生产工时比例等)在这些产品之间进行分配,最终将分配的费用数计入各种产品的成本中。这里需要提醒的是,要根据企业实际情况选择分配标准。分配制造费用的计算公式如下:

$$制造费用分配率 = \frac{制造费用总额}{生产工人工资总额(或生产工时总和)}$$

某种产品应分摊的制造费用＝制造费用分配率×某种产品的生产工人工资(或某种产品的生产工时)

现仍以飞翔公司的有关资料为例,说明制造费用的归集和分配。制造费用的归集见图5-3。

借方	制造费用	贷方
⑨	5 800	⑱ 29 700
⑪	2 800	
⑫	392	
⑬	2 708	
⑭	18 000	
本期发生额	29 700	本期发生额 29 700
期末余额	—	

图5-3 制造费用

假定此例选择按A产品和B产品的生产工人的工资比例来分摊制造费用。

$$制造费用分配率 = \frac{29\ 700}{18\ 000 + 9\ 000} = 1.1$$

A产品应负担的制造费用＝18 000×1.1＝19 800(元)

B产品应负担的制造费用＝9 000×1.1＝9 900(元)

在实际工作中,制造费用的分配一般是通过编制制造费用分配表来进行的,其格式见表5-6。

表5-6 制造费用分配表

2019年6月30日

产品名称	分配标准(生产工人工资)/元	分配率	分配金额/元
A产品	18 000		19 800
B产品	9 000		9 900
合计	27 000	1.1	29 700

根据"制造费用分配表"的计算,即可将A、B两种产品应分摊的制造费用记入"生产成本"明细分类账(见表5-7和表5-8)中,并根据已完工的A产品的"生产成本"明细分类账编制成本计算表,计算其总成本和单位成本(见表5-9)。

表 5-7 生产成本明细分类账

产品:A产品　　　　　　　　　　　　　　　　　　　　　　　　　　产量:100 件　单位:元

年		凭证号数	摘要	借方			
月	日			直接材料	直接人工	制造费用	合计
6	略	略	生产领用材料	105 350			105 350
			分配工资费用		18 000		18 000
			计提职工福利费		2 520		2 520
			分配制造费用			19 800	19 800
			结转完工产品生产成本	105 350	25 520	19 800	145 670
			本期发生额及余额	——	——	——	——

表 5-8 生产成本明细分类账

产品:B产品　　　　　　　　　　　　　　　　　　　　　　　　　　产量:200 件　单位:元

年		凭证号数	摘要	借方			
月	日			直接材料	直接人工	制造费用	合计
6	略	略	生产领用材料	68 730			68 730
			分配工资费用		9 000		9 000
			计提职工福利费		1 260		1 260
			分配制造费用			9 900	9 900
			本期发生额及余额	68 730	10 260	9 900	88 890

表 5-9 产品生产成本计算表

20×9 年 6 月 30 日　　　　　　　　　　　　　　　　　　　　　　　　　　　　　　单位:元

成本项目	A 产品	
	总成本(100 件)	单位成本
直接材料	105 350	1 053.50
直接人工	20 520	205.20
制造费用	19 800	198.00
产品生产成本	145 670	1 456.70

第四节　销售过程中经济业务的会计处理

销售过程是企业经营过程的第三个阶段,它是企业的完工产品进入市场流通的过程。在销售过程中,企业要将完工产品销售出去并收回货币资金,以补偿生产的耗费,保证企业再生产的正常进行。这是经营过程中的一个重要阶段,只有经过这一阶段,占用在完工产品上的成品资金才能转化为货币资金,才能实现在生产过程中提高价值。

在销售过程中,为了销售产品,必然要发生包装费、运输费、广告费以及为推销本企业产品而专设的销售机构的经费,如办公费、工资、福利费等销售费用,还要支付按照国家税法规定交纳的除增值税以外的税金及附加,这些费用均应从产品的销售收入中得到补偿。

销售过程核算的主要任务就是:反映和监督产品销售收入、产品销售费用、产品销售税金及附加和货款的结算情况,准确地计算产品的销售盈亏。

一、销售过程中需要设置的账户

为了准确核算销售过程中的经济业务,需要设置的主要账户有"主营业务收入""主营业务成本""销售费用""税金及附加""应收账款"等。

(一)"主营业务收入"账户

"主营业务收入"账户是损益类账户,其用途是反映和监督企业已实现的全部产品销售收入。它的贷方登记已实现的销售收入数;借方登记期末转入"本年利润"账户的本期销售收入;结转后应无余额,如有余额,表示尚未结转的销售收入。该账户可按主营业务的种类设置明细分类账户。

(二)"主营业务成本"账户

"主营业务成本"账户是损益类账户,其用途是反映企业已销售产品的生产成本。它的借方登记已售产品的生产成本;贷方登记期末转入"本年利润"账户的已售产品生产成本;结转后应无余额,若有余额,表示尚未结转的已售产品生产成本。该账户可按主营业务的种类设置明细分类账户。

(三)"销售费用"账户

"销售费用"账户是损益类账户,其用途是归集产品销售过程中发生的销售费用。该账户也是一个核算期间费用的账户。销售费用通常包括在销售过程中发生的运输费、装卸费、包装费、保险费、广告费、展览费以及专设销售机构的经费等。发生上述销售费用时,记入该账户的借方;该账户的贷方登记期末转入"本年利润"账户的数额;结转后应无余额,若有余额,表示尚未结转的销售费用。该账户可按费用项目设置明细分类账户。

(四)"税金及附加"账户

"税金及附加"账户是损益类账户,其用途是反映企业由于销售产品、提供劳务等经营活动负担的各种税金及附加的计算及其结转情况。税金及附加主要包括企业要交的城市维护建设税、资源税、消费税和教育费附加、房产税、车船税、土地使用税、印花税等。该账户的借方登记按规定税率计算出的应由企业负担的税金及附加;贷方登记期末转入"本年利润"账户的数额;结转后应无余额,若有余额,则表示尚未结转的税金及附加。

(五)"应收账款"账户

"应收账款"账户是资产类账户,其用途是反映企业因出售产品或劳务而应向购货单位或接受劳务单位收取的款项。该账户的借方登记应向购货单位或接受劳务单位收取的款项;贷方登记已收回的款项;其借方余额表示购货单位或接受劳务单位所欠的款项。该账户应按欠款单位设置明细分类账户。

二、举例说明销售过程中经济业务的会计处理

假设前述的飞翔公司 6 月份还发生了下列经济业务:

【例 5-20】 销售 A 产品 10 件给甲公司,每件售价 2 000 元;销售 B 产品 10 件给乙公司,每件售价 3 000 元。甲公司的货款计 20 000 元,增值税税率 13% 计 2 600 元,已全部收存银行;乙公司的货款计 30 000 元,增值税税率 13% 计 3 900 元,尚未收到。

这笔经济业务的发生,一方面表明企业的销售收入增加了 50 000 元,应记入"主营业务收入"账户的贷方,同时"应交税费"账户的贷方增值税销项税增加了 6 500 元;另一方面表明企业银行存款增加 22 600 元,而债权应收账款增加 33 900 元,应分别记入"银行存款"和"应收账款"账户的借方。这笔经济业务的会计分录如下:

⑳ 借:银行存款　　　　　　　　　　　　22 600
　　　应收账款——乙公司　　　　　　　 33 900
　　　　贷:主营业务收入　　　　　　　　　　50 000
　　　　　　应交税费——增值税　　　　　　 6 500

【例 5-21】 以银行存款支付某电视台的广告费 8 000 元。

这笔经济业务的发生,一方面表明企业的销售费用增加了 8 000 元,应记入"销售费用"账户的借方;另一方面表明企业的银行存款减少,应记入"银行存款"账户的贷方。这笔经济业务的会计分录如下:

㉑ 借:销售费用　　　　　　　　　　　　 8 000
　　　　贷:银行存款　　　　　　　　　　　　 8 000

【例 5-22】 收到乙公司支付的货款 33 900 元,已存入银行。

这笔经济业务发生后,一方面表明增加了企业存款数,应记入"银行存款"账户的借方;另一方面表明企业的债权减少,应记入"应收账款"账户的贷方。这笔经济业务的会计分录如下:

㉒ 借:银行存款　　　　　　　　　　　　33 900
　　　　贷:应收账款——乙公司　　　　　　　33 900

【例 5-23】 经计算企业本月应交城建税 140 元,教育费附加 60 元。

这笔经济业务的发生,一方面表明企业的销售税费增加了 200 元,应记入"税金及附加"的借方;另一方面因应交的税费尚未交纳,使得企业的负债增加,应记入"应交税费"账户的贷方。这笔经济业务的会计分录如下:

㉓ 借:税金及附加　　　　　　　　　　　　200
　　　　贷:应交税费——城建税　　　　　　　 140
　　　　　　　　——教育费附加　　　　　　　 60

【例 5-24】 结转已售产品成本,已销 A 产品 10 件,实际生产成本 14 567 元;B 产品 10 件,实际生产成本 15 000 元。

这笔经济业务的发生,一方面表明企业减少了价值 29 567 元的库存产成品,应记入"库存商品"账户的贷方;另一方面表明已售产品的销售成本增加了,应记入"主营业务成本"账户的借方。这笔经济业务的会计分录如下:

㉔ 借:主营业务成本　　　　　　　　　　29 567
　　贷:库存商品　　　　　　　　　　　　　　　29 567

若企业采用预收货款的方式销售产品,收到购货单位的预付款时,借:银行存款;贷:预收账款。若企业按合同发货,该销售业务成立时,借:预收账款;贷:主营业务收入、应交税费。若企业预收货款业务不多时,则可不设"预收账款"账户,可通过"应收账款"账户核算。

销售过程的总分类账核算过程见图 5-4。

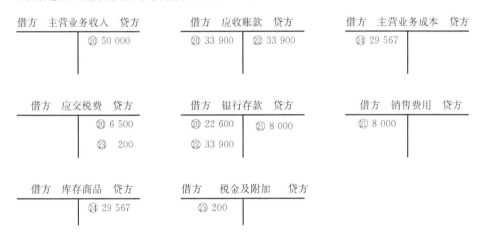

图 5-4　销售过程的总分类账核算图

第五节　利润和利润分配经济业务的会计处理

利润是指企业在一定会计期间的经营成果,是衡量企业经营业绩的重要指标。制造业企业的利润(或亏损)总额包括营业利润、营业外收入和营业外支出等内容。营业外收入主要是指与企业生产经营活动无直接关系的各项收入,包括报废毁损固定资产利得、报废毁损无形资产利得、非货币性交换利得、罚没利得等。营业外支出主要是指与企业生产经营活动无直接关系的各项支出,如固定资产盘亏、报废毁损固定资产损失、报废毁损无形资产损失、罚款支出、捐赠支出、非常损失等。投资净收益是指企业对外投资收益减去损失后的净额。管理费用是指企业为组织和管理企业生产经营活动所发生的管理费用。财务费用是指企业为筹集生产经营所需资金而发生的费用,包括利息支出(减利息收入)等。销售费用、管理费用和财务费用属于期间费用。以上构成内容可以用公式表示如下:

营业利润＝营业收入－营业成本－税金及附加－销售费用－管理费用－
　　　　财务费用－资产减值损失±公允价值变动损益±投资收益

利润(或亏损)总额＝营业利润＋营业外收入－营业外支出

以上计算结果若为负数，即为亏损净额。

企业实现的利润应按规定交纳所得税，余下的部分为净利润，再在投资人之间进行分配。净利润可用公式表示如下：

净利润＝利润总额－所得税费用

所以，利润和利润分配核算的任务就是反映和监督企业的经营成果，并按有关规定分配利润。

一、利润和利润分配经济业务中需要设置的主要账户

为了准确核算利润和利润分配经济业务，除了销售过程中介绍的损益类账户外，还需要设置的账户有"其他业务收入""其他业务成本""管理费用""财务费用""本年利润""所得税费用""利润分配"等。

(一)"其他业务收入"账户

"其他业务收入"账户是损益类账户，其用途是核算企业除主营业务收入以外的其他销售业务的收入，如材料销售、包装物出租、无形资产出租等收入。该账户可按其他业务的种类设置明细分类账户。

(二)"其他业务成本"账户

"其他业务成本"账户是损益类账户，其用途是核算企业除主营业务成本以外的其他销售业务发生的支出，包括销售材料的成本、出租包装物的成本或摊销额、出租无形资产的摊销额等。该账户可按其他业务的种类设置明细分类账户。

(三)"管理费用"账户

"管理费用"账户是损益类账户，其用途是核算企业行政管理部门为组织和管理企业生产经营活动所发生的管理费用，包括企业筹建期间发生的开办费、董事会和行政管理部门在企业的经营管理中发生的公司经费(如行政管理部门职工工资及福利费、修理费、办公费和差旅费等)、工会经费、待业保险费、劳动保险费、董事会费(如董事会成员津贴、会议费和差旅费等)、聘请中介机构费、咨询费、业务招待费、技术转让费、研究与开发费、排污费等。该账户可按费用项目设置明细分类账户。

(四)"财务费用"账户

"财务费用"账户是损益类账户，其用途是核算企业筹集生产经营活动所需资金等而发生的费用，包括利息支出(减利息收入)、汇兑损失(汇兑损益)以及相关的手续费等。为购建

固定资产的专门借款所发生的借款费用,在固定资产达到预定可使用状态前按规定予以资本化的部分,不包括在本账户的核算范围内(这部分内容在"中级财务会计"课程中将会涉及)。该账户可按费用项目设置明细分类账户。

（五）"营业外收入"账户

"营业外收入"账户是损益类账户,其用途是核算企业发生的与其生产经营无直接关系的各项收入,包括报废毁损固定资产利得、报废毁损无形资产利得、非货币性交换利得、罚没收入等。该账户可按照收入的具体项目设置明细分类账户。

（六）"营业外支出"账户

"营业外支出"账户是损益类账户,其用途是核算企业发生的与其生产经营无直接关系的各项支出,包括固定资产盘亏、报废毁损固定资产损失、报废毁损无形资产损失、罚款支出、捐赠支出、非常损失等。该账户可按照支出的具体项目设置明细分类账户。

（七）"投资收益"账户

"投资收益"账户是损益类账户,其用途是核算企业对外投资所取得的收益或发生的损失。该账户可按照投资的种类设置明细分类账户。

（八）"本年利润"账户

"本年利润"账户是所有者权益账户,其用途是核算企业实现的净利润(或发生的净亏损)。它的贷方登记由"主营业务收入""其他业务收入""投资收益""营业外收入"等账户的转入的数额;借方登记由"主营业务成本""其他业务成本""税金及附加""销售费用""管理费用""财务费用""营业外支出""所得税费用"等账户转入的数额;平时该账户若有贷方余额表示累计实现的净利润数额,若有借方余额则表示累计发生的净亏损数额。年终,应将"本年利润"账户余额转入"利润分配——未分配利润"账户,结转后本账户应无余额。关于"本年利润"账户的核算内容,可以结合利润计算的"账结法"和"表结法"来理解。

（九）"所得税费用"账户

"所得税费用"账户是损益类账户,其用途是核算企业按规定从本期损益中扣除的所得税费用。它的借方登记企业按规定计算出的所得税费用额;贷方登记期末转入"本年利润"账户的所得税费用额;结转后本账户应无余额。

（十）"利润分配"账户

"利润分配"账户是所有者权益账户,其用途是核算企业利润的分配(或亏损的弥补)和历年分配(或弥补)后的积存余额。它的借方登记提取的盈余公积、应付利润及年终由"本年利润"账户转入的本年度亏损数额;贷方登记盈余公积弥补的亏损数额及年终由"本年利润"账户转入的本年累计的净利润数额;其贷方余额表示未分配利润数额,其借方余额表示未弥补亏损数额。该账户下应设置"提取法定盈余公积""提取任意盈余公积""应付现金股利或利润""未分配利润"等明细分类账户。

二、举例说明利润及利润分配中经济业务的会计处理

继前例,飞翔公司6月发生下列有关经济业务:

【例5-25】 以银行存款支付公益捐款2 000元。

企业支付的公益捐款属于营业外支出。这笔经济业务的发生,一方面应记入"营业外支出"账户的借方;另一方面应记入"银行存款"账户的贷方,表示存款减少。其会计分录如下:

㉕ 借:营业外支出　　　　　　　　　　　　2 000
　　　贷:银行存款　　　　　　　　　　　　　　2 000

【例5-26】 企业出售原材料一批,货款60 000元,增值税7 800元,款项已全部收到存入银行。

出售原材料属于其他销售业务。这笔经济业务的发生,一方面应记入"其他业务收入""应交税费"账户的贷方;另一方面应记入"银行存款"账户的借方。其会计分录如下:

㉖ 借:银行存款　　　　　　　　　　　　67 800
　　　贷:其他业务收入　　　　　　　　　　　60 000
　　　　　应交税费——增值税　　　　　　　　7 800

【例5-27】 结转已出售原材料的实际成本48 000元。

这笔经济业务的发生,一方面表示已售材料成本增加48 000元,应记入"其他业务成本"账户的借方;另一方面表示库存的原材料减少,应记入"原材料"账户的贷方。其会计分录如下:

㉗ 借:其他业务成本　　　　　　　　　　48 000
　　　贷:原材料　　　　　　　　　　　　　　48 000

【例5-28】 根据有关损益类账户余额,结转各损益类账户并计算利润总额。

这笔经济业务就是把有关损益类账户的余额全部结转到"本年利润"账户的借方或贷方。其会计分录如下:

㉘-1 借:本年利润　　　　　　　　　　　106 067
　　　贷:主营业务成本　　　　　　　　　　　29 567
　　　　　税金及附加　　　　　　　　　　　　　200
　　　　　其他业务成本　　　　　　　　　　　48 000
　　　　　销售费用　　　　　　　　　　　　　8 000
　　　　　管理费用　　　　　　　　　　　　18 000
　　　　　财务费用　　　　　　　　　　　　　　300
　　　　　营业外支出　　　　　　　　　　　　2 000

㉘-2 借:主营业务收入　　　　　　　　　　50 000
　　　　其他业务收入　　　　　　　　　　　60 000
　　　贷:本年利润　　　　　　　　　　　　110 000

利润总额＝110 000－106 067＝3 933(元)

【例 5-29】 经计算企业应交所得税 983.25 元。

这笔经济业务的发生,一方面表明企业所得税费用增加 983.25 元,应记入"所得税费用"账户的借方;另一方面因企业尚未上缴税金,所以负债增加,应记入"应交税费"账户的贷方。其会计分录如下:

㉙ 借:所得税费用　　　　　　　　　　　　983.25
　　　贷:应交税费——所得税　　　　　　　　　983.25

【例 5-30】 将"所得税费用"账户余额结转"本年利润"账户。

这笔经济业务表明一方面贷记"所得税费用",另一方面借记"本年利润"。其会计分录如下:

㉚ 借:本年利润　　　　　　　　　　　　　983.25
　　　贷:所得税费用　　　　　　　　　　　　　983.25

【例 5-31】 年终,按规定计提法定盈余公积 294.98 元。

这笔经济业务属于分配利润,其会计分录如下:

㉛ 借:利润分配——提取法定盈余公积　　　294.98
　　　贷:盈余公积　　　　　　　　　　　　　　294.98

【例 5-32】 经股东大会通过明年 3 月 1 日向投资者分配现金红利 1 000 元。

这笔经济业务属于分配利润,其会计分录如下:

㉜ 借:利润分配——应付现金股利或利润　　1 000
　　　贷:应付股利　　　　　　　　　　　　　　1 000

【例 5-33】 年终结转"本年利润"账户。

这笔经济业务属于年终转账,其会计分录如下:

㉝ 借:本年利润　　　　　　　　　　　　　2 949.75
　　　贷:利润分配——未分配利润　　　　　　　2 949.75

【例 5-34】 年终,将"利润分配"有关明细分类账户的余额转入"利润分配——未分配利润"账户。

这笔经济业务属于年终转账,其会计分录如下:

㉞ 借:利润分配—未分配利润　　　　　　　1 294.98
　　　贷:利润分配——提取法定盈余公积　　　　294.98
　　　　　　　——应付现金股利或利润　　　　　1 000

利润及利润分配经济业务的总分类账核算过程见图 5-5。

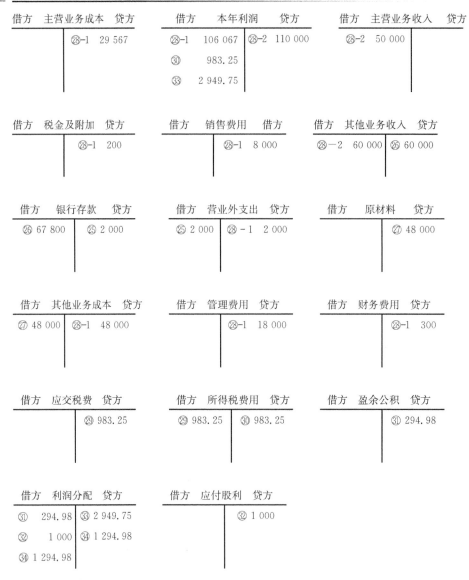

图 5-5 利润及利润分配的总分类账核算图

第六节 其他经济业务的会计处理

企业日常的经济业务,除前面所述的几个主要方面以外,还有其他一些经济业务,现在加以简要补充说明。

一、筹集资金业务

企业筹资主要有两种方式,一是吸收投资,二是向金融机构借款。企业收到投资者的投资时,需要用到"实收资本"账户。"实收资本"账户是一个所有者权益类账户,贷方登记所有者投资的增加数;借方登记所有者投资的减少数;期末余额在贷方,表示所有者投资的实际数。

【例 5-35】 飞翔公司收到张天的投资,共计银行存款 1 000 000 元。其会计分录如下:

借:银行存款　　　　　　　　　　1 000 000
　　贷:实收资本——张天　　　　　　　　　1 000 000

【例 5-36】 飞翔公司收到某单位作为投资的设备一台,价值 200 000 元,增值税 26 000 元。其会计分录如下:

借:固定资产　　　　　　　　　　200 000
　　应交税费——增值税　　　　　26 000
　　贷:实收资本　　　　　　　　　　　　226 000

企业若向金融机构借款,则构成企业的负债。偿还期限在一年以内(含一年)或超过一年的一个生产营业周期内的各种借款为短期借款,偿还期限在一年以上或超过一年的一个生产营业周期以上的借款为长期借款,长期借款留待"中级财务会计"课程介绍。短期借款核算可设置"短期借款"账户,这是一个流动负债类账户,贷方登记借款增加数;借方登记归还数;期末余额在贷方,表示企业尚未偿还的贷款数。

【例 5-37】 飞翔公司从银行取得 6 个月的短期借款 100 000 元,该款项已存入银行。其会计分录如下:

借:银行存款　　　　　　　　　　100 000
　　贷:短期借款　　　　　　　　　　　　100 000

若以银行存款归还借款,则其会计分录如下:

借:短期借款　　　　　　　　　　100 000
　　贷:银行存款　　　　　　　　　　　　100 000

二、使用福利费业务

企业计提福利费是登记在"应付职工薪酬"账户的贷方,使用福利费时则应登记在该账户的借方。

【例 5-38】 飞翔公司支付职工困难补助 500 元,均已转账付讫。其会计分录如下:

借:应付职工薪酬　　　　　　　　500
　　贷:银行存款　　　　　　　　　　　　500

三、上缴税金业务

【例 5-39】 飞翔公司以银行存款 983.25 上缴所得税。其会计分录如下:

借:应交税费——所得税　　　　　983.25
　　贷:银行存款　　　　　　　　　　　　983.25

四、支付投资者利润业务

年终,企业应计算出付给投资者的利润数,这就要用到"应付利润"账户。这是一个负债类账户,贷方登记应该支付的利润数;借方登记实际支付的利润数;余额在贷方,表示应付而未付的利润数。

【例 5-40】 飞翔公司以银行存款支付投资者利润 1 000 元。其会计分录如下:

借:应付股利　　　　　　　　　　　1 000
　　贷:银行存款　　　　　　　　　　　　1 000

【巩固和实践】

思考题

1. 简述企业供应过程的核算。
2. 简述企业生产过程的核算。
3. 简述企业销售过程的核算。
4. 什么是财务成果?它是如何形成的?
5. 原材料实际采购成本包括哪些内容?
6. 如何计算企业的营业利润?
7. 企业的利润总额由哪些项目组成?
8. 如何计算企业的净利润?
9. 企业提取的盈余公积金包括哪些内容?

习题一

1. 目的:练习供应过程的核算和材料采购成本的计算。
2. 资料:利和股份公司 20×9 年 8 月份发生下列材料物资采购业务:

(1) 公司购入甲材料 3 500 千克,单价 4 元/千克(不含增值税),价款合计 14 000 元,增值税 1 820 元。款项未付。

(2) 用银行存款 3 500 元支付上述甲材料的运杂费。

(3) 购入乙材料 60 吨,单价 850 元/吨,价款合计 51 000 元,增值税 6 630 元。款项均通过银行存款付清。

(4) 公司购进甲材料 2 000 千克,单价 4 元/千克,价款合计 8 000 元;丙材料 1 000 千克,单价 5 元/千克,价款合计 5 000 元,增值税共计 1 690 元。款项均已通过银行存款付清,另外供货单位代垫运杂费 3 000 元(按重量比例分配)。

(5) 以银行存款 20 000 元预付丁材料的购货款。

(6) 已预付部分货款的丁材料 5 000 千克到货,单价 10 元/千克,价款合计 50 000 元,增值税 6 500 元。余款暂未支付。

(7) 本月购入的甲、乙、丙、丁材料均已验收入库,结转其成本。

3. 要求:

(1) 根据上述资料编制会计分录。

(2) 登记"在途物资"和"原材料"总分类账以及"在途物资"明细分类账。

习题二

1. 目的:练习制造费用的分配与产品成本的计算。

2. 资料:某企业生产甲、乙两种产品,20×9年12月份有关甲、乙两种产品的资料如下:

(1) 本月制造费用总额6 000元,其中甲产品生产工时2 000小时,乙产品生产工时1 000小时。

(2) 本月甲、乙两种产品耗用的材料费及人工费资料如下:

成本项目	甲产品(3 000件)	乙产品(2 000件)
直接材料费/元	42 000	26 000
直接人工费/元	1 300	9 000

(3) 甲、乙两种产品全部完工验收入库。假设甲、乙两种产品无期初在产品。

3. 要求:

(1) 按工时比例计算分配制造费用。

(2) 分别计算甲、乙两种产品的总成本及单位成本(精确到0.01)。

(3) 请编写将本月发生的制造费用转入"生产成本"账户的会计分录。

(4) 请编写结转完工产品成本的会计分录。

习题三

1. 目的:练习生产过程的核算和产品成本的计算。

2. 资料:金元股份公司20×9年1月份发生下列经济业务:

(1) 发放工资,开出转账支票68 000元划入职工工资卡账户。

(2) 用银行存款48 000元支付今明两年的生产车间厂房的房租,并相应摊销应由本月负担的部分。

(3) 仓库发出原材料,用途如下:

A产品生产耗用	10 000元
B产品生产耗用	12 000元
车间一般耗用	8 000元
企业管理部门一般耗用	3 000元
合计	33 000元

(4) 财务科丁某报销购买账页、凭证和笔等办公用品的费用300元,现金支票付讫。

(5) 用银行存款支付购买车间用办公用品费用300元。

(6) 本月用银行存款支付车间设备修理费700元。

(7) 计提本月固定资产折旧,其中车间使用的固定资产折旧1 000元,企业管理部门使用的固定资产折旧 600 元。

(8) 月末分配工资费用 740 000 元，其中：

  A 产品生产工人工资   200 000 元

  B 产品生产工人工资   300 000 元

  车间管理人员工资   160 000 元

  企业管理部门人员工资   80 000 元

(9) 本月以银行存款支付职工福利费 103 600 元，其中：A 产品生产工人 28 000 元，B 产品生产工人 42 000 元，车间管理人员 22 400 元，企业管理部门人员 11 200 元。

(10) 将本月发生的制造费用转入"生产成本"账户，并按生产工人的工资比例分配计入 A、B 两种产品的成本中。

(11) 本月生产的 A 产品 10 件、B 产品 20 件均已完工并验收入库，结转完工产品成本。

3. 要求：

(1) 根据上述资料编制会计分录。

(2) 登记"生产成本"和"制造费用"总分类账以及"生产成本"明细分类账。

(3) 编制如下"产品生产成本计算表"。

产品生产成本计算表

年 月   单位：元

成本项目	A 产品		B 产品	
	总成本(10 件)	单位成本	总成本(20 件)	单位成本
直接材料				
直接人工				
制造费用				
产品生产成本				

习题四

1. 目的：练习销售过程的核算。

2. 资料：金元股份公司 20×9 年 5 月份发生下列销售业务：

(1) 销售产品 18 台，单价 2 000 元/台，价款合计 36 000 元，增值税 4 680 元，价税款暂未收到。

(2) 销售产品 63 台，单价 2 000 元/台，价款合计 126 000 元，增值税 16 380 元，收到转账支票存入银行。

(3) 用银行存款 5 000 元支付产品的广告费。

(4) 预收某公司订货款 30 000 元存入银行。

(5) 销售产品 6 台，单价 2 000 元/台，价款合计 12 000 元，增值税 1 560 元，收到一张承兑期为 3 个月的商业汇票。

(6) 结转本月已售产品生产成本 130 000 元。

(7) 经计算本月应交城建税 2 071 元,教育费附加 1 183 元。

3. 要求:根据上述资料编制会计分录。

习题五

1. 目的:练习利润的形成及利润分配的核算。

2. 资料:翔宇股份公司 20×9 年 12 月份的部分经济业务资料如下:

(1) 将本月实现的主营业务收入 1 400 000 元和营业外收入 20 000 元结转入"本年利润"账户。

(2) 将本月发生的主营业务成本 1 000 000 元、税金及附加 5 000 元、销售费用 22 500 元、管理费用 100 000 元、财务费用 2 000 元和营业外支出 1 000 元结转入"本年利润"账户。

(3) 按照税法计算出本月应交所得税为 95 000 元,予以结转。

(4) 公司全年实现的净利润为 194 500 元,年终将本年实现的净利润转入"利润分配——未分配利润"账户。

(5) 公司决定提取法定盈余公积 19 450 元,任意盈余公积 9 725 元。

(6) 公司决定向投资者分配利润 97 250 元,但尚未支付。

(7) 将已分配的净利润转入"利润分配——未分配利润"账户。

3. 要求:根据上述资料编制相关会计分录。

习题六

1. 目的:练习其他业务的核算。

2. 资料:远东工业泵股份有限公司发生下列经济业务:

(1) 收到翔宇股份公司投资 1 000 000 元,款项已存入银行。

(2) 购入设备一台,货款 200 000 元,增值税 26 000 元,开出转账支票支付全部款项。

(3) 向银行借入 3 个月期的借款,用于弥补流动资金的不足,200 000 元借款已全部存入银行。

(4) 预提本月短期借款利息 1 000 元。

(5) 以银行存款 5 000 元支付职工医药费(企业负担的部分)。

(6) 短期借款 200 000 元到期,以银行存款归还。

(7) 以银行存款 2 600 元支付企业的应交所得税。

(8) 企业开出转账支票支付合同违约金 1 000 元。

(9) 转账支付 260 元购买印花税票。

(10) 报销业务招待费 4 800 元,银行存款转账付讫。

3. 要求:根据上述资料编制会计分录。

习题七

1. 目的:练习制造业企业主要经济业务的核算。

2. 资料:金益股份公司 20×9 年 12 月初有关账户余额如下:

账户名称	借方余额	贷方余额
库存现金	19 350	
银行存款	1 015 800	
原材料	4 026 000	
库存商品(B产品)	1 795 000	
应收账款	1 308 400	
其他应收款	4 800	
长期待摊费用	37 200	
固定资产	3 345 000	
累计折旧		381 000
短期借款		0
应付账款		1 434 000
应交税费		0
应付利息		9 000
资本公积		639 000
实收资本		8 000 000
本年利润		706 800
盈余公积		381 750
合计	11 551 550	11 551 550

金益股份公司20×9年12月份发生下列经济业务：

(1) 从银行取得期限为3个月、年利率为6%的借款600 000元存入银行。

(2) 收回其他单位欠款150 000元存入银行。

(3) 公出人员报销差旅费3 880元，余款退回现金(原借款5 000元)。

(4) 购入甲材料2 000千克，单价18元/千克，价款合计36 000元；乙材料1 000千克，单价8元/千克，价款合计8 000元，发票注明的增值税税额为5 720元，款未付。

(5) 以银行存款6 000元支付甲、乙材料的外地运杂费，按重量比例分配，材料已验收入库，结转成本。

(6) 仓库发出材料，其发出材料汇总表如下所示：

发出材料汇总表

20×9年12月31日

用途	甲材料		乙材料		材料耗用合计/元
	数量	金额/元	数量	金额/元	
制造产品领用：					
A产品耗用	30 000	600 000	12 000	120 000	720 000
B产品耗用	75 000	750 000	8 000	80 000	830 000
小计	105 000	1 350 000	20 000	200 000	1 550 000
车间一般耗用	10 000	200 000	4 000	40 000	240 000
合计	115 000	1 550 000	24 000	240 000	1 790 000

(7) 摊销应由管理费用负担的仓库房租 800 元(两年前已付过款)。

(8) 转账支票支付广告费 5 000 元。

(9) 以银行存款 6 000 元支付本月公司办公室计算机等设备的维修费。

(10) 用银行存款购买一台设备,买价 80 000 元,增值税 10 400 元,设备投入安装。

(11) 上述设备在安装过程中发生安装费 3 000 元,用银行存款支付。设备安装完工,交付使用,结转工程成本。

(12) 预提应由本月负担的本月初取得的借款利息。

(13) 月末分配工资费用 660 000,其中:

A 产品生产工人工资	200 000 元
B 产品生产工人工资	300 000 元
车间管理人员工资	60 000 元
公司管理人员工资	100 000 元

(14) 按各自工资总额的 14% 提取福利费,并以银行存款支付福利费开支。

(15) 以银行存款支付车间设备修理费 1 000 元。

(16) 计提本月固定资产折旧,其中:车间设备折旧额 6 000 元,管理部门设备折旧额 4 000 元。

(17) 用 5 000 元转账支票支付罚款。

(18) 管理部门报销 8 000 元办公用品费,以转账支票付讫。

(19) 开出 660 000 元转账支票支付职工工资。

(20) 将本月发生的制造费用按生产工人工资比例分配计入 A、B 产品的成本(精确到 0.000 1)。

(21) 本月生产的 A 产品 50 台全部完工,验收入库,结转完工产品成本(假设没有期初、期末在产品)。本月生产的 B 产品均未完工,尚在生产过程中。

(22) 企业销售 A 产品 40 台,单价 60 000 元/台,价款合计 2 400 000 元,增值税 312 000 元,款项尚未收到。

3. 要求:写出上述业务的会计分录。

第六章 账户的分类

第一节 账户分类的涵义

一、账户分类的目的与标志

理解账户的共性与个性,探讨账户之间的联系与区别,以及各个账户在整个账户体系中的地位与作用,是我们研究账户分类的目的。

账户按不同的标志分类,就是从不同的角度去寻找账户的共性,账户分类的标志通常有:按经济内容分类;按用途与结构分类;按统驭关系分类以及按余额方向分类等等。

(一)账户按经济内容分类

账户的经济内容,即账户所核算与监督的会计对象的具体内容,包括资产类、负债类、所有者权益类、成本类和损益类五大类,各大类又分为若干小类。这样分类便于从账户中取得所需的核算指标,明确每个账户的核算内容。对于准确区分每个账户的经济性质、准确地使用账户十分重要。

(二)账户按用途与结构分类

账户的用途,是指通过账户的记录能够提供什么核算资料。账户的结构,是指在账户中如何提供核算资料,借方登记什么,贷方登记什么,怎样登记,余额反映什么内容。按账户的用途和结构分类,可以使我们明确各个账户不同的使用方法和各个账户的具体作用,是账户按经济内容分类的补充。

(三)账户按统驭关系分类

账户的统驭关系,是指账户之间统驭与从属,控制与被控制的关系。账户按统驭关系可以分为总分类账户和明细分类账户。总分类账户提供综括的核算资料,是所属明细分类账户的统驭账户和控制账户。明细分类账户提供详细核算资料,是相应总分类账户的从属账户和被控制账户。

(四)账户按余额方向分类

账户按余额方向可以分为有余额账户和无余额账户两类,有余额账户又分为借方余额账户和贷方余额账户。通常情况,资产类账户为借方余额账户,负债、所有者权益类账户为贷方余额账户。期末无余额账户,是指在会计期末,将账户汇集的借(贷)方发生额结转到贷(借)方,从而期末无余额。

二、账户分类的作用

我们在前面的学习中已经设置和使用了一些账户,不管经济业务如何变化,我们都是对经济业务内容进行划分归类,为每一类经济内容设置账户,分别登记数据,形成核算指标。由于会计要素之间存在一定联系,企业设置和使用的账户也必然存在相互联系和补充的关系,并构成了账户体系,从而全面地反映企业的资金运动。

第二节 账户按经济内容分类

一、账户按反映经济内容分类的涵义

账户的经济内容是账户分类的基础,如前所述账户的经济内容即账户所核算与监督的会计对象的具体内容。企业会计对象就其具体内容可以归结为资产、负债、所有者权益、收入、费用和利润六大类,与此对应账户分为资产类、负债类、所有者权益类、成本类和损益类五大类,各大类又分为若干小类。

二、账户按经济内容的分类

按照这一标准,将账户分为反映企业财务状况和反映经营过程及经营成果两大类账户,反映企业财务状况的账户包括:资产类账户、负债类账户、所有者权益类账户;反映经营过程和经营成果的账户包括:成本类账户和损益类账户。每一类账户又可以根据自身的特点进一步细分,下面以制造业企业的常用账户为例对五类基本账户进行细分,具体划分见图6-1。

```
           ┌ 流动资产类账户:库存现金、银行存款、应收账款、原材料等
资产类账户 ┤
           └ 非流动资产类账户:债权投资、长期股权投资、固定资产、在建工程、无形资产等
           ┌ 流动负债类账户:短期借款、应付票据、应付账款、预收账款、应付职工薪酬、应交税费等
负债类账 ┤
           └ 长期负债类账户:长期借款、应付债券、长期应付款等
所有者权益类账户:实收资本(或股本)、资本公积、盈余公积、本年利润、利润分配等
成本类账户:制造费用、生产成本、劳务成本等
损益类账户:主营业务收入、主营业务成本、税金及附加、销售费用、管理费用、财务费用等
```

图6-1 账户按反映经济内容性质的分类

1. **资产类账户**

资产类账户是用来核算和监督企业各种资产增减变动及其结余情况的账户。根据资产的流动性分为流动资产类账户和非流动资产类账户。流动资产类账户包括库存现金、银行存款、应收账款和原材料等账户;非流动资产类账户包括债权投资、长期股权投资、固定资产、在建工程和无形资产等账户。资产类账户结构如图6-2所示。

借方	资产类账户	贷方
期初余额		
本期增加额		本期减少额
本期借方发生额合计 期末余额		本期贷方发生额合计

图 6-2 资产类账户的结构

2. 负债类账户

负债类账户是用来核算企业各种负债增减变动及其结余情况的账户。按照偿还期是否超过一年分为流动负债类账户和长期负债类账户。流动负债类账户包括短期借款、应付票据、应付账款、预收账款、应付职工薪酬、应交税费等账户；长期负债类账户包括长期借款、应付债券和长期应付款等账户。负债类账户结构如图 6-3 所示。

借方	负债类账户	贷方
		期初余额
本期减少额		本期增加额
本期借方发生额合计		本期贷方发生额合计 期末余额

图 6-3 负债类账户的结构

3. 所有者权益类账户

所有者权益类账户是用来核算和监督企业所有者权益增减变动及其结余情况的账户。具体分为：实收资本（或股本）、资本公积、盈余公积、本年利润和利润分配等账户。所有者权益类账户结构如图 6-4 所示。

借方	所有者权益类账户	贷方
		期初余额
本期减少额		本期增加额
本期借方发生额合计		本期贷方发生额合计 期末余额

图 6-4 所有者权益类账户的结构

4. 成本类账户

成本类账户是用来归集费用、计算成本的账户。在工业企业，用以归集计算成本的账户又可以分为三类：

(1) 供应过程中用来归集计算所购入材料的成本的账户，如"材料采购"；
(2) 生产过程中用来归集计算所生产产品成本的账户，如"生产成本"和"制造费用"；
(3) 固定资产建造过程中用来归集计算固定资产成本的账户，如"在建工程"。

成本类账户结构如图6-5所示。

借方	成本类账户	贷方
期初余额		
本期增加额		本期减少额
本期借方发生额合计		本期贷方发生额合计
期末余额		

图 6-5 成本类账户的结构

5. 损益类账户

损益类账户是指在期末要将其余额结转到"本年利润"账户,用以计算一定时期内损益的账户。损益类账户又按组成内容分为两类:收入类账户和费用类帐户。

(1) 收入类账户的结构。收入类账户的贷方登记收入的增加额,借方登记收入的减少额或转出额,期末贷方发生额减去借方发生额的差额转入"本年利润"账户,一般期末无余额。收入类账户的结构如图6-6所示。

借方	收入类账户	贷方
本期减少额或期末结转额		本期增加额
本期借方发生额合计		本期贷方发生额合计

图 6-6 收入类账户的结构

(2) 费用类账户的结构。费用类账户的借方登记费用的增加额,贷方登记费用的减少额或转出额,期末借方发生额减去贷方发生额的差额转入"本年利润"账户,结转后一般无余额。费用类账户的结构如图6-7所示。

借方	费用类账户	贷方
本期增加额		本期减少额或期末结转额
本期借方发生额合计		本期贷方发生额合计

图 6-7 费用类账户的结构

第三节 账户按用途和结构分类

一、账户按用途和结构分类的涵义

账户按其反映经济内容的性质分类说明了各类账户反映和控制的经济内容,但没有明确各账户在反映和控制过程中如何发挥作用,因此需要按账户的用途和结构进行再分类。

所谓账户的用途,是指通过账户的记录能够提供什么核算资料。所谓账户的结构,是指在账户中如何提供核算资料,借方登记什么,贷方登记什么,怎样登记,余额反映什么内容。

按账户的用途和结构分类,可以使我们明确各个账户不同的使用方法和各个账户的具体作用。

二、账户按用途和结构分类

下面将以制造业企业为例,说明按用途和结构分类的账户体系。按用途和结构分类的账户体系具体划分见图6-8。

1. 盘存账户

盘存账户是用于核算可盘点其数量的各种财产物资和货币资产账户,可提供与财产物资盘存数相核对的余额信息,如库存现金、银行存款、原材料、周转材料、固定资产等账户。

2. 结算账户

结算账户是用于核算企业和其他单位或个人之间发生结算关系产生的债权债务账户。

3. 资本账户

资本账户是核算所有者拥有的各项资本的增减变化的账户。

4. 调整账户

为满足管理的需要,在保持某个账户核算的内容、结构及所提供的信息不变的前提下,采取另外设立一个专门账户对原账户进行调整以产生新的信息,此专门账户称为原账户的调整账户。按调整的方式不同分为:

(1) 备抵调整账户。这是用来抵减被调整账户的余额,以求得被调整账户实际余额的账户。

(2) 附加调整账户。这是用来增加被调整账户的余额,以求得被调整账户实际余额的账户。

(3) 备抵、附加调整账户。这是同时具备备抵和附加两种调整职能的账户。

5. 集合分配账户

集合分配账户是指将企业在经营过程中发生的各种耗费按环节归集的费用账户。

6. 成本计算账户

成本计算账户是指用于归集经营过程中的某一环节所发生的全部费用并计算该环节的成本的账户。

7. 跨期摊配账户

跨期摊配账户是指受益期为若干会计期间,需要逐期分摊或预提的某项费用账户。

8. 配比账户

配比账户是指会计核算时,收入应当与相应的成本费用相互配比在同一会计期入账,以便正确核算成果所涉及的账户。

9. 财务成果核算账户

财务成果核算账户是用于核算企业本年度实现的累计利润或发生的亏损的账户。

10. 待处理账户

待处理账户是用于核算在会计上暂时不能正式确认的盘盈、盘亏财产的过渡性账户。

除了以上两种分类以外,账户还可以按经济内容分为资金占用类账户和资金来源类账户;按反映会计报表内容分为资产负债表类账户和利润表类账户。以上说明账户的分类与会计科目分类是一致的。

- 盘存账户:库存现金、银行存款、原材料、周转材料、固定资产等
- 结算账户:应收票据、应收账款、应付票据、应付账款、应付职工薪酬、应付股利等
- 资本账户:实收资本(或股本)、资本公积、盈余公积、本年利润等
- 调整账户:累计折旧、坏账准备、商品进销差价、存货跌价准备、固定资产清理等
- 集合分配账户:制造费用等
- 成本计算账户:生产成本、劳务成本等
- 跨期摊配账户:未确认融资费用、长期待摊费用等
- 配比账户:主营业务收入、其他业务收入、其他业务成本、以前年度损益调整等
- 财务成果核算账户:本年利润等
- 待处理账户:待处理财产损益等

图 6-8 账户按用途和结构的分类

【巩固和实践】

思考题

1. 什么是账户?账户与会计科目的联系与区别?
2. 账户按反映经济内容的性质分为哪几类?对每一类试举几个具体账户。
3. 账户按用途分为哪几类?对每一类试举几个具体账户。
4. 为什么既设立总分类账户又设立明细分类账户?两者的联系是什么?

习题一

1. 目的:练习账户按反映经济内容的性质分类。
2. 资料:某企业的部分账户如下:
(1)库存现金 (2)应付账款 (3)主营业务收入 (4)应付利息 (5)本年利润 (6)固定资产 (7)短期借款 (8)累计折旧 (9)周转材料 (10)实收资本 (11)税金及附加 (12)管理费用 (13)应收账款 (14)营业外支出
3. 要求:判断上述账户的类别,并将其填入下表。

资产类	负债类	所有者权益类	损益类

习题二

1. 目的:练习账户按用途和结构分类。
2. 资料:某企业的部分账户如下:
(1)库存现金 (2)银行存款 (3)应收账款 (4)原材料 (5)周转材料 (6)固定资产 (7)累计

折旧 (8)无形资产 (9)短期借款 (10)应付账款 (11)制造费用 (12)待摊费用 (13)本年利润 (14)财务费用 (15)主营业务收入 (16)主营业务成本 (17)其他业务收入 (18)材料成本差异 (19)资本公积 (20)盈余公积 (21)销售费用 (22)坏账准备

3. 要求:判断上述账户的类别,并将其填入下表。

	财务状况类	经营过程与经营成果类
盘存账户		
结算账户		
资本账户		
调整账户		
集合分配账户		
跨期摊配账户		
成本计算账户		
配比账户		
财务成果核算账户		

习题三

1. 目的:练习账户本期发生额与余额的关系。
2. 资料:如下表所示。

单位:元

账户名称	期初余额	本期借方发生额	本期贷方发生额	期末余额
银行存款		189 800	258 800	60 700
应收账款	45 000	103 000		68 000
短期借款	20 000	12 000	30 000	
应付账款	56 000		35 000	48 000

3. 要求:计算上表中空缺的数据。

第七章 会计凭证

第一节 会计凭证的概念、作用和种类

一、会计凭证的概念

会计核算与统计等其他核算的一个重要区别是每一笔业务的核算都必须以凭证为依据。也就是说经济业务活动一旦发生,都必须由执行、完成该项经济业务的有关人员从外部取得或自行填制凭证,以书面形式反映并证明经济业务的发生或完成情况。

会计凭证是记录经济业务、明确经济责任并据以记账的书面证明文件。填制和审核会计凭证是进行会计核算工作的第一步,是凭借会计凭证办理会计手续,保证会计记录真实与合法所采取的一种专门方法。

会计凭证须载明经济业务的内容、数量、金额并签名或盖章,以明确对该项经济业务的内容的真实性、正确性所应负的责任。一切会计凭证都应经过专人的严格审核,只有经过审核无误的凭证才能作为记账的依据。

《中华人民共和国会计法》第十四条规定:"会计凭证包括原始凭证和记账凭证。办理本法第十条所列的经济业务事项,必须填制或者取得原始凭证并及时送交会计机构。"为了保证会计记录能真实地反映企业的经济活动情况,记账必须严格以会计凭证为依据。

二、会计凭证的作用

会计凭证的填制和审核能够如实地反映经济业务的内容,有效监督经济业务的合理合法性,保证会计核算资料的真实可靠性,在经济管理中有重要作用。

(一) 有利于保证会计信息的真实性和正确性的质量要求

由于会计凭证记录和反映了经济业务活动的发生和完成情况等具体内容,所以通过对会计凭证的严格审核,就可以检查每笔经济业务是否合理、合规和合法,避免弄虚作假。记账一定要以经过审核无误的会计凭证为依据,也就是说,没有凭证不能记账,从而保证会计核算的正确性。

(二) 有利于加强经营管理上的责任制

由于每一笔经济业务都要填制和取得会计凭证并且由经办人员在凭证上签名盖章,这

就有利于分清责任。如果发生了差错和纠纷，也可借助于会计凭证进行正确的裁决。

（三）有利于发挥会计监督作用

通过会计凭证的审核，还可以及时发现经营管理上的不足之处和各项管理制度上的漏洞，从而采取必要的措施来改进工作。

三、会计凭证的种类

会计凭证按其填制的程序和用途，可以分为原始凭证和记账凭证。

（一）原始凭证

原始凭证俗称单据，它是用以记录、证明经济业务已经发生或完成的最初书面证明，是据以记账的原始依据。原始凭证一般是在经济业务发生时直接取得或填制的。原始凭证是进行会计核算的原始资料和重要依据。会计工作中应用的原始凭证种类很多，如收货单、发货单、领料单、各种报销凭证、银行结算凭证等都属于原始凭证。它明确了经济责任并具有较强的法律效力。

1. 原始凭证按其来源分类

（1）自制原始凭证。自制原始凭证是由本单位经办业务的部门和人员在办理某项经济业务时所填制的凭证，如材料入库单、领料单（见表7-1）等。

表7-1 领料单

××单位　　　　　　　　　　　　　　　　　　　　　　　　　　202×年 月 日

领用车间或部门： 用途：				编号： 仓库：			
材料类别	材料编号	材料名称及规格	计量单位	数量		单价	金额
				请领	实发		

记账_____　　发料_____　　领料部门负责人_____　　领料_____

（2）外来原始凭证。外来原始凭证是指在同其他单位发生经济业务时从对方单位取得的原始凭证，如增值税专用发票（见表7-2）、非增值税发票和小规模纳税人的专用发票（见表7-3）、付款时所取得的收据以及出差人员报销的火车票、汽车票、船票、飞机票等。

表 7-2 ××市增值税专用发票

NO.
开票日期： 年 月 日

购货单位	名称		纳税人登记号		
	地址电话		开户银行及账号		
商品或劳务名称	计量单位	数量	单价	金额	税率/％	税额
合计						
价税合计(大写)						
销货单位	名称		纳税人登记号		
	地址、电话		开户银行及账号		

收款人： 开票单位(未盖章无效)

第二联 发票联 购货方记账

表 7-3 ××××专用发票

付款单位： NO.

编号	商品名称	规格	单位	数量	单价	金额							
						百万	十万	万	千	百	十	元	角	分
	小写金额合计													
大写金额														

发票专用章(盖章) 开票人 年 月 日

2. 原始凭证按其填制的方法分类

(1) 一次凭证。一次凭证是对一项经济业务或若干项同类经济业务，在其发生或完成时一次性填制完成的原始凭证。大多数的原始凭证(包括外来凭证和自制凭证)都是一次凭证，如收料单、发票、银行结算凭证等都是一次凭证。

(2) 累计凭证。累计凭证是为了便于加强管理、简化手续，用来连续反映一定时期内若干项不断重复发生的同类经济业务的原始凭证。这种凭证的填制手续不是一次完成的，而是把经常发生的同类业务连续登记在一张凭证上，可以随时计算发生额累计数，如限额领料单(见表 7-4)等。累计凭证一般都是自制原始凭证。

表 7-4　××单位限额领料单

202×年　月　日

领用车间：	名称规格：	计划产量：
用途：	计量单位：	单位消耗定额：
材料类别编号：	领用定额：	单价：

日期	请领数量	实发数量	累计实发数量	领料车间负责人签章	领料人签章
累计实发金额：					

供应部门负责人_____　　生产计划部门负责人_____　　仓库管理员_____

（3）汇总原始凭证。汇总原始凭证是将一定时期内若干份记录同类经济业务的原始凭证汇总编制的，用以集中反映某项经济业务发生情况的一张汇总的原始凭证。如发料凭证汇总表（见表7-5）等。

表 7-5　发料凭证汇总表

202×年　月　日　　　　　　　　　　　　　　　　　　　　　　　　　　　　单位:元

材料名称	单位	单价	一车间		二车间		合计	
			数量	金额	数量	金额	数量	金额
合计								

主管_____　　审核_____　　制表_____

（二）记账凭证

记账凭证是根据原始凭证或原始凭证汇总表的经济内容，用复式记账法编制会计分录，直接作为登记账簿依据的会计凭证。

原始凭证来自各个不同的方面，种类繁多，若不经过必要的归纳和整理，难以达到记账的要求。为保证账簿记录的正确性，在记账以前必须根据原始凭证编制记账凭证。而且记账凭证可以起草稿和分录的作用。

有些会计事项如更正错账、期末转账等，因无法取得原始凭证，也可由会计人员根据账簿提供的数据编制记账凭证。

1. 记账凭证按其反映的经济业务的内容分类

可分为收款凭证、付款凭证和转账凭证。收款凭证和付款凭证用于现金和银行存款的收、付款业务,具体又可分为现金收款凭证、现金付款凭证、银行存款收款凭证、银行存款付款凭证等。转账凭证则用于不涉及现金收付和银行存款收付的其他经济业务,即所谓转账业务。由于上述记账凭证是专门用来记录某一类经济业务的,所以又称为专用记账凭证。

但也有一些企业不分收款、付款和转账业务,都使用一种记账凭证,这种记账凭证称为通用记账凭证。

2. 记账凭证按是否汇总分类

可分为汇总记账凭证和非汇总记账凭证。为了简化登记总分类账户的工作,还可根据记账凭证按账户名称进行汇总,编制记账凭证汇总表(也称科目汇总表)或汇总记账凭证,然后据以登记总账。这类汇总的记账凭证,其作用与记账凭证相同。而与之对应的,没有经过账户汇总的称为非汇总记账凭证。

总之,上述会计凭证的种类可以用图 7-1 表示。

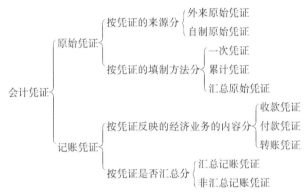

图 7-1 会计凭证的种类

第二节 原始凭证的填制和审核

一、原始凭证的基本内容

填制原始凭证,是账簿记录能够如实地反映经济业务活动情况的基础。经济业务是多种多样的,记录经济业务的各种原始凭证,其具体内容和格式也不尽相同。但是,完整的原始凭证必须具备下列一些基本内容:

(1) 原始凭证的名称;
(2) 填制凭证的日期和编号;
(3) 填制凭证单位的名称;
(4) 经济业务的内容、数量、计量单位、单价和金额;
(5) 接受凭证单位的名称;
(6) 填制单位的发票专用章以及填制人员、经办人员和验收人员的签字盖章。

有时原始凭证为了满足其他业务的需要,还可列入相应内容,如预算项目、合同号码等,使原始凭证能够发挥多方面的作用。

二、原始凭证的填制要求

(一) 总体要求

为保证原始凭证真实反映经济业务活动的情况,保证其真正具备法律效力,原始凭证的填写必须严格按有关要求进行。

(1) 真实可靠,手续完备。凭证的填制日期、经济业务的内容和数字等必须有据可依,不得弄虚作假。为表示对所填制的凭证真实性负责,经办人员必须签名盖章。

(2) 内容完整,书写清楚。对凭证规定的各项内容必须填列齐全,不得遗漏少填,文字摘要精炼,数字清楚,计算正确。

(3) 连续编号,及时填制。经办人员在每项经济业务发生或完成后应立即填制原始凭证,以便会计部门审核后及时记账,迅速反映会计信息。各种凭证都必须连续编号,按顺序使用,以备查考。对于重要的原始凭证(如发票、支票等),在需要作废时应加盖"作废"戳记并保存,连同存根和其他各联全部保存,不得随意撕毁。

(二) 原始凭证文字和数字的填写要求

原始凭证中的文字和数字必须认真按《会计基础工作规范》的要求填写。

(1) 一律用正楷或者行书体书写,用蓝黑墨水书写,支票用碳素墨水填写。

(2) 阿拉伯数字应一个一个地写,不得连笔。阿拉伯数字的金额前应用人民币符号"￥",数字与"￥"之间不得留有空格。

(3) 阿拉伯数字金额应该填写到角分,无角分的,角位与分位用"00"表示。

(4) 汉字大写金额数字不得任意自造简化字,正确的应为"壹、贰、叁、肆、伍、陆、柒、捌、玖、拾、佰、仟、万、亿、元、角、分、零、整"。

(5) 大写金额数字前应填写币种如"人民币"字样,"人民币"与金额之间也不得留有空格。大写金额数字如果到角位为止,应在"角"字之后写"整"字;如果到分位为止,则"分"字后面不必写"整"字。

(6) 阿拉伯金额数字的元位不是0,但中间有0时(不管连续有几个0),汉字大写金额只要写一个"零"字,如￥1 002.50,汉字大写金额应写成"人民币壹仟零贰元伍角整";如果元位是0(不管连续有几个0),汉字大写金额中的"零"可写可不写,如￥3 000.49,汉字大写金额应写成"人民币叁仟元零肆角玖分",或"人民币叁仟元肆角玖分"。

(7) 凡是填有大写和小写金额的原始凭证,大写金额和小写金额必须一致。

(三) 原始凭证填错的改正规定

(1) 为了规范原始凭证的内容,明确相关人员的经济责任,防止利用原始凭证进行舞弊,《会计法》规定:"会计机构、会计人员必须按照国家统一的会计制度规定对原始凭证进行审核,对不真实、不合法的原始凭证有权不予接受,并向单位负责人报告;对记载不准确、不完整的原始凭证予以退回,并要求按国家统一制度的规定更正、补充。"

（2）原始凭证记载的内容有错误的，应当由开具单位重开或更正，更正工作必须由原始凭证出具单位进行，并在更正处加盖单位印章；重新开具原始凭证工作当然也应当由原始凭证开具单位进行。

（3）原始凭证金额出现错误的不得更正，只能由原始凭证开具单位重新开具。因为原始凭证上的金额是反映经济业务事项情况的最重要数据，如果允许随意更改，容易产生舞弊，不利于保证原始凭证的质量。

三、原始凭证的审核

为了正确地反映经济业务的发生或完成情况，保证会计资料的真实、准确、完整，会计主管人员或经其指定的审核人员在记账前必须认真、严格地审核原始凭证。原始凭证的审核一般包括两方面：

（一）对形式的审核

主要是对原始凭证的填写方法、填写形式等进行技术上的审核，即完整性审核。检查原始凭证的填制是否符合要求，填写的项目是否填列完整齐全，数字是否计算正确，大小金额是否一致，日期是否相符，有无涂改，有关签名是否齐全等。

（二）对内容的审核

主要是对原始凭证反映的经济业务的审核，即真实性、合法性、正确性审核。根据有关政策、法令、制度、合同、计划等，审核经济业务活动是否合法、合理，是否符合有关规定，开支是否符合节约原则，有无弄虚作假、违法乱纪等行为；审核经济业务活动的内容是否符合规定的审批权限和手续，主管人员是否审批同意等。

原始凭证的审核是一项十分重要的工作，会计人员必须坚持原则，对内容不完整、手续不齐全、书写不清楚、计算不准确的原始凭证，应退回有关部门和人员及时补办或更正；对审核中发现的不真实、不合法、不合理的原始凭证，应拒绝受理并及时向有关管理部门报告。

第三节 记账凭证的填制和审核

一、记账凭证的基本内容

记账凭证是会计人员根据审核无误的原始凭证进行归类、整理并确定会计分录而编制的凭证。记账凭证作为登记账簿的直接依据，它的作用是有利于原始凭证的保管，便于登记账簿和对账、查账，保证账簿记录的质量。记账凭证一般应包括以下内容：

（1）记账凭证的名称和填制单位的名称；

（2）记账凭证的日期；

（3）记账凭证的编号；

（4）会计科目（包括子目、细目）、借贷方向和金额；

(5) 经济业务的内容摘要；

(6) 所附原始凭证张数和记账备注；

(7) 制单、审核、记账、会计主管等有关人员的签名或盖章，收款、付款凭证还需有出纳人员的签章。

二、记账凭证的填制方法

（一）记账凭证的格式

记账凭证分为通用记账凭证和专用记账凭证两种。通用记账凭证的格式和填制方法与专用记账凭证中的转账凭证相同。所以下面分别说明三种专用记账凭证的格式和填制方法。

1. 收款凭证的填制方法

收款凭证和付款凭证是根据有关现金和银行存款收付业务的原始凭证填制的，它们不仅是登记有关账簿的依据，而且是出纳人员收付款项的根据。收款凭证的格式如表7-6所示。

收款凭证的"摘要"栏应填列经济业务的简要说明。左上方的"借方账户"项应填列"库存现金"或"银行存款"账户。"贷方账户"栏应填列与上述"库存现金"或"银行存款"账户相对应的一级账户及其明细账户。一级账户的应贷金额应填入本账户同一行的一级账户金额栏中。所属明细账户的应贷金额应填入各明细账户同一行的明细账户金额栏中。各一级账户的应贷金额应等于所属各明细账户的应贷金额之和。借方账户的应借金额应为合计行的合计金额。"账页"栏注明记入总账、日记账、明细账的页次，也可以用"√"表示已登记入账。

表7-6　（企业名称）收款凭证

银收字第×号

借方账户：银行存款　　　　　　　　202×年　月　日　　　　　　　附件×张

摘要	贷方账户		账页	金额	
	一级账户	二级或明细账户		一级账户	二级或明细账户
收到光明公司、耀华公司前欠货款	应收账款			53 000	
		光明公司			31 000
		耀华公司			22 000
合计				53 000	53 000

会计主管　　　　记账　　　　出纳　　　　审核　　　　制单

2. 付款凭证的填制方法

付款凭证是根据有关现金、银行存款付款业务的原始凭证填制的。付款凭证的格式如表7-7所示。

付款凭证的填制方法与收款凭证基本相同。左上方的"贷方账户"项应填列"库存现金"或"银行存款"账户。"借方账户"栏应填列与上述"库存现金"或"银行存款"账户相对应的账户。

表7-7 （企业名称）付款凭证

银付字第×号

贷方账户：银行存款　　　　　202×年　月　日　　　　　附件×张

摘要	借方账户		账页	金额	
	一级账户	二级或明细账户		一级账户	二级或明细账户
购买办公用品	管理费用			28 000	
合计				28 000	

会计主管　　　　记账　　　　出纳　　　　审核　　　　制单

3. 转账凭证的制作方法

转账凭证是根据有关转账业务的原始凭证填制的，作为登记有关账簿的直接依据，如生产领用材料等经济业务都属转账业务。转账凭证的格式如表7-8所示。

表7-8 （企业名称）转账凭证

转字第×号

202×年　月　日　　　　　附件×张

摘要	账户名称		账页	借方金额		贷方金额	
	一级账户	二级或明细账户		一级账户	二级或明细账户	一级账户	二级或明细账户
生产领用材料	生产成本	基本生产成本		68 000	68 000		
	原材料	（甲产品）角铁				68 000	68 000
合计				68 000	68 000	68 000	68 000

会计主管　　　　记账　　　　出纳　　　　审核　　　　制单

转账凭证的"账户名称"栏应分别填列应借、应贷的一级账户和所属的明细账户。借方账户应记金额，在借方账户同一行的"借方金额"栏填列；贷方账户应记金额，在贷方账户同一行的"贷方金额"栏填列。"借方金额"栏合计数与"贷方金额"栏合计数应相等。

（二）记账凭证其他项目的填制方法

1. 记账凭证的日期

付款凭证的日期一般以财会部门付出现金或开出银行付款结算凭证的日期填写；现金收款凭证的日期应按收款当日的日期填写；银行存款收款凭证的日期应按填制收款凭证的日期填写；对于月末计提、分配费用、成本计算、转账等业务，所填日期应当为当月最后一日的日期。

2. 记账凭证的编号

记账凭证应按月按经济业务的顺序统一编号，可以分收款、付款、转账业务三类按顺序编号，也可以分现收、现付、银收、银付和转账业务五类按顺序编号。一笔经济业务需要在两张或两张以上的同类记账凭证上共同反映时，应采用"分数编号法"。

3. 计算和填写所附原始凭证的张数

一般以所附原始凭证的自然张数为准,也可以所附原始凭证汇总表的张数为准,但需要把原始凭证作为原始凭证汇总表的附件。对于汽车票、火车票等外形较小的原始凭证,可粘贴在"凭证粘贴单"上作为一张原始凭证来对待,粘贴单上应注明所粘贴的张数和金额。

4. 记账凭证中的金额

记账凭证的金额必须与原始凭证的金额相符;阿拉伯数字应书写规范;相应的数字应平行对准相应的借贷栏次和会计科目栏次,防止错栏串行;合计行填写金额合计时,应在金额最高位的数字前填写人民币符号"¥",以示金额封口。记账凭证应按行次逐笔填写,不得跳行或留有空行,当记账凭证金额栏的最后一行与底部的合计行之间留有空行时,用斜线或"S"线注销。

三、记账凭证的填制要求

(1) 各种记账凭证都必须采用规定的格式,不能轻易更换,特别是在同一个会计年度内一般不宜改变凭证的格式,以免引起凭证传递、编号、使用、装订、保管等方面的混乱。

(2) 账户名称(含总账与明细账)必须按统一规定填列,不得任意简化或改动,在采用账户编号的情况下,还应同时填列账户编号。

(3) 账户之间应借应贷的对应关系要清晰明了,利于反映经济业务的内容。记账凭证中所编制的会计分录一般应是一借一贷或多借一贷或一借多贷,避免因多借多贷而带来账户对应关系不清。

(4) 必须以审核无误的原始凭证为依据。除结账和更正错账的记账凭证可以不附原始凭证外,其余记账凭证必须附有原始凭证。原始凭证或原始凭证汇总表应直接附在据此编制的记账凭证的后面,并在记账凭证上注明所附原始凭证的张数。

(5) 有关现金与银行存款之间的收付业务,一般只填制付款凭证。对于现金和银行存款之间相互划转的款项,如从银行提取现金或以现金存入银行,可以同时填制收款和付款凭证,但在过账时都不据以记入对方账户;也可以只填制一张付款凭证,即从银行提取现金时只填制银行存款付款凭证,以现金存入银行时只填制现金付款凭证,这样就可以避免重复记账。

(6) 摘要应简洁明了,准确表达经济业务的主要内容。

(7) 不得将不同内容和类别的经济业务汇总填制在一张记账凭证上。

(8) 各种记账凭证都必须由会计主管人员或其指定的专人审核并签章后方能作为记账的依据。

四、记账凭证的审核

会计部门应建立相互复核或专人审核制度。审核的主要内容是:

(1) 按原始凭证审核的要求,对所附的原始凭证进行复核。审核记账凭证所附的原始凭证是否齐全,内容是否相符,金额是否一致等。

(2) 审核记账凭证所确定的会计分录中的会计科目的使用、应借应贷的金额是否正确,账户对应关系是否清楚,核算的内容是否符合会计制度的规定,一级账户金额与所属明细账户金额是否相符等。

(3) 审核记账凭证所要求填写的项目是否齐全,有关人员是否签章等。在审核中如果发现问题,应重新填制记账凭证或按规定办理更改手续。

第四节 会计凭证的传递和保管

一、会计凭证的传递

会计凭证的传递指会计凭证从填制时起到归档保管时止,在本单位内部各有关部门和人员之间的传递程序和传递时间。企业的会计凭证是从不同渠道取得或填制的,所记载的经济业务不同,涉及的部门和人员不同,办理的业务手续也不同,有必要为各种会计凭证规定一个合理的传递程序,使各个工作环节环环相扣、相互督促,提高工作效率。通常在制订合理的凭证传递程序和传递时间时,要考虑以下几点:

(1) 应本着简单、及时、加强内部控制和成本效益的原则。

(2) 根据不同经济业务的特点、企业内部机构的设置和人员的分工以及管理上的要求等,应当为每种会计凭证规定经过经办人员和部门传递签章以及每道手续过程中的停留时间,避免不必要的环节,加快传递速度。

(3) 由于原始凭证和记账凭证涉及不同部门和人员,所以要通过以会计人员为主并会同有关部门共同调查研究和协商来制订会计凭证的格式、份数、传递环节和顺序、各个环节停留的时间,并绘成流程图或流程表。

二、会计凭证的保管

会计凭证的保管指会计凭证的装订、编号、存档以及按规定办理调阅手续和到期销毁的全过程。会计凭证是一个单位的重要经济档案,必须妥善保管,以便日后查阅。保管的方法和要求是:

(1) 各种记账凭证连同所附原始凭证和原始凭证汇总表要分类按顺序编号,定期(每年、每月、每日)装订成册,并加上封面、封底,注明单位名称、凭证种类、所属年月和日期、编号、凭证张数等。为防止任意拆装,应在装订处贴上封签,并加盖印章。

(2) 对一些性质相同、数量很多或多种随时需要查阅的凭证,可以单独装订保管,同时在记账凭证上注明"附件另订"。

(3) 会计凭证不得外借,其他单位因有特殊原因而需要调阅原始凭证的,经本单位领导批准,须填写会计档案调阅表并由提供人员和收取人员共同签章,但会计凭证也只能复印。

(4) 会计凭证装订成册后,应由专人负责分类保管,年终应登记归档。会计凭证的保管期限和销毁手续应严格遵守会计制度的有关规定,在保管中应注意防止霉烂破损、鼠咬虫蛀,以确保会计凭证的安全性和完整性。国家规定,会计凭证的保管期限为 30 年。

正确组织会计凭证的传递,对于及时处理和登记经济业务、加强会计监督具有重要的作用。会计凭证应按会计制度规定的保管期限归档保管,保管期满后,必须按规定手续,报经批准后才能销毁。

【巩固和实践】

思考题

1. 什么是会计凭证？它在会计核算中有哪些作用？
2. 什么是原始凭证、记账凭证？举例说明它们的特点。
3. 原始凭证必须具备哪些基本的内容？
4. 记账凭证必须具备哪些基本的内容？记账凭证如何分类？
5. 审核会计凭证主要应从哪些方面着手进行？

习题

1. 目的:练习编制记账凭证。
2. 资料:塞纳商品批发公司202×年2月份发生下列经济业务:

(1) 2月1日收到明建公司归还所欠部分货款25 000元存入银行账户。

(2) 2月2日从银行借入9个月期的借款50 000元存入银行账户。

(3) 2月4日从新艺公司购入甲商品500件,单价102元/件,货款计51 000元,增值税进项税额6 630元,价税合计57 630元,款项尚未支付。

(4) 2月5日销售甲商品300件,单价156元/件(不含税),货款共计46 800元,增值税销项税额6 084元,价税合计52 884元,款项已收并存入银行账户。

(5) 2月8日用904元现金购入800元办公用品,增值税104元。

(6) 2月10日用现金预付一批材料物资定金300元。

(7) 2月12日公司行政部经理出差预借差旅费15 000元。

(8) 2月13日销售乙商品80件,单价900元/件(不含税),货款共计72 000元,增值税销项税额9 360元,价税合计81 360元,另以现金代垫运杂费500元,款项未收。

(9) 2月16日偿还以前从银行借入的短期借款30 000元。

(10) 2月18日公司行政部经理报销预借差旅费14 500元,剩余500元现金交回。

(11) 2月20日从银行提取现金6 000元,以备日常开支。

(12) 2月22日收到前期销货应收款9 800元。

(13) 2月24日通过银行转账支付前期购货应付款23 650元。

(14) 2月27日以现金支付本月房租3 000元。

(15) 2月28日计提短期银行借款利息600元。

(16) 2月28日计提管理部门用固定资产折旧费1 200元。

(17) 2月28日分配本月管理人员工资12 000元,销售人员工资8 000元。

(18) 2月28日以银行存款支付电视广告费20 000元。

3. 要求:根据以上经济业务,编制会计分录,确定应该编制专用记账凭证的具体类别,并将其填写在相应的收、付、转记账凭证上。

案例题

1. 资料:202×年1月5日,飞翔公司根据本月份工资结算汇总表从银行提取现金以备发放工资。签发现金支票一张,金额2 569 303.40元。

2. 要求:填写如下现金支票。

第七章 会计凭证

中国工商银行 现金支票

支票号码 3524593
开户行名称 工商行一支行
签发人账号 25104033-45

出票日期(大写)   年   月   日
收款人

人民币	千	百	十	万	千	百	十	元	角	分
(大写)										

用途 _____
上列款项请从我账户内支付
签发人盖章

科　目(借) _____
对方科目(贷) _____
付讫日期　年　月　日
出　纳   记账
复　核   复核

本支票付款期十天

中国工商银行现金支票存根
支票号码 3524593
科　目 _____
对方科目 _____
出票日期　年　月　日
收款人:
金额:
用途:
备注:
单位主管

第八章 会计账簿

第一节 会计账簿的作用和种类

会计账簿,简称账簿,是以会计凭证为依据,序时地、分类地记录和反映各项经济业务的簿籍,它由具有一定格式又互相联系的账页所组成。簿籍是账簿的外表形式,而账户记录则是账簿的内容。设置账簿是会计工作的一个重要环节,登记账簿则是会计核算的一种专门方法。

各企业、事业单位发生的经济业务,首先是通过会计凭证来反映的。但是会计凭证的数量多,对经济业务的反映是片断的,比较零星、分散,且每一张凭证只能就个别的经济业务进行详细的记录和反映,不能把某一时期的全部经济活动情况全面、连续、分类地反映出来。为此,需要借助会计账簿,把所有经济业务进行分类,并按时间顺序连续反映和记录,为经营管理提供系统、完整的会计信息。

一、会计账簿的作用

科学地设置和正确地登记账簿,对充分发挥会计的作用具有重要的意义。

1. 通过设置和登记账簿,可以提供全面、系统的会计信息

通过账簿记录既能对经济业务活动进行序时、分类的核算,又能提供各项总括和明细的核算资料,为改善企业经营管理、合理地使用资金提供有用的会计核算资料。

2. 通过设置和登记账簿,可以为计算财务成果、编制会计报表提供依据

企业定期编制的各种会计报表的主要依据来自账簿记录。会计凭证对经济业务的反映是片断的,比较零星、分散,需要借助于账簿提供的各项总括指标和分类指标才能完成。所以说账簿的记录和设置是否正确、完整,直接影响财务报告的质量。

3. 通过设置账簿,利用账簿的核算资料,可以为开展财务分析和会计检查提供依据

利用账簿记录,就可以全面而系统地反映各项资产、负债、所有者权益的增减变动情况、收入、费用的发生以及利润的实现和分配情况。根据这些记录还可以考核成本、费用、利润的计划执行情况,评价企业经营成果和财务成果的好坏,进而发现生产经营过程中存在的问题并分析原因,促使企业加强经营管理。

二、会计账簿的种类

会计核算中应用的账簿很多,一般可以按用途和外表形式进行分类。

(一)账簿按用途分类

账簿按用途分类,一般可分为序时账簿、分类账簿和备查账簿。

1. 序时账簿

又称日记账簿,它是按经济业务发生和完成时间的先后顺序,逐日逐笔进行登记的账簿。序时账簿有两种:一种是用来登记全部经济业务的,称为普通日记账,也称分录簿;一种是用来登记某一类特定经济业务的,称为特种日记账。序时账簿具有能够核算全部资金的增减变化情况的优点,但是实际工作中,由于经济业务的复杂性,如果应用一本账簿来序时记录企业的全部经济业务比较困难,也不便于分工,因此实际工作中前一种序时账簿已很少应用。目前应用比较广泛的是后一种序时账簿,如库存现金日记账和银行存款日记账等。

2. 分类账簿

分类账簿是按照账户对经济业务进行分类登记的账簿,按账簿反映内容详细程度的不同,又分为总分类账簿和明细分类账簿。总分类账簿,又称总分类账,简称总账,是按照总分类账户进行设置,用以记录全部经济业务总括性资料的账簿;明细分类账簿,又称明细分类账,简称明细账,是按照明细分类账户进行分类登记,用以详细反映各个会计要素具体内容的账簿。明细分类账是对总分类账的补充和具体化,并受总分类账的控制和统驭。

3. 备查账簿

又称辅助账簿,是对在序时账簿和分类账簿中未能反映和记录的事项进行补充登记的账簿,主要为某些经济业务的经营管理提供必要的参考资料。例如,租入固定资产登记簿、受托加工材料登记簿等。备查账簿由各单位根据需要自行设置。

(二)账簿按外表形式分类

账簿按外表形式分类,可分为订本式账簿、活页式账簿和卡片式账簿。

1. 订本式账簿

订本式账簿是在启用前进行顺序编号并固定装订成册的账簿,简称订本账。应用订本账,可以避免账页散失,防止发生抽换账页的不正当行为。但是应用订本账时,同一本账簿在同一时间内只能由一人登记,不能分工记账。同时,订本账账页固定,不能根据需要增减,因而必须预先估计每一个账户需要的页数,以此来保留空白账页。如保留的空白账页不够,就要影响账户的连续登记;如果保留的空白账页有多余,又会造成浪费。因此,在会计工作中,只有重要和所需账页数量变化不大的账簿,如总分类账、库存现金日记账、银行存款日记账等采用订本式账簿。

2. 活页式账簿

活页式账簿又称活页账,是把账页装订在账夹内,可以随时增添或取出账页的账簿。明细账较多采用活页式账簿。

3. 卡片式账簿

卡片式账簿又称卡片账,是由专门格式、分散的卡片作为账页组成的账簿。卡片账还可跨年度使用。实际工作中,企业的固定资产明细账常常采用卡片式账簿。

活页式账簿和卡片式账簿都不在使用前把账页固定地装订成册,所以它们共同的优点就是便于记账分工,并能根据记账的需要随时添加空白的账页和卡片,有一定的灵活性。活页式账簿和卡片式账簿的缺点是账页容易散失和被抽换。活页式账簿和卡片式账簿应当在更换新账后装订成册或予以封扎,妥善保管。

(三)账簿按账页格式分类

账簿按账页格式分类,可分为三栏式账簿、数量金额式账簿、金额多栏式账簿。

1. 三栏式账簿

三栏式账簿是设有"借方""贷方"和"余额"三个基本栏目的账簿。各种日记账、总分类账以及资本、债权、债务明细账都可采用三栏式账簿。三栏式账簿又分为设对方科目和不设对方科目两种,区别是在"摘要"栏和借方科目栏之间是否有对方科目一栏。有对方科目栏的,称为设对方科目的三栏式账簿;不设对方科目栏的,称为不设对方科目的三栏式账簿。

2. 数量金额式账簿

数量金额式账簿的"借方""贷方"和"余额"三个栏目内都分设"数量""单价"和"金额"三小栏,借以反映财产物资的实物数量和价值量。原材料、库存商品、产成品等明细账一般都采用数量金额式账簿。

3. 金额多栏式账簿

金额多栏式账簿是在账簿的两个基本栏目——"借方"和"贷方",按需要分设若干专栏的账簿。收入、费用明细账一般均采用这种格式的账簿。

第二节 序时账簿

序时账簿,简称序时账,又称日记账簿,用来逐日逐笔序时地反映全部经济业务并需逐笔过账。序时账簿又分为普通日记账和特种日记账。序时账簿一方面可以使经济业务得到集中反映,便于登记分类账簿;另一方面可以使经济业务在时间顺序上得到反映,有利于时效性管理。

一、普通日记账

普通日记账的主要内容是会计分录,因此普通日记账也称分录簿。它的特点是设有"借方"和"贷方"两个金额栏,所以又称为两栏式日记账。这种日记账的优点是可以将每天发生的经济业务逐笔加以反映,但是不便于分工记账,而且不能将经济业务加以分类归集,过账的工作量比较大。普通日记账的格式见表8-1。

普通日记账是用来登记一般经济业务的序时账。经济业务发生时,应按先后顺序逐日记入普通日记账,再根据日记账过入分类账,然后在"过账"栏内注明"√"符号,表示已经过账。这样就可使记账发生错误和遗漏的可能性降到最低限度,并便于事后根据业务发生的时间次序进行查账。

表 8-1 ××企业普通日记账

202×		账户名称	摘要	借方金额	贷方金额	过账
月	日					
4	5	生产成本	生产领用材料	8 000	8 000	√
4	5	原材料		8 000	8 000	√
⋮	⋮	⋮	⋮	⋮	⋮	⋮

普通日记账也可采用多栏式,这种日记账通常称为专栏日记账,也是用来序时地记录和反映全部经济业务的发生和完成情况,这种日记账目前已很少使用。专栏日记账的格式见表 8-2。

表 8-2 ××企业多栏式日记账

202×		摘要	库存现金		银行存款		原材料	主营业务收入	其他			过账
月	日		借方	贷方	借方	贷方	(借方)	(贷方)	账户名称	借方	贷方	
4	5	提取现金	400			400						√
	8	购入原材料				2 300	2 300					√
	9	领用原材料							生产成本	1 500		√
		投入生产							原材料		1 500	√
	14	销售产品收入			8 500			8 500				√
	22	购买办公用品		800					管理费用		800	√
⋮	⋮	⋮	⋮	⋮	⋮	⋮	⋮	⋮	⋮	⋮	⋮	⋮

二、特种日记账

特种日记账是用来专门记录某一类经济业务的日记账。经济单位最常见的特种日记账有库存现金日记账、银行存款日记账。

(一)库存现金日记账

库存现金日记账是由出纳人员根据审核无误的现金收付凭证,序时地逐日逐笔登记的账簿。库存现金日记账一般采用三栏式,即在日记账中分别设置"收入"栏、"付出"栏和"余额"栏,其格式见表 8-3。

库存现金日记账的登记方法如下:

(1)日期栏:与记账凭证的日期一致,记账凭证的日期要与现金实际收付日期一致。

(2)凭证栏:填写据以入账的凭证种类及编号,"现金收(付)款凭证"可以简写为"现收

(付)","银行存款收(付)款凭证"可以简写为"银收(付)"。

(3)"摘要"栏:根据记账凭证的摘要填写,简明扼要地说明登记入账的经济业务的内容。

(4)"对方账户"栏:填写现金收入的来源账户或支出的费用账户,它可以说明每笔收入的来源和每笔支出的去向。

(5)"收入""支出""余额"栏:填写现金的收入、支出及当期结余额。

库存现金日记账的登记要做到日清月结。每日业务终了分别计算现金收入和支出的合计数并结出余额,同时将余额与出纳库存现金核对清楚,如账款不符应查明原因并记录备案,即"日清";月末要计算本月现金的收入、支出和结余合计数,即"月结"。

表8-3 ××企业库存现金日记账(三栏式)

202×年		凭证号数		摘要	对方账户	收入	支出	余额
月	日	收款	付款					
9	1			月初余额				2 540
	4		现付1	购办公用品	管理费用		65	
	5		现付1	采购员借差旅费	其他应收款		2 000	
	6	银收1		提取现金	银行存款	800		320
⋮	⋮	⋮	⋮	⋮	⋮	⋮	⋮	⋮
9	30			本月发生额合计及月末余额		8 500	8 480	2 560

对于从银行领取现金的收入数,由于已填制银行存款付款凭证,为避免重复记账,一般不再填制现金的收款凭证。

(二)银行存款日记账

银行存款日记账是由出纳人员根据审核无误的银行存款收款、付款凭证,序时地逐日逐笔登记的账簿。它是可以用来逐日反映企业银行存款的增加、减少和结存情况的账簿。银行存款日记账一般也采用三栏式,即在日记账中分别设置"收入"栏、"付出"栏和"余额"栏,其格式见表8-4。

表8-4 ××企业银行存款日记账(三栏式)

202×年		凭证号数		摘要	结算凭证		对方账户	收入	付出	余额
月	日	收款	付款		种类	号数				
9	1			月初余额						45 000
	2		银付1	支付购买材料款	(略)	(略)	原材料		15 000	
	3	银收1		产品销售收入			主营业务收入	28 000		
⋮	⋮	⋮	⋮	⋮	⋮	⋮	⋮	⋮	⋮	⋮
9	30			本月发生额合计及月末余额				370 000	295 000	120 000

银行存款日记账的登记方法与现金日记账的登记方法基本相同,这里不再介绍。但银行存款日记账设有"结算凭证种类/号数"栏,这是因为银行存款的收付都是根据银行规定的结算凭证

办理,为了便于和银行对账,因而单独列出每笔存款的收付所依据的结算凭证种类和号数。

在会计实务中,库存现金日记账和银行存款日记账也可采用多栏式。多栏式库存现金日记账是将收入金额栏和支出金额栏按对应科目各设若干专栏,用以序时地、分类地反映与现金收支有关的经济业务。下面以库存现金日记账为例来说明多栏式特种日记账的登记方法,列示格式如表8-5所示。

表8-5 ××企业库存现金日记账(多栏式)

202×年		凭证号数	摘要	贷方账户				借方账户						余额
月	日			银行存款	其他应付款	…	收入合计	银行存款	其他应付款	生产成本	管理费用	…	付款合计	
5	1		月初余额											300
	2	(略)	(略)	300			300							600
	3				500		500		400		65		465	635
⋮	⋮	⋮	⋮	⋮	⋮	⋮	⋮	⋮	⋮	⋮	⋮	⋮	⋮	⋮
5	31		本期发生额及余额	1 200	1 150		5 150		600		400		4 080	1 370

在登记多栏式库存现金日记账时,如果是现金收入,要将金额记入对应的"贷方账户"栏内,同时记入"收入合计"栏内;如果现金支出,则要将金额记入对应的"借方账户"栏内,同时记入"付款合计"栏内。每月终了,应在"余额"栏内结出现金余额。

多栏式日记账都按现金、银行存款科目的对应科目设置专栏,具备了库存现金、银行存款的收款、付款凭证汇总表的作用,可以较好地反映经济业务的来龙去脉,并且可以减少登记总分类账的工作量。但是应用多栏式日记账,在对应账户较多时账页必然很大,登记不便,容易发生错栏串行的错误。所以,多栏式日记账一般适用于库存现金、银行存款的收付业务较多,且与库存现金、银行存款账户对应的账户不多和比较固定的企业单位。

为了坚持内部牵制的原则,实行钱、账分管,出纳人员不得负责登记现金日记账和银行存款日记账以外的任何账簿。

(三)转账日记账

转账日记账是根据每天的转账凭证按照时间顺序逐日逐笔进行登记的账簿,其所登记的内容均按照转账凭证登记。转账业务不多的企业也可不设转账日记账。转账日记账的格式见表8-6。

表8-6 ××企业转账日记账

202×年		转账凭证号数	摘要	借方		贷方	
月	日			一级账户	金额	一级账户	金额
3	2	转1	购入材料,货款未付	在途物资	31 500	应付账款	31 500
	4	转2	销售产品,货款尚未收到	应收账款	82 000	主营业务收入	82 000
⋮	⋮	⋮	⋮	⋮	⋮	⋮	⋮

转账日记账的登记方法是:首先填写日期和转账凭证号数;在"摘要"栏内简明填写经济业务主要内容;"借方"栏和"贷方"栏内分别按转账凭证上的借方和贷方的账户以及金额进行登记。

第三节 分类账簿

分类账簿简称分类账,是分类登记经济业务的账簿,设立分类账的目的就是要从各个账户中取得总括或详细的核算资料。对经济业务按照一定的分类设置和登记分类账簿,可以系统地归纳、综合并集中反映同类经济业务发生的情况,为编制会计报表和经营管理提供总括的和详细的分类资料。根据提供资料的详细程度不同,分类账可分为总分类账和明细分类账。

一、总分类账

(一)总分类账的概念与作用

总分类账简称总账,它是按每一个总分类科目开设账页,进行分类登记的账簿。它能总括地反映各会计要素具体内容的增减变动和变动结果,编制会计报表就是以这些分类账所提供的资料为依据的。

(二)总分类账的格式

总分类账的登记只是各账户增减金额的登记,一般采用三栏式账页格式。三栏式总账的格式见表8-7。

表8-7 总账(三栏式)

账户名称:原材料

202×年		凭证		摘要	借方	贷方	借或贷	余额
月	日	种类	号数					
8	1			月初余额			借	35 000
	3	银付	2	购入材料	10 000		借	45 000
	4	转	4	领用材料		15 000	借	30 000
⋮	⋮	⋮	⋮	⋮	⋮	⋮	⋮	⋮
8	31			本期发生额及余额	75 000	80 000	借	30 000

有些企业的总账也可以采用多栏式。这种多栏式总账将所有账户合设在一张表格或账页上,根据记账凭证汇总后的数字定期登记,其格式见表8-8。

表8-8 总账(多栏式)

202×年　　月

账户名称	期初余额		本期发生额						期末余额	
	借方	贷方	借方			贷方			借方	贷方
			银行存款业务	现金业务	转账业务	银行存款业务	现金业务	转账业务		
银行存款										
库存现金										
短期投资										
应收票据										
应收账款										
长期投资										
固定资产										
⋮										
合计										

采用多栏式总账,月末可以清楚地反映当月资产、负债、所有者权益、收入、费用、利润的情况,还可以进行全部账户的试算平衡。但应用这种总账,在账户较多时账页篇幅过大,登记不便。

（三）总分类账的基本登记方法

总分类账的登记方法很多,可以根据各种记账凭证逐笔登记,也可以先把各种记账凭证汇总编制成科目汇总表或汇总记账凭证,再据以登记总分类账。关于总分类账的登记方法,将在第十一章中作具体说明。

下面说明总账账页中各基本栏目的登记方法。

(1)日期栏:填写登记总账所依据的凭证上的日期。

(2)"凭证种类/号数"栏:填写登记总账所依据的凭证种类(如收、付、转、科汇、汇收等)及编号。

(3)"摘要"栏:填写所依据的凭证的简要内容。依据记账凭证登账的,应按照记账凭证中的摘要填写;依据科目汇总表登账的,应填写"某日至某日发生额"字样;依据汇总记账凭证登账的,应填写"第几号至第几号记账凭证"字样。

(4)借、贷方金额栏:填写所依据凭证上记载的各账户的借、贷方发生额。

(5)"借或贷"栏:填写余额的借贷方向。可以写"借"或"贷",如果余额为零,则写"平"。

二、明细分类账

明细分类账简称明细账,它是根据各单位的实际需要,按照总分类科目的二级科目及以下科目分类设置并登记详细经济业务信息的会计账簿。所以明细分类账是分类登记某类经济业务详细情况的账簿,对其所隶属的总账起补充和说明作用。明细分类账比较详细地反映企业经济活动及资产、负债、所有者权益、收入、费用、利润等情况。明细分类账对于加强财产物资管理、往来款项结算、收入及费用开支的监督等有着重要作用。明细分类账应根据原始凭证或原始凭证汇总表登记,但如记账凭证已列有明细项目时,也可根据记账凭证登记。

明细账的格式应根据它所反映经济业务内容的特点以及实物管理的不同要求来设计,一般有三栏式、数量金额式和多栏式三种。

(一) 三栏式

三栏式明细分类账的账页设"借方""贷方"和"余额"三个金额栏,适用于应收账款、应付账款等只需进行金额核算的明细账,其格式见表8-9。它根据记账凭证和有关原始凭证,按照经济业务发生的顺序逐日逐笔登记。其他各栏目的登记方法与三栏式总分类账相同。

表8-9　××企业应付账款明细账

单位名称:光明厂

202×年		凭证		摘要	借方	贷方	借或贷	余额
月	日	种类	号数					
7	1			月初余额			贷	2 000
	10	转	15	购料欠款		2 500	贷	4 500
	18	银付	14	还款	2 850		贷	1 650
⋮	⋮	⋮	⋮	⋮	⋮	⋮	⋮	⋮
7	31			本期发生额及余额	5 850	6 500	贷	2 650

(二) 数量金额式

这种格式的明细账适用于既要进行金额明细核算,又要进行数量明细核算的财产物资项目,如"原材料""库存商品"等账户的明细核算。它能提供各种财产物资收入、发出、结存等的数量和金额资料,满足开展业务和加强管理的需要。

数量金额式明细分类账账页的基本结构为设"收入""发出"和"结存"三栏,在这些栏内再分别设"数量""单价""金额"等项目,以分别登记实物的数量和金额,其格式见表8-10。

表8-10　××企业原材料明细账

材料名称:甲材料　　　　　　　　　　　　　　　　　　最低储量:

编号:　　　　规格:　　　　计量单位:千克　　　　　　最高储量:

202×年		凭证		摘要	收入			发出			结存		
月	日	种类	号数		数量	单价	金额	数量	单价	金额	数量	单价	金额
9	1			月初余额							100	2	200
	2	(略)	(略)	收入材料	1 000	2	2 000				1 100	2	2 200
	5			车间领用				800	2	1 600	300	2	600
⋮	⋮	⋮	⋮	⋮	⋮	⋮	⋮	⋮	⋮	⋮	⋮	⋮	⋮
9	30			本期发生额及余额	3 000	2	6 000	2 500	2	5 000	600	2	1 200

（三）多栏式

多栏式明细账的格式视管理需要而多种多样，它在一张账页上按照明细科目分设若干专栏，集中反映有关明细项目的核算资料。按照明细账所记经济业务的特点不同，多栏式明细账可以采用借方多栏式、贷方多栏式和借贷方多栏式三种格式。

1. 借方多栏式明细账

该账是在账页中对"借方"栏按明细项目分设若干专栏。这种格式的明细账适用于费用成本类账户的明细核算，如生产成本明细账、物资采购明细账、管理费用明细账等。借方多栏式明细账依据记账凭证顺序逐日逐笔登记，贷方发生额用红字在有关专栏内登记，表示对该项目金额的冲销或转出。借方多栏式明细账的格式见表8-11。

表8-11　××企业生产成本明细账

产品名称：

202×年		凭证		摘要	借方					借方余额
月	日	种类	号数		直接材料	直接人工	其他直接支出	制造费用	合计	

2. 贷方多栏式明细账

该账是在账页中对"贷方"栏按明细项目分设若干专栏。这种格式的明细账适用于收入类、资本类账户的明细核算，如主营业务收入明细账、营业外收入明细账等。贷方多栏式明细账依据记账凭证顺序逐日逐笔登记，各明细账的借方发生额因未设置借方专栏，则借方发生额用红字在有关专栏内登记，表示对该项目金额的冲销或转出。贷方多栏式明细账的格式见表8-12。

表8-12　××企业主营业务收入明细账

202×年		凭证		摘要	贷方					贷方余额
月	日	种类	号数							

3. 借贷方多栏式明细账

该账是在账页中同时在"借方"和"贷方"栏内再按明细项目分设若干专栏。这种格式适用于借方和贷方均需要设置多个不同栏目进行登记的账户，如"本年利润""应交税金——应交增值税"等，应依据记账凭证顺序逐日逐笔登记。借贷方多栏式明细账的格式见表8-13。

表8-13　××企业本年利润明细账

202×年		凭证		摘要	借方							贷方					借或贷	余额
月	日	种类	号数		主营业务成本	管理费用	财务费用	营业费用	其他业务支出	税金及附加	营业外支出	合计	主营业务收入	其他业务收入	营业外收入	投资收益	合计		

第四节　会计账簿的使用规则

登记账簿是会计核算的基础环节，必须认真、严肃对待，切实做到登记及时，内容完整，数字正确清楚。为了做好记账工作，必须严格遵守各项记账要求。

一、启用账簿的规则

为了保证账簿记录的合法性，明确记账责任，启用会计账簿时，应在账簿扉页填制账簿启用及交接表，内容包括：企业名称、账簿名称、启用日期、账簿页数、记账人员和会计主管人员姓名，并加盖会计人员名章和单位公章，其格式如表8-14所示。调换记账人员时，应注明交接日期和接办人员姓名，并由交接双方人员签章。

表8-14　账簿启用及交接表

账簿启用表											
企业名称_____						账簿名称_____					
账簿册数　共____册　第____册						账簿编号_____					
账册页数_____						启用日期_____					
会计主管_____						记账人员_____					
移交日期			移交人		接管日期			接管人		会计主管	
年	月	日	姓名	盖章	年	月	日	姓名	盖章	姓名	盖章

二、登记账簿的基本规则

（1）记账必须以审核无误的会计凭证为依据，要将凭证的种类/编号、摘要、金额和其他有关资料逐项记入账页。记账后应在凭证上注明账簿页数或作"√"符号表示已登记入账。

（2）记账时必须用蓝色或黑色墨水书写，不得使用铅笔或圆珠笔。红色墨水只能在冲账、划线和改错时使用。保证账簿记录清晰耐久，便于以后查阅。

（3）记账应按账页行次顺序连续登记，不得跳行、隔页。如发生跳行、隔页时，要将空行、空页用红线对角划掉，注明作废，并加盖记账人员名章。

（4）记账的文字和数字要书写端正、清晰。记账如发生错误，要按规定的更正方法进行更正，不得涂改、挖补、刮擦或用药水消除字迹。

（5）分类账户如有余额应在"借或贷"栏内写明"借"或"贷"字样，并填写金额；如账户余额结平可用"平"表示，并在金额栏内写数字"0"表示。

（6）各账户在一张账页记满时，应结出本页发生额合计数及结余额，写在本页最后一行和下页第一行内，并在"摘要"栏内注明"过次页"和"承前页"字样。

三、登记账簿发生错误的更正方法

账簿记录如果发生错误，应根据该记账错误的性质和发现时间，按规定的更正方法进行更正。记账错误的更正方法一般有下列几种：

（一）划线更正法

在每月结账前，若发现账簿记录中的数字或文字有错误，而其依据的记账凭证没有错误，即纯属记账时笔误或者计算错误，可以用划线更正法。更正时，应先在错误的数字或文字上划一道红色横线全部予以注销，但必须保证原有的字迹清晰可认；然后在红线上方的空白处用蓝字记入正确的数字或文字，并由更正人员在更正处加盖印章，以示负责。需要注意的是，对于错误的数字应将整笔数字划掉。例如：把"28 400"误记为"82 400"，应将"82 400"全数用红线划去，如"82 400"，并在上方更正为"28 400"，不得只划"82"两个数字。

（二）红字更正法

红字更正法也叫红字冲销法或红笔订正法，主要适用于以下两种情况：

（1）根据记账凭证记账以后，发现记账凭证中的应借、应贷会计科目或借贷方向有错误，而账簿记录与记账凭证是相吻合的。更正时，先用红字填制一张内容与原错误记账凭证完全相同的记账凭证，在"摘要"栏中写明"更正第×号凭证错误"，并据以用红字金额登记入账，冲销原有的错误记录；然后，用蓝字重填一张正确的记账凭证，并登记入账。

（2）根据记账凭证记账以后，发现记账凭证中的应借、应贷会计科目或借贷方向都正确，只是所记金额大于应记金额并据以登账。更正时，将多记的金额用红字填制一张内容与原错误记账凭证的会计科目、记账方向相同的记账凭证，在"摘要"栏内注明"冲转第×号凭证多计数"，并据以用红字金额登记入账，以冲销多记金额，求得正确的金额。

注意：不得用蓝字填制与原错误记账凭证记账方向相反的记账凭证去冲销原错误记录

或错误金额,因为蓝字记账凭证反方向记录的会计分录可能反映某类经济业务,而不能反映更正错账的内容。

例如:生产车间因生产产品而领用材料一批,投入生产,计 79 000 元,误将"生产成本"科目写为"制造费用"科目,并已登记入账。

① 原错误会计分录如下:

借:制造费用　　　　　　　　　　　79 000
　　贷:原材料　　　　　　　　　　　　　　79 000

② 发现错误时,先用红字填制一张记账凭证,并登记入账,如下所示:

借:制造费用　　　　　　　　　　　 79 000
　　贷:原材料　　　　　　　　　　　　　　79 000

(注: 79 000 表示红字)

③ 再用蓝字填制一张正确的记账凭证,并登记入账,如下所示:

借:生产成本　　　　　　　　　　　79 000
　　贷:原材料　　　　　　　　　　　　　　79 000

上述会计分录过账后,有关账户的记录如下所示:

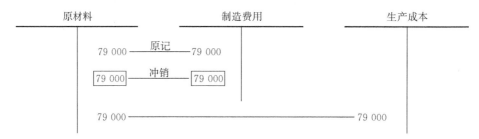

又例如:车间一般耗用材料 2 000 元,误记成 20 000 元。

① 原错误会计分录如下:

借:制造费用　　　　　　　　　　　20 000
　　贷:原材料　　　　　　　　　　　　　　20 000

② 发现错误后,将多记金额填制一张红字金额的记账凭证,并登记入账,如下所示:

借:制造费用　　　　　　　　　　　 18 000
　　贷:原材料　　　　　　　　　　　　　　 18 000

上述会计分录过账后,有关账户的记录如下所示:

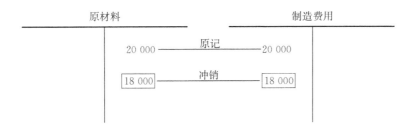

（三）补充登记法

补充登记法适用于记账后发现记账凭证中应借、应贷的会计科目和记账方向都正确，只是所记的金额小于正确金额的情况。采用补充登记法时，将少填的金额用蓝字填制一张与原错误记账凭证的科目名称和记账方向一致的记账凭证，在"摘要"栏内注明"补充第×号凭证少计数"，并据以登记入账，以补足少记的金额。

例如：从银行提取现金 86 000 元，准备发放工资，原会计分录把金额误写成 68 000 元，并已登记入账。

① 原错误会计分录如下：

借：库存现金　　　　　　　　　　　　68 000
　　贷：银行存款　　　　　　　　　　　　　68 000

② 发现错误后，将少记金额 18 000 元用蓝字填制一张记账凭证，并登记入账。

借：库存现金　　　　　　　　　　　　18 000
　　贷：银行存款　　　　　　　　　　　　　18 000

上述会计分录过账后，有关账户的记录如下所示：

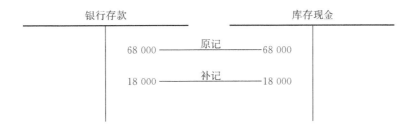

四、账簿的更换与保管规则

（一）账簿的更换

账簿的更换指在年度结账完毕后以新账代替旧账。为了便于账簿的使用和管理，一般情况下，总分类账、库存现金日记账、银行存款日记账和大部分明细账都应每年更换一次；对于在年度内业务发生量较少，账簿变动不大的部分明细账，如固定资产明细账和固定资产卡片账，可以连续使用，不必每年更换；各种备查账簿也可以连续使用。建立新账时，除了要遵守账簿启用规则以外，还需要注意以下几点：

(1) 更换新账时,要注明各账户的年份,然后在第一行日期栏内写明"1月1日";在"摘要"栏内注明"上年结转"或"上年余额"字样;最后根据上年账簿的账户余额直接写在"余额"栏内。在此基础之上再登记新年度所发生的相关会计事项。

(2) 总账应根据各账户经济业务的多少,合理估计各账户在新账中所需要的账页,并填写账户目录,然后据以设立账户。

(3) 对于有些有余额的明细账,如应收账款、应付账款、其他应收款、其他应付款等明细账,必须将各明细账户的余额按照上述方法,详细填写在新建明细账相同的明细账户下,以备清查和查阅;对于借贷方多栏式应交增值税明细账,应按照有关明细项目的余额,采用正确的结转方法予以结转。

(二) 账簿的保管

会计账簿是各单位重要的会计档案资料,必须健全账簿管理制度,妥善保管单位的各种账簿。考虑到账簿使用的特点,账簿管理制度主要包括日常管理和旧账归档保管两部分内容。

1. 会计账簿的日常管理

会计账簿的日常管理包括:

(1) 各种账簿要分工明确,并指定专人管理,一般是谁负责登记,谁负责管理。

(2) 未经本单位领导或会计部门负责人允许,不得翻阅查看会计账簿。

(3) 除需要与外单位核对账目外,一律不准将会计账簿携带外出。对需要携带外出的账簿,必须经本单位领导和会计部门负责人批准,并指定专人负责,不准交给其他人员管理,以保证账簿安全和防止任意涂改账簿等现象的发生。

2. 会计账簿的旧账归档保管

年度结账后,对需要更换新账的账簿,应将旧账按规定程序整理并装订成册,归档保管。旧账装订时应注意以下事项:

(1) 活页账装订时,一般按账户分类装订成册,一个账户装订一册或数册;某些账户账页较少,也可以几个账户合并装订成一册。

(2) 装订时应检查账簿扉页的内容是否填列齐全,要将账簿经管人员一览表及账户目录附在账页前面,并加具封面和封底。

(3) 装订时,应将账页整齐牢固地装订在一起,并将装订线用纸封口,由经办人员及装订人员、会计主管人员在封口处签章。

旧账装订完毕后交由会计档案保管人员造册归档。造册归档时,应在各种账簿的封面上注明单位名称、账簿种类、会计年度、账簿册数、第几册及本账簿总页数,并由会计主管人员和经办人员签章;然后,将全部账簿按册数顺序或保管期限统一编写"会计账簿归档登记表"。

第五节 对账和结账

登记账簿作为会计核算的专门方法之一,它包括记账、对账和结账三个不可分割的工作环节。

一、对账

在月份和年度终了时,应将账簿记录核对结算清楚,使账簿资料如实反映情况,为编制会计报表提供可靠的资料。核对账目是保证账簿记录正确性的一项重要工作,对账的内容包括账证核对、账账核对和账实核对。

(一)账证核对

账证核对指账簿记录同记账凭证及其所附的原始凭证核对。账证核对在日常记账过程中就应进行,以便及时发现错账进行更正。这是保证账账相符、账实相符的基础。

(二)账账核对

账账核对指各种账簿之间的相关数字进行核对。其核对内容主要包括:
(1)总分类账各账户的本期借方发生额合计与贷方余额合计是否相等。
(2)总分类账各账户的借方余额合计与贷方发生额合计是否相符。
(3)核对各种明细账及库存现金日记账、银行存款日记账的本期发生额及期末余额同总分类账中有关账户的余额是否相等。

以上核对工作一般通过编制总分类账户发生额及余额表和明细账户发生额及余额表进行。

(三)账实核对

账实核对指将账面结存数同财产物资、款项等的实际结存数核对。这种核对是通过财产清查进行的,内容包括:
(1)银行存款日记账的余额同开户银行送来的对账单核对相符。
(2)库存现金日记账的余额与现金实际库存数核对相符。
(3)财产物资明细账的结存数与其实存数核对相符。

二、结账

所谓结账,就是在把一定时期内所发生的经济业务全部登记入账的基础上,将各种账簿的记录结算清楚,以便根据账簿记录编制会计报表。

结账应当包括以下几项工作:
(1)检查本期内发生的所有经济业务是否均已填制或取得了会计凭证,并据以登记入账。
(2)按照权责发生制原则,对有关应计的收入和费用进行调整。

(3) 检查各种费用成本和收入成果是否均已与有关账户之间完成了结转。

完成上述几项工作后，就可以计算各账户的本期发生额及期末余额，并根据总分类账和明细分类账的本期发生额及期末余额记录分别进行试算平衡。

月度结账时，将借、贷方发生额及月末余额填列于最后一笔记录之下，并在数字的上、下方划单红线。年度结账时，在12月份结账记录的下一行填列全年12个月的发生额合计数，在"摘要"栏内注明"全年发生额及年末余额"字样，并在下面划两道红线。年度结账后将年末余额转入下年，结束各账户。

【巩固和实践】

思考题

1. 什么是账簿？它在会计核算中有哪些作用？
2. 账簿按用途分类可分为哪几种？
3. 订本式账簿、活页式账簿和卡片式账簿各有什么特点？各适用于哪几类账户？
4. 总分类账、明细分类账的主要格式可归纳为哪几种？
5. 登记账簿的基本规则有哪些？
6. 账簿记录发生错误时，有哪些更正方法？试说明各种错账更正方法的适用性。
7. 为什么要对账？应从哪几方面进行对账？

习题

1. 目的：练习登记银行存款日记账和现金日记账。

2. 资料：某工厂20×9年8月31日银行存款日记账余额为3 000 000元，现金日记账余额为2 000元。9月上旬发生以下存款和现金收付业务：

(1) 1日，投资者投入现金25 000元，存入银行。

(2) 1日，以银行存款10 000元归还短期借款。

(3) 2日，以银行存款20 000元偿付应付账款。

(4) 2日，以现金1 000元存入银行。

(5) 3日，用现金暂付职工差旅费800元。

(6) 3日，从银行提取现金2 000元备用。

(7) 4日，收到应收账款50 000元，存入银行。

(8) 5日，以银行存款40 000元支付购买材料款。

(9) 5日，以银行存款10 000元支付购入材料运费。

(10) 6日，开出转账支票18 000元送交发放工资。

(11) 7日，以银行存款支付本月电费1 800元。

(12) 8日，销售产品一批，货款51 750元存入银行。

(13) 9日，用银行存款支付销售费用410元。

(14) 10日，用银行存款上缴税金3 500元。

3. 要求：登记银行存款日记账和现金日记账，并结出10日的发生额和余额。

第九章 财产清查

第一节 财产清查的意义和种类

一、财产清查的意义

企业的财产物资包括货币资金、存货、固定资产和各项债权等。各项财产物资的增减变动和结存情况都是通过账簿来记录的。为了保证账簿记录的准确性,就需要定期或不定期地对企业的各项财产物资进行清查。财产清查就是通过对货币资金、实物资产和往来款项的盘点和核对,确定其实存数,查明其账实是否相符的一种会计核算的专门方法。财产清查不仅是会计核算的一种重要方法,而且是财产物资管理的一项重要制度。通过财产清查,可以发现账实是否相符,明确账实不符的原因。通过对财产清查结果的处理,可以做到账实相符,明确责任,进一步建立健全财产物资的管理制度,确保单位财产的完整无损。

根据财产清查的要求,应做到账实相符。但由于主观和客观方面的原因,往往会出现部分财产物资实存数与账存数不符的现象。归纳起来,造成账实不符的原因主要有以下几个方面:

(1) 在财产的收、发过程中,由于工作人员疏忽或计量不准确而使品种或数量产生差错。

(2) 在会计凭证的填制、账簿的记录中,发生错记或漏记的现象。

(3) 在财产物资的保管过程中发生自然升溢或自然损耗,如露天堆放的物资由于风吹、雨淋和日晒而造成数量的减少和质量的降低。

(4) 由于保管制度不健全、管理不善或工作人员失职而使财产物资发生损耗、变质、散失或短缺,例如药品过期或受潮霉烂等。

(5) 由于贪污、盗窃、舞弊等违法违纪行为而造成的财产物资损失。

(6) 由于发生自然灾害和意外事故如火灾、水灾、风灾和地震等造成财产物资的破坏或损失。

(7) 未达账项引起的账账、账实不符等。

正是由于以上种种方面的原因,影响了账存数与实存数的一致性,为了保证账实相符,确保会计资料的真实、完整,提高会计信息质量,就必须对各种财产物资进行定期或不定期清查。财产清查的意义主要有以下几个方面:

1. 保证会计核算资料的真实性

通过财产清查,可以查明各项财产物资的实有数,确定账存数与实存数的差异,及时调整账面记录,使账实相符,从而保证会计核算资料的真实可靠。同时通过分析差异的原因,采取相应措施,进一步加强财产物资的管理。

2. 保护财产物资的安全与完整

通过财产清查,可以查明各项财产物资的实际保管情况,有无因管理不善而造成的毁损、霉烂变质、短缺、盗窃等情况,以便及时采取相应措施,改善管理,加强经济责任制,保护财产物资的安全完整。

3. 挖掘财产物资潜力,加速资金周转

通过财产清查,可以查明财产物资的储备和利用情况,有无超储积压或储备不足,有无呆滞等现象,充分挖掘物资潜力,加速资金周转,提高资金使用效率。

4. 加强法制观念,维护财经纪律

通过财产清查,可以查明企业在财经纪律和有关制度方面的遵守情况,有无贪污、挪用、损失、浪费情况,有无故意拖欠税款、偷税、漏税情况,有无不合理的债权债务,是否遵守结算制度等。如果发现问题,可及时采取措施予以纠正或进行相应处理,从而加强人们的法制观念,以维护财经纪律。

二、财产清查的种类

财产清查可按清查的范围、清查的时间和清查的执行单位等不同的标准进行分类。

(一) 按清查的范围分类

财产清查按其清查的范围不同,可分为全面清查和局部清查。

1. 全面清查

全面清查是指对企业所有的财产物资进行全面盘点和核对。全面清查的内容繁多,其清查内容主要包括:① 库存现金、银行存款等各种货币资产;② 存货、固定资产等各项实物资产;③ 应收应付款、预收预付款等各种往来结算款项;④ 对外投资等。

全面清查的内容多、范围广、工作量大、参加的人员多,不宜经常进行,一般在年终决算前,为了保证年度会计报表资料的真实可靠,需要进行一次全面清查;在单位撤销、合并或改变其隶属关系时,为了明确经济责任,需要开展全面清查;在单位要合资或联营时需要全面清查;开展清产核资时需要全面清查;在单位主要负责人离任时需要全面清查。

2. 局部清查

局部清查是指根据需要只对企业的一部分财产物资进行的盘点和核对。局部清查的清查对象主要是流动性较大的财产物资,如库存现金、银行存款、材料、在产品和库存商品等。

局部清查的范围小、内容少、涉及的人少,但专业性较强。如对于库存现金,每日由出纳员清点核对一次；对于银行存款，要按银行对账单每月至少核对一次；对于流动性较大的实物资产，如原材料、库存商品等，除了年度全面清查外，还应根据需要有计划地进行重点抽查和轮流盘点；对于各种贵重财产物资，每月至少清查一次；对于债权债务，每年至少核对1～2次，必要时可增加核对次数。

（二）按清查的时间分类

财产清查按其清查的时间不同，可分为定期清查和不定期清查。

1. 定期清查

定期清查是指根据企业管理制度的规定或者计划安排的时间对财产物资所进行的清查。这种清查的对象不确定，可以是全面清查，如年终决算前的清查；也可以是局部清查，如月末、季末对货币资金和贵重物资等进行的清查。定期清查的目的在于保证会计资料的真实准确，一般是在年末、季末或月末结账前进行。

2. 不定期清查

不定期清查是指根据需要所进行的临时的清查，也称临时清查。不定期清查可以是全面清查，也可以是局部清查。一般在更换出纳和实物资产的保管人员，单位发生撤销、合并，发生自然灾害和意外损失，发生贪污盗窃、营私舞弊等情况时进行不定期清查，其目的在于分清责任，查明情况。

（三）按清查的执行单位分类

财产清查按其清查的执行单位不同，可分为内部清查和外部清查。

1. 内部清查

内部清查是指由本企业的人员对本企业的财产物资进行的清查。这种清查也称为自查。

2. 外部清查

外部清查是指由企业外部的单位或人员根据国家法律和制度的规定对企业进行的财产清查。

第二节 财产物资的盘存制度

财产清查的一个重要环节是盘点财产物资的实存数量，以解决账实是否相符的问题。为此，先得确定财产物资的账存数量。在会计上，确定财产物资账存数量的方法有两种，即永续盘存制和实地盘存制。

一、永续盘存制

永续盘存制，亦称账面盘存制，它是指在日常会计核算中，对各项财产物资的增加数和减少数根据会计凭证在有关账簿记录中进行连续登记，并随时结出账面结存数的一种方法，即根据下面的"顺算"方法随时计算财产物资的账面数：

期初结存数＋本期增加数－本期减少数＝期末结存数

采用永续盘存制时，企业对存货仍然需要进行实地盘点，至少每年实地盘点一次，以查明账实是否相符。

【例 9-1】 飞翔公司甲材料的期初结存、本期购进和发出的资料如下：

10月1日　期初结存200件，单价10元/件，金额2 000元。

10月2日　发出100件。

10月10日　购进400件，单价10元/件，金额4 000元。

10月15日　购进200件，单价10元/件，金额2 000元。

10月25日　发出400件。

根据上述资料，采用永续盘存制，在原材料明细账上的记录见表9-1。

表 9-1　原材料明细账

材料名称：甲材料　　　　　　　　　　　　　　　　　　　　　　　　　计量单位：元/件

年		凭证号数	摘要	收入			发出			结存		
月	日			数量	单价	金额	数量	单价	金额	数量	单价	金额
10	1	略	期初结存							200	10	2 000
	2		发出				100	10	1 000	100	10	1 000
	10		购进	400	10	4 000				500	10	5 000
	15		购进	200	10	2 000				700	10	7 000
	25		发出				400	10	4 000	300	10	3 000
	31		本期发生额及余额	600	10	6 000	500	10	5 000	300	10	3 000

通过上例可以看出，采用永续盘存制具有以下几个优点：① 可以在原材料明细账上随时反映原材料的收、发、存的动态情况，并以数量和金额两个方面进行管理控制；② 可以将账存数与实存数相核对，以查明账实是否相符以及账实不符的原因，从而有效地对其进行管理；③ 明细账上的结存数还可以随时与企业的最高和最低库存限额进行比较，了解库存积压或不足的信息，从而便于企业及时采取相应对策与措施。因此，永续盘存制在企业实际工作中的运用较为普遍。永续盘存制的缺点是原材料明细分类核算的工作量较大。

值得注意的是，在永续盘存制下，得到的财产物资的结存数指标是其账面结存数，而实际结存数有待财产清查来确定。因此，永续盘存制下的实地清查盘点的目的在于检查账实是否相符。

二、实地盘存制

实地盘存制又称定期盘存制，是指会计人员对于各项财产物资，平时根据有关会计凭证

只登记其增加数而不登记其减少数,期末根据实地盘点数倒轧出本期减少数的一种方法。其计算公式为:

本期减少数＝期初结存数＋本期增加数－期末结存数

因此,这种盘存制度也称以存计耗(销)制。在这种盘存制度下,以期末盘点的财产物资的实际结存数作为账面结存数。

【例 9－2】 延用前例,假设期末盘点甲材料的结存数量为 250 件。采用实地盘存制,登记原材料明细账如表 9－2 所示。

表 9－2 原材料明细账

材料名称:甲材料　　　　　　　　　　　　　　　　　　　　　　　　　计量单位:元/件

年		凭证号数	摘要	收入			发出			结存		
月	日			数量	单价	金额	数量	单价	金额	数量	单价	金额
10	1	略	期初结存							200	10	2 000
	10		购进	400	10	4 000						
	11		购进	200	10	2 000						
	31		本期发生额及余额	600	10	6 000	550	10	5 500	250	10	2 500

通过上例可看出,采用实地盘存制,由于平时只记录增加数,不记录减少数,因此实地盘存制的优点主要是简化了财产物资的日常登记工作,工作量少,工作简单。但其缺点也是明显的,主要表现在:一是不能随时反映原材料的收入、发出和结存动态,不便于管理人员掌握财产物资的变动情况;二是将非正常的损耗如贪污、盗窃等引起的减少数倒轧入发货成本,不利于实施会计监督;三是采用这种方法只能到期末盘点时结转耗用或销货成本,而不能随时结转成本。所以实地盘存制的运用范围较小,只适用于那些价值低、入库出库频繁、数量较大的鲜活商品,制造业企业较少采用这种盘存制度。

第三节　财产清查的准备工作和方法

一、财产清查的准备工作

(一)组织准备

财产清查是一项非常复杂细致的工作,其牵涉面广,工作量大,为确保财产清查工作保质保量地完成,在财产清查前,应在主管经理和总会计师的领导下,成立专门的财产清查小组,具体负责清查的组织与领导工作。组织准备工作包括以下几个方面:

(1)清查前,制定详细的财产清查工作计划,如确定清查对象和范围,安排清查工作的进度,配备清查人员,明确清查任务。

(2)清查过程中,做好组织、检查和督促工作,及时研究和处理清查中出现的问题。

(3)清查结束后,应写出财产清查报告总结经验和教训。财产清查报告的内容应包括实存数与账存数的差异以及差异发生的原因和责任;各种财产物资的积压与保管情况;有无贪污、盗窃、失职和其他问题等。将这些情况连同财产清查小组的意见和建议报请有关部门审批处理。

(二)业务准备

业务准备是开展财产清查工作的前提条件,所以企业的各有关部门必须做好如下准备工作:

(1)会计部门应把有关账目登记齐全,正确结账和对账,保证账证相符、账账相符。

(2)实物保管部门应将备查的各项财产物资整理清楚,排放整齐,并悬挂标签注明实物的名称、规格和结存数,以便进行实物盘点核对。

(3)财产清查人员要准备好计量器具和清查用的各种登记表格。

(4)取得银行存款、银行借款和结算款项的对账单、合同等重要单据文件,以备清查核对。

二、财产清查的方法

由于财产物资种类繁多,存放地点、存放方式不同,具体的清查方法也有所不同。对货币资金、实物财产、债权债务等应采取不同的方式进行清查。

(一)库存现金的清查

库存现金的清查是采用实地盘点法,即对库存现金进行实地盘点与核对,包括出纳人员每日终了前进行的现金账款核对和清查小组进行的定期或不定期的现金盘点核对。先采用实地盘点法来确定库存现金的实存数,再与现金日记账的账面余额核对,以查明账实是否相符。

为了加强现金管理,平时出纳人员对现金的收、支、存应及时登记现金日记账,每日将现金盘点数与账存数相核对,做到日清月结。清查小组清查前,出纳人员应将现金收款、付款凭证全部登记入账,并结出账存数。盘点时,出纳人员必须在场,并配合清查人员逐一清点现金实存数。清查时应注意有无白条抵库和超限额库存现金等违纪情况。盘点结束后,应填制"库存现金盘点报告表",由盘点人员和出纳人员共同签字盖章。此表既是证明库存现金实有数额的原始凭证,也是查明账实不符原因和据以调整账簿记录的重要依据,其格式如表9-3所示。

表9-3 库存现金盘点报告表

单位名称: 　　　　　　年　　月　　日

实存金额	账存金额	对比结果		备注
		盘盈	盘亏	

负责人:　　　　　盘点人:　　　　　出纳人员:

(二)银行存款的清查

银行存款的清查方法与库存现金、实物财产的清查方法不同,它是采取与开户银行核对账目的方法进行的。具体步骤是:首先检查本单位银行存款日记账的正确性与完整性,然后将开户银行提供的对账单与本单位登记的银行存款日记账逐笔核对。通过核对,往往发现双方账目不一致,其主要原因一是一方或双方存在记账错误,如漏记、重记、错记等;二是正常的未达账项,即企业和银行之间由于结算凭证在传递和办理转账手续时间上的不一致而造成的一方已经入账,另一方尚未入账的款项。

未达账项有以下4种情况:

(1) 企业已收银行未收,即企业存入的款项,企业已经作存款的增加入账,但银行尚未办妥手续而未入账。

(2) 企业已付银行未付,即企业已开出支票或其他付款凭证,企业已经作存款的减少入账,但银行尚未支付或未办理转账手续而未入账。

(3) 银行已收企业未收,即银行代企业收进的款项,银行已作企业存款的增加入账,但企业尚未收到收款通知而未入账。

(4) 银行已付企业未付,即银行代企业支付的款项,银行已作企业存款的减少入账,但企业尚未收到付款通知而未入账。

对账过程中如果发现错账、漏账等情况,应及时查明原因,加以更正。企业若有上述任何一种未达账项存在,企业的银行存款日记账余额与银行的对账单余额就会不符。为了查明银行存款的准确余额,在和银行对账时首先应查明双方有无未达账项,如有未达账项,则应查明后据以编制银行存款余额调节表。

银行存款余额调节表的编制方法一般是在企业银行存款日记账余额和银行对账单余额的基础上,假设未达账项到达,分别加减未达账项,然后验证经过调节后的双方余额是否相等。如果相等,一般表明企业与银行的账目没有差错,并且这个调整后的余额就是企业实际可以动用的存款数;如果不相等,说明记账有错误,应进一步查明原因,予以更正。

下面举例说明银行存款余额调节表的编制方法。

【例9-3】 假设飞翔公司2020年5月31日的银行存款日记账余额为121 000元,银行对账单余额为154 500元,经逐笔核对,发现的未达账项有:

(1) 企业于月末将从某单位收到的一张转账支票12 000元存入银行,企业已入账,但银行尚未办理有关手续而未入账。

(2) 企业于月末开出一张转账支票3 000元,持票人尚未到银行办理转账手续,企业已入账,但银行尚未收到支票而未入账。

(3) 某公司汇来购货款49 000元,银行已收款入账,但企业尚未接到银行的收款通知。

(4) 银行代扣水电费6 500元,银行已付款入账,但企业尚未接到银行的付款通知。

根据以上资料,编制银行存款余额调节表,如表9-4所示。

表 9-4 银行存款余额调节表

2020 年 5 月 31 日 单位:元

项目	金额	项目	金额
企业银行存款日记账余额	121 000	银行对账单余额	154 500
加:银行已收企业未收	49 000	加:企业已收银行未收	12 000
减:银行已付企业未付	6 500	减:企业已付银行未付	3 000
调节后的存款余额	163 500	调节后的存款余额	163 500

表 9-4 中所列双方余额经调节后是相等的,表明双方的账簿记录正确,调节前之所以不相符,完全是由未达账项所致。另外,经过调节后重新求得的余额既不等于本企业账面余额,也不等于银行账面余额,而是企业实际可动用的存款数额。此外,应当说明的是,银行存款余额调节表的编制只是为了检查企业和银行双方的账簿记录有无差错,并不能作为登记账簿记录的原始凭证,所以企业不得根据银行存款余额调节表来调整银行存款的账面数额。各未达账项要等收到银行转来的有关收款、付款结算凭证时才能进行账务处理。

(三) 实物财产的清查

实物财产的清查主要包括对各种存货以及固定资产等财产物资的清查。由于各种实物的形态、体积、重量和存放方式不同,因而所采用的清查方法也不尽相同。一般常用的有以下 4 种方法:

1. 实地盘点法

实地盘点法是通过逐一清点或用计量器具来确定实物财产的实存数量的方法,其适用范围较广,大多数财产物资的清查都可以采用这种方法。

2. 技术推算法

技术推算法对财产物资不是逐一清点计数,而是通过量方、计尺等技术来推算财产物资的实存数量。这种方法一般适用于大量成堆、无法逐一清点的财产物资的清查,如大量成堆的煤炭、饲料、砂石等。

3. 抽样盘存法

抽样盘存法是指采用抽取一定数量样品的方式对实物财产的实有数进行估算确定的一种方法。这种方法一般适用于数量多、重量和体积比较均衡的实物财产的清查。

4. 函证核对法

函证核对法是指通过向对方发函的方式确定实物财产的实有数的一种方法。这种方法一般适用于企业委托外单位加工或保管的物资的清查。

另外,对实物财产的数量进行核实的同时,还要对实物财产的质量进行鉴定,可根据不同的情况采用不同的质量鉴定方法,如直接观察法、物理法、化学法等。

为了明确经济责任和便于查询而进行财产物资的盘点时,有关实物保管人员与盘点人员必须同时在场清查。清查盘点的结果应及时登记在盘存单上,由盘点人和实物保管人同时签章。盘存单的格式见表9-5。

表9-5 盘存单

单位名称:　　　　　　　　　　　　　　　　　　　　　　　　　　编号:
财产类别:　　　　　　　　盘点时间:　　　　　　　　存放地点:

序号	名称	规格	计量单位	实存数量	单价	金额	备注

盘点人:　　　　　　　　实物保管人:

盘存单既是记录实物盘点结果的书面文件,也是反映资产实有数的原始凭证。为了进一步查明账存数与实存数是否相符,确定盘盈或盘亏情况,还应根据盘存单上的实存数和有关账簿记录中的结存数核对,如发现实存数与账存数不符,应根据盘存单和有关账簿记录编制实存账存对比表(又称盘点盈亏报告表)。该表是一个非常重要的原始凭证,既是经批示后调整账簿记录的依据,也是分析差异原因,明确经济责任的依据。实存账存对比表的格式如表9-6所示。

表9-6 实存账存对比表

单位名称:
财产类别:　　　　　　　　　年　　月　　日　　　　　　　　　编号:

编号	名称	规格型号	计量单位	单价	实存		账存		差异				备注
									盘盈		盘亏		
					数量	金额	数量	金额	数量	金额	数量	金额	

主管人员:　　　　　　　会计:　　　　　　　　制表:

(四)往来款项的清查

往来款项是指各种债权债务结算款项,主要包括各种应收、应付款项和预收、预付款项等。往来款项的清查一般是采用发函询证的方法进行核对。清查单位应在核实其各种往来款项记录准确的基础上,编制往来款项对账单并寄发或派送至对方单位进行核对,对方单位若核对相符,应在询证函上盖章后退回;若核对不符,应将不符项目在询证函上注明或者另抄对账单退回,作为进一步核对的依据。企业收到各有关单位退回的往来款项对账单后应据以编制往来账项清查表,注明核对相符或不相符的款项,对不相符的款项按有争议、未达账项、无法收回等情况归类说明,企业应针对具体情况及时采取措施予以解决。往来款项对账单的格式如图9-1所示,往来账项清查单的格式如表9-7所示。

往来款项对账单

_____单位：

你单位2××9年10月11日购入我单位A产品100件,已付货款5 000元,尚有20 000元货款未付,请核对后将回联单寄回。

清查单位：（盖章）

2××9年12月20日

沿此虚线裁开,将以下回联单寄回!

- -

往来款项对账单（回联）

_____清查单位：

你单位寄来的往来款项对账单已收到,经核对相符无误。

单位：（盖章）

2××9年12月30日

图9-1　往来款项对账单

表9-7　往来账项清查单

单位名称：
总账名称：　　　　　　年　　月　　日　　　　　　　　　　　单位：元

明细分类账户			发生日期	核对不符原因分析					备注
名称	账面余额	核对相符金额	核对不符金额		错误账项	未达账项	拒付账项	有争议账项	其他	

清查人员：　　　　　　会计：　　　　　　经管人员：

第四节　财产清查结果的处理

对于通过财产清查所发现的财产管理和核算方面的问题,应当认真分析研究,按照国家有关法规、准则和制度,严肃认真地作出相应处理。对于财产清查过程中所确定的实存数与账存数之间的差异,如盘盈、盘亏和各种毁损等,应核准数字,彻底查明发生差异的性质,认真分析其原因,明确经济责任,据实提出处理意见,并按规定程序报请有关领导审批处理。对于财产清查中发现的物资储备方面的问题,要及时进行调整处理,对于多余积压物资,除在本企业内部设法充分利用外,还应积极向外推销,以加速资金周转；对于储备不足的物资,要及时组织购进,以满足生产经营需要。对于长期拖欠的往来款项,则应指定专人负责,查明原因,通过有效途径解决问题,以减少坏账损失。总之,财产清查以后,针对所发现的问题和缺点,应当认真总结经验教训,制定出相应的改进工作的具体措施和制度,明确资产管理责任,以进一步加强财产管理。

一、财产清查结果的账务处理步骤及账户设置

(一)财产清查结果的账务处理步骤

为了做到账实相符,财会部门对于财产清查中所发现的差异,必须及时进行账簿记录的调整。具体处理分两步进行:

第一步,在审批前,先将已查明属实的盘盈、盘亏情况根据有关原始凭证(如实存账存对比表等)编制记账凭证,据以记入有关账户,先做到账实一致。

第二步,在审批后,应根据批准后的处理意见,编制记账凭证,登记有关账簿。

(二)账户设置

为了核算和监督在财产清查中查明的各项财产物资的盘盈、盘亏和毁损情况,应当设置和运用"待处理财产损溢"账户。

"待处理财产损溢"账户是双重性质账户,用来核算在财产清查中所发现的各项财产物资的盘盈、盘亏、毁损及其处理情况。该账户的借方登记发生的各种财产物资的盘亏、毁损金额和批准转销的盘盈金额,贷方登记发生的各种财产物资的盘盈金额和批准转销的盘亏、毁损金额。处理前的借方余额为尚未处理的各种财产物资的净损失,处理前的贷方余额为尚未处理的各种财产物资的净溢余。"待处理财产损溢"账户下需设置两个明细账户:"待处理流动资产损溢"账户和"待处理固定资产损溢"账户。

企业的各项待处理财产损溢应于期末前查明原因,并根据管理权限,由有关领导部门对所呈报的财产清查结果提出处理意见后,严格按批复意见进行账务处理,编制记账凭证,登记有关账簿,并追回由于责任者个人原因造成的损失,在期末结账前处理完毕。如在期末结账前尚未获批复的,应在对外提供财务会计报告时先进行会计处理,并在会计报表附注中作出说明;如果其后批准处理的金额与已处理的金额不一致,应按其差额调整会计报表相关项目的年初数。

二、财产清查结果的账务处理举例

现以制造业企业为例说明库存现金、存货、固定资产和往来款项清查结果的账务处理。

(一)现金短缺或溢余的账务处理

对于在每日终了结算现金收支、财产清查等工作中发现的有待查明原因的现金短缺或溢余,在未查明原因前,应根据现金盘点报告表先记入"待处理财产损溢"账户,待查明原因后再根据不同情况分别处理。

【例 9-4】 飞翔公司在财产清查中,发现出纳保管的现金短缺 700 元。

在查明原因前,编制会计分录如下:

① 批准前

借:待处理财产损溢——待处理流动资产损溢　　　　　　700
　　贷:库存现金　　　　　　　　　　　　　　　　　　　　　700

经查,属于出纳人员的责任,应由出纳员王一赔偿,在查明原因后,经领导批准,编制会计分录如下:

② 批准后

借:其他应收款——应收现金短缺款(王一)　　　　　　700
　　贷:待处理财产损溢——待处理流动资产损溢　　　　　　700

【例 9-5】 D 企业在财产清查中,发现现金溢余 500 元。

在查明原因前,编制会计分录如下:

① 批准前

借:库存现金　　　　　　　　　　　　　　　　　　　　500
　　贷:待处理财产损溢——待处理流动资产损溢　　　　　　500

经查,其中 200 元应支付给某客户,还有 300 元无法查明原因,经领导批准,转为营业外收入处理。在查明原因后,经领导批准,编制会计分录如下:

② 批准后

借:待处理财产损溢——待处理流动资产损溢　　　　　　500
　　贷:其他应付款——应付现金溢余(××个人或单位)　　　200
　　　　营业外收入——现金溢余　　　　　　　　　　　　　300

(二) 存货盘盈、盘亏的账务处理

对于财产清查中发现的盘盈或盘亏的存货,未查明原因前,应根据存货盘点报告表先记入"待处理财产损溢"账户,查明原因后,经批准再根据不同情况分别进行以下处理:

(1) 对于盘盈的存货,凡属于由内部管理制度不健全如收发计量上的误差等原因造成的,经批准可冲减管理费用。

(2) 对于盘亏的存货,按以下情况分别进行处理:

① 属于由自然损耗产生的定额内损耗,经批准后转作管理费用;

② 属于由计量收发差错和管理不善等原因造成的存货短缺或毁损,应先扣除残料价值、可以收回的保险赔偿和过失人的赔偿,然后将净损失记入管理费用;

③ 属于由自然灾害或意外事故造成的存货毁损,应先扣除残料价值和可以收回的保险赔偿,然后将净损失转作营业外支出。

需要说明的是,若是由非常损失造成的存货盘亏,还应将不能抵扣的增值税进项税额一并转出等待处理。这里所讲的非常损失,是指因管理不善而造成的货物被盗、丢失、发生霉

变等损失。

【例 9-6】 飞翔公司在财产清查中,盘盈甲材料 800 吨,价值 8 000 元。报经批准前,根据实存账存对比表的记录,编制会计分录如下:

① 批准前

借:原材料——甲材料   8 000
  贷:待处理财产损溢——待处理流动资产损溢   8 000

经查明,这项盘盈材料是由于收发计量的差错造成的,所以经批准冲减本月份管理费用,编制会计分录如下:

② 批准后

借:待处理财产损溢——待处理流动资产损溢   8 000
  贷:管理费用   8 000

【例 9-7】 飞翔公司在财产清查中,发现乙材料实际库存较账面库存短缺 12 000 元。经查明,属于定额内合理损耗。编制会计分录如下:

① 批准前

借:待处理财产损溢——待处理流动资产损溢   12 000
  贷:原材料——乙材料   12 000

② 批准后,定额内合理损耗应记入"管理费用"账户:

借:管理费用   12 000
  贷:待处理财产损溢——待处理流动资产损溢   12 000

【例 9-8】 飞翔公司在财产清查中,发现丁材料实际库存较账面库存短缺 5 000 元。经查明,是由保管人员的过失造成的毁损,经批准,由保管人员赔偿 4 000 元,残料作价 400 元入库。编制会计分录如下:

① 批准前

借:待处理财产损溢——待处理流动资产损溢   5 650
  贷:原材料——丁材料   5 000
    应交税费——增值税(进项税转出)   650

② 批准后,应由保管人员赔偿的计入其他应收款;残料作价入库;扣除过失人赔偿和残值后记入"管理费用"账户

借:管理费用   1 250
  其他应收款——保管员   4 000
  原材料——丁材料   400
  贷:待处理财产损溢——待处理流动资产损溢   5 650

(三)固定资产盘亏的账务处理

对于财产清查中盘亏的固定资产,批准前,先根据实存账存对比表记入"待处理财产损

溢"账户,按规定程序批准后再转入"营业外支出"账户。关于固定资产盘盈的会计处理可参考《中级财务会计》教材,在此不再详述。

【例9-9】 飞翔公司在财产清查中,发现盘亏设备一台,原值90 000元,已提折旧30 000元(这里暂不考虑增值税)。编制会计分录如下:

① 批准前

借:待处理财产损溢——待处理固定资产损溢　　　60 000
　　累计折旧　　　　　　　　　　　　　　　　　30 000
　　贷:固定资产　　　　　　　　　　　　　　　　　　　90 000

② 批准后

借:营业外支出　　　　　　　　　　　　　　　　60 000
　　贷:待处理财产损溢——待处理固定资产损溢　　　　60 000

(四)往来款项清查结果的账务处理

企业在财产清查中,对于记错的往来款项,应立即查明并予以更正;对于确实无法收回的应收款项,应作为坏账损失处理;对于确实无法支付的应付款项,直接记入"营业外收入"账户。以上款项均不需要通过"待处理财产损溢"账户进行核算。

【例9-10】 飞翔公司在财产清查中,查明有一笔应付账款5 000元确实无法支付,经批准转入"营业外收入"账户。编制会计分录如下:

借:应付账款　　　　　　　　　　　　　　　　　5 000
　　贷:营业外收入　　　　　　　　　　　　　　　　　5 000

【例9-11】 飞翔公司在财产清查中,发现一笔应收账款8 000元因债务单位破产而无法收回,经批准作为坏账损失处理。编制会计分录如下:

借:坏账准备　　　　　　　　　　　　　　　　　8 000
　　贷:应收账款　　　　　　　　　　　　　　　　　　8 000

该坏账损失的处理方法称为备抵法,更具体的内容可参考《中级财务会计》教材,在此不再详述。

值得注意的是,往来款项清查结果的账务处理不需要通过"待处理财产损溢"账户核算。

【巩固和实践】

思考题

1. 什么是财产清查?财产清查的意义有哪些方面?
2. 财产清查的种类有哪些?简述各类财产清查的适用范围。
3. 简述企业财产物资账实不符的原因。
4. 什么叫永续盘存制?什么叫实地盘存制?试比较两者的优、缺点和适用范围。

5. 财产清查的方法主要有哪些？各自的适用范围如何？
6. 对于财产清查中发生的盘盈、盘亏在账务上应如何处理？

习题一

1. 目的：练习银行存款余额调节表的编制。
2. 资料：ABC 企业 20×9 年 10 月 31 日银行存款日记账的余额为 71 500 元，银行转来的对账单上的余额为 91 500 元，经逐笔核对，发现有以下未达账项：
(1) 10 月 28 日，外单位汇来购货款 20 500 元，银行已经收妥入账，但企业尚未接到银行的收款通知，尚未记账。
(2) 10 月 29 日，企业开出转账支票 3 000 元，持票人尚未到银行办理转账，银行尚未登记入账。
(3) 10 月 29 日，银行接受企业委托收款代收水电费 2 000 元，企业尚未接到银行付款通知，尚未记账。
(4) 10 月 31 日，企业存入从其他单位收到的转账支票 1 500 元，银行尚未记入企业存款户。
3. 要求：根据上述资料编制该企业的银行存款余额调节表。

习题二

1. 目的：练习财产清查结果的账务处理。
2. 资料：A 公司在年终进行财产清查，其结果如下：
(1) 现金短缺 100 元，经查明，属于出纳员责任，经批准应由其赔偿。
(2) 盘盈 A 产品 500 元，经查明，属于收发计量差错造成的，经批准冲减管理费用。
(3) 盘盈甲材料 5 000 元，经查明，属于收发计量差错造成的，经批准转账。
(4) 盘亏乙材料 60 000 元，经查明，其中有 20 000 元属于自然损耗，是定额内合理损耗；有 40 000 元为被盗的非常损失，属于保管人员责任，决定由其赔偿；经批准转账。另发现盘亏丙材料 10 000 元，经查明，系自然灾害造成的损失，经批准转账。（本题增值税税率按 13% 计算。）
(5) 盘亏机器设备一台，原价为 7 200 元，账面已提折旧 2 400 元，经查明，为管理不善丢失，经批准作为营业外支出处理。（本题不考虑增值税。）
3. 要求：根据以上资料，编制批准前和批准后的相关会计分录。

案例题一

新星公司出纳员王一收到 A 公司签发的转账支票一张 7 700 元后，同时签发了一张金额为 7 700 元的现金支票，然后同时拿到银行办理业务。
请问：
(1) 对这两笔经济业务应如何进行账务处理？
(2) 王一的这种做法是否恰当？企业可能面临什么风险？
(3) 你认为应该如何处理？

案例题二

B公司的经理马一将企业暂时不用的一台车床借给其亲友使用,未办理任何手续。财产清查人员在年底财产清查时发现盘亏了一台车床,原值为16万元,已提折旧6万元,净值为10万元。经查,属经理马一所为,于是派人向借方追索。但借方声称该设备已被人偷走。当问及经理马一对此的处理意见时,马一建议按正常报废处理。

请问:

(1) 经理马一建议按正常报废处理是否符合会计制度要求?

(2) 企业应怎样处理这台盘亏的车床?

案例题三

H公司20×9年亏损20万元,柳经理为了其工作业绩,要求会计人员在账面上"扭亏为盈"。于是会计人员在年底对一批款未付,但料已入库,对方未开来增值税发票的原材料(企业过去一直未做任何账务处理),做了盘盈原材料100吨,价值23万元的账务处理如下:

① 发现时

借:原材料　　　　　　　　　23万元
　　贷:待处理财产损溢　　　　　　　23万元

② 核销时

借:待处理财产损溢　　　　　　23万元
　　贷:管理费用　　　　　　　　　　23万元

请问:

(1) 是否可以做这样的账务处理? 为什么?

(2) 这样的账务处理会对企业的利润产生怎样的影响?

(3) 对款未付,但料已入库,对方未开来增值税发票的原材料应如何进行账务处理?

第十章 会计报表

第一节 会计报表的意义和内容

一、会计报表的意义

我国有关会计法规规定,各企业必须根据国家统一会计制度或相应会计准则规定,定期编制财务报告。

财务报告是会计主体对外公布的、反映企业财务状况和经营成果的报告性文件,是会计核算工作的最终成果,也是财务会计部门提供财务会计信息的重要手段。

前面各章已对会计核算、设置会计科目、复式记账、填制和审核凭证、登记账簿等会计核算方法作了系统的介绍。每个企业通过日常的会计核算工作,将发生的各项经济业务连续、分类、系统地登记在账簿中,使之条理化、系统化,以反映一定时期的经济活动和财务收支情况。但就企业整体来说,账簿所提供的会计信息资料比较分散,不能集中、概括地说明各企业的财务状况和经营成果的全貌,而且账簿信息资料在综合性、系统性、相关性以及便于传递和使用等方面,都不能满足会计信息使用者的需要。因此,为了向企业外部会计信息使用者报告财务活动情况以及企业内部经营管理的需要,就必须定期地对账簿记录作进一步的加工、整理、分类、计算、汇总,并结合其他日常会计核算资料,按照一定的指标体系,以报告文件的形式反映出来,从而全面、系统、概括地提供会计主体一定时期的经济活动的内容、成果和财务状况的会计信息,以满足国家以及有关单位和个人的需要。

定期正确、及时地编制财务报告,以一定的指标体系集中描述资金来源和运用、资金循环和周转以及盈亏等情况,可以为人们了解和观察经营活动情况,衡量和评价财务状况、经营成果,加强内部管理提供依据。

财务报告由会计报表和会计报表附注组成。会计报表是财务报告的基本部分,它以报表的形式综合反映企业在一定时期的财务状况、经营成果以及财务状况变动的会计信息。会计报表主要根据账簿记录,按照会计报表的固定格式和项目口径编制。会计报表附注是会计报表有关项目的补充说明。对于会计报表中无法描述而又需要说明的其他财务信息,如会计政策及其变更对企业财务状况的影响等,则由财务情况说明书加以说明。可见会计报表附注和财务情况说明书也是财务报告的重要组成内容。本章将主要介绍会计报表的主要内容,而其余部分内容将在中级财务会计课程中说明。

编制会计报表是会计核算的一种专门方法,也是会计核算程序的最后环节。一个企业的经济活动的内容、成果和财务状况是通过一定的经济指标揭示的。会计核算的目的,就是要应用其特有的方法,通过对会计资料的记录、加工、综合等环节,将会计主体的资产、负债和所有者权益的变动,利润的形成与分配,以及资金的取得与运用等各方面的会计信息,以一定的指标体系全面、系统、概括地反映出来,以便于人们了解其一定时期的经济活动的内容、成果和财务状况。

会计报表所提供的信息,无论对于企业自身,还是对于国家经济管理部门,对于金融财税部门,对于与本单位有经济利害关系的其他单位、个人,都具有重要作用,主要表现在以下几个方面:

(1) 企业利用会计报表可以全面了解自身一定时期的财务状况及其变动情况,了解其资金、成本、利润等各项主要经济指标的计划完成情况;分析企业经营管理工作中所面临的机遇和各种问题,以便于作出正确的经营决策、筹资决策和投资决策,控制企业的经营风险和财务风险;通过对其内部责任部门的经营责任报表的分析,可以了解内部经济责任制的落实、完成情况,据以考核、评价内部各部门的工作业绩,并总结经验,加强管理,挖掘潜力,进一步提高经济效益。

(2) 投资者利用会计报表可以了解企业的财务状况和经营成果,分析企业的偿债能力和获利能力,预测企业的发展前景,据以作出正确的投资决策。

(3) 企业的债权人利用会计报表可以分析企业的生产经营能力和偿债能力的财务风险、信贷资金的运用方向和运用效益,考核企业信贷纪律的遵守情况,以便作出正确的信用决策,保证信贷资金的安全和效益。

(4) 财税部门利用会计报表可以检查企业是否及时、足额地完成各项税金及其他应交款项的上缴任务,检查企业是否遵守国家的各项法律、法规、政策、制度,以保证国家的财政收入及时、完整地缴入国库。

(5) 国家经济管理部门利用会计报表可以了解国有资产的使用、变动情况,考核国有资产保值、增值的完成情况,了解各部门、各地区的发展情况,用以进行国民经济的宏观调控和制定科学的国民经济发展计划,促进整个国民经济的稳定、持续发展。

二、会计报表的分类

(一) 按照会计报表反映的内容分类

1. 反映财务状况的会计报表

反映财务状况的会计报表主要是资产负债表,它是总括反映企业特定日期(月末、季末或年末)财务状况的报表,又称为财务状况表。财务状况是指一个企业的全部资产、负债和所有者权益及其相互关系。

2. 反映经营成果的报表

反映经营成果的报表主要是利润表和利润分配表。利润表是总括反映企业在一定时期内经营过程中的盈亏情况的报表。利润分配表是反映企业利润分配情况和年末未分配利润的结余情况的报表。

3. 反映资金情况的报表

反映资金情况的报表主要是指现金流量表，它是反映企业一定时期内有关现金和现金等价物的流入和流出情况的报表。

4. 反映成本费用情况的报表

反映成本费用情况的报表是用来总括反映企业生产经营过程中各项费用支出和成本形成情况的会计报表，主要包括以下三类：

（1）反映企业一定时期内期间费用支出情况的会计报表，例如管理费用明细表等。

（2）反映企业一定时期内制造费用支出情况的会计报表，例如制造费用明细表等。

（3）反映企业一定时期内产品成本形成情况的会计报表，例如商品产品成本表、主要产品单位成本表等。商品产品成本表反映全部商品产品总成本和单位成本；主要产品单位成本表反映主要产品成本构成情况。通过这些报表，可以了解企业一定时期内生产费用、产品成本计划的完成情况。

（二）按照会计报表反映资金运动的方式分类

1. 静态会计报表

静态会计报表是反映企业某一时点资产总额、资产构成和资金来源渠道的会计报表，如资产负债表。

2. 动态会计报表

动态会计报表是反映企业一定时期内资金耗费和资金收回情况的报表，如损益表、现金流量表、所有者权益变动表等。

（三）按会计报表提供会计信息的服务对象分类

1. 对外报表

对外报表是企业对外报送的会计报表，是企业根据国家有关法规必须定期向企业外部所有者、债权人、财税和国有资产管理部门报送或按规定向社会公布的会计报表。这类报表主要侧重于向与企业有经济关系的单位、部门或个人定期提供企业财务活动及其成果的信息，以便于他们据此正确行使监督职权或据以作出正确的投资决策、信贷决策。因此，对外报表必须按照规定的格式、规定的处理方法和规定的报送日期，定期编制、报送（或公布），按规定应作附注或财务情况说明书的，也应同时完成，不得遗漏。

2. 内部报表

内部报表是根据企业内部管理的需要和主管部门的要求而编制的供内部管理人员使用的会计报表。这类报表一般没有固定的种类、格式、方法，一切依内部管理的需要而定，具有内容多样、方法灵活的特点。内部报表在反映内容方面，可以反映财务情况，也可以反映成本水平；在反映范围方面，可反映整个企业的经营情况，也可以反映企业内部某个责任部门的经济活动；在反映时间方面，可反映计划完成或预算执行情况，也可以反映企业今后发展的预测分析；在报送时间方面，可按月、季、年报送，也可以按日、周、旬报送。

企业管理人员利用对外报表和内部报表，能及时了解企业经营目标的实施情况和企业未来的发展趋势，发现存在的问题，便于及时采取措施和制定正确的经营方针。

（四）按照会计报表编制的范围分类

1. 基层会计报表

基层会计报表是指独立经济核算的基层企业编制的用以反映某一企业的财务状况、经营成果等情况的会计报表。

2. 汇总会计报表

汇总会计报表是由上级主管部门根据其属下的各基层单位报送的会计报表结合其本身的经济活动情况综合、汇总编制的会计报表。这类报表一般用以反映一个部门或一个地区的经济情况。

3. 合并会计报表

合并会计报表是以母公司和子公司组成的企业集团为一个会计主体，以母公司和子公司单独编制的个别会计报表为基础，由母公司编制的综合反映集团财务状况、经营成果及其资金变动情况的报表。

根据会计准则的规定，当对外投资占被投资企业资本总额半数以上或者实质上拥有被投资企业控制权的，应当编制合并会计报表。

三、会计报表的编制要求

会计报表对企业本身、国家和其他与企业有经济利害关系的单位等都具有重要的作用，而且上市公司必须按照国家有关法规的规定，定期对外公布经注册会计师验证签字的会计报表，这种会计报表是一种具有法律效力的报告文件。因此，会计报表在质量上必须做到真实、完整、准确、及时。

（一）数字真实

数字真实是指会计报表所揭示的会计信息必须真实地反映会计对象，做到情况真实、数据准确、说明清楚。会计报表中各项数字应如实反映企业经济活动的实际情况，绝不能用估

计数或虚假数代替实际数。为此,编制报表时应以核对无误的账簿记录及其他资料为依据。同时,还必须做好以下几项工作:

(1) 检查报告期内所发生的经济业务是否均已入账。如发现漏记,应迅速查清补记,以保证会计信息的完整性。

(2) 检查账实符合情况。对企业财产物资和往来账项进行清查盘点与核对,验证账实是否相符。如不符合,应查清原因,并按规定处理,调整会计分录,以保证会计信息的真实性。

(3) 检查账证、账账符合情况。在财产清查基础上核对账目,做到账证、账账相符。如不符合,应查明原因,予以更正,以保证会计信息处理的正确性和一致性。

(4) 按期结账。绝不能出于某种原因而提前或推迟结出账户本期发生额及余额情况,也不能按估计数结账。这一工作的目的是保证会计信息的时间性与可比性。

(5) 核对账表。在结账的基础上,编制总账发生额及余额试算表,进行试算平衡。在试算平衡无误后,根据账簿记录编制会计报表。此工作的目的是保证会计信息的可核性。

(二) 计算准确

会计报表数字资料的计算必须准确,绝不能近似计算,指标之间该衔接的必须衔接,以保证报表指标的正确性。

(三) 内容完整

内容完整指会计报表所揭示的会计信息必须全面、系统地反映出会计对象的全貌。为此,企业必须按照会计制度和会计准则统一规定的类别、格式和内容来编制会计报表。每一种会计报表都是从某一侧面(即一定的经济指标)反映企业的经济活动,各种会计报表组成了一定会计报表体系。只有每种会计报表都完整地将其揭示的会计信息反映出来,才能全面、系统地反映会计对象的全部情况。

会计制度规定对于在不同会计期间编制的报表,企业必须编报齐全;对于应填报的报告指标,无论是报表内项目还是附注资料,必须全部填列;汇编的会计报表必须是汇总全部所属单位的会计报表。为了保证会计信息内容的完整,各企业编制的会计报表,特别是应报送、公布的会计报表,应按照财务、会计制度的内容编制、报送(公布),不得漏编、漏报。

会计报表应当由单位负责人和主管会计工作的负责人、会计机构负责人签名并盖章;设有总会计师的单位,还必须由总会计师签名并盖章。

(四) 报送及时

要正确发挥会计报表的作用,不仅要保证会计报表内容的真实性、准确性和完整性,还要保证会计报表所提供信息的及时性。即使会计报表是真实、可靠、完整的,如果编制、报送不及时,也会使其失去利用价值,甚至延误决策时机,给报表使用者带来损失。这就要求企业按规定及时编制会计报表,及时报送有关会计报表,使所有会计信息使用者能够及时通过会计报表了解和分析情况,解决问题,指导工作。

月度会计报表应于月度终了后的 6 天内对外提供;季度会计报表应当于季度终了后的 15 天内对外提供;半年度中期会计报表应当于年度中期结束后的 60 天内对外提供;年度会计报表应当于年度终了后的 4 个月内对外提供。

由于会计报表的种类较多且内容各异,编制的方法也不相同,下面仅以工业企业为例,从会计学原理的角度,说明一些主要会计报表的作用、结构和编制方法。

第二节　资产负债表

一、资产负债表的意义

资产负债表是反映企业在某一特定日期(如月末、季末、年末)的财务状况的会计报表。例如,每年公历 12 月 31 日的资产负债表所反映的就是该日的财务状况。

资产负债表主要提供有关企业财务状况方面的信息,即某一特定日期的企业资产、负债、所有者权益及其相互关系。它是根据"资产＝负债＋所有者权益"会计恒等式,按照规定的分类标准和一定的次序,将企业一定时期内的各类资产、负债和所有者权益项目予以适当的排列,按照一定的编制要求编制而成。它表明企业所掌握的各种经济资源及其权益归属的对应关系。

资产负债表可以提供某一特定日期资产的总额及其构成,表明企业拥有或控制的经济资源及其分布情况,使用者可以一目了然地从资产负债表上了解企业在某一特定日期所拥有的资产总量及其结构;可以提供某一特定日期负债的总额及其构成,表明企业未来需要用多少资产或劳务来清偿债务以及清偿时间;可以反映企业所有者所拥有的权益,据以判断资本保值、增值的情况以及对负债的保障程度。此外,资产负债表还可以提供进行财务分析的基本资料,如将流动资产与流动负债进行比较,计算流动比率;将速动资产与流动负债进行比较,计算速动比率,可以表明企业的变现能力、偿债能力和资金周转能力,从而有助于报表使用者作出经济决策。

决策者可以通过资产负债表了解企业的资产、负债、所有者权益的结构是否合理,企业的财务实力如何,是否具有足够的偿债能力等。将若干期的资产负债表对照分析,可以了解企业资金结构变化情况和财务状况发展趋势。不同的报表使用者可根据各自的需要,有选择地利用资产负债表中的丰富资料。

二、资产负债表的结构和基本内容

(一) 资产负债表的结构

资产负债表包括表首和正表两个部分。

1. 表首部分

表首部分包括报表的名称、编制单位、截止日期(一般为该会计期间的最后一天,也称资产负债表日)、记账本位币及其计量单位,它是说明资产负债表反映的会计信息的主要标志。

2. 正表部分

正表部分是资产负债表的主体和核心,其基本格式有两种:账户式和报告式。账户式是根据"资产=负债+所有者权益"会计恒等式设置的,左方列示各资产类项目,右方上、下分别列示负债类和所有者权益类项目。报告式是根据"资产-负债=所有者权益"会计恒等式设置的,首先列示资产类项目,然后列示负债类项目,最后列示所有者权益类项目。

我国会计制度规定,企业编制资产负债表采用左右账户式结构,并且正表部分需要设置"期末余额"和"上年年末余额"两栏分别反映期末和年初的财务状况,以便比较分析。

(二)资产负债表的基本内容

按照我国的会计准则和惯例,在资产负债表中,资产项目是按各项资产的流动性来安排顺序的,流动性越强的项目排在越前面,流动性越差的项目排在越后面。资产部分至少应当单独列示反映下列信息的项目:货币资金、交易性金融资产、应收账款、预付款项、存货、持有待售资产、长期股权投资、投资性房地产、固定资产、生产性生物资产、递延所得税资产和无形资产等。资产部分还应当包括流动资产合计项目、非流动资产合计项目和资产总计项目。

同样,负债项目也按债务偿还期限的长短排列,偿还期限越短的项目排在越前面,偿还期限越长的项目排在越后面,考察负债的偿还期限时一定要关注其本质而非形式。流动负债排列在前,非流动负债排列在后。负债部分至少应当单独列示反映下列信息的项目:短期借款、应付账款、预收款项、应交税费、应付职工薪酬、预计负债、长期借款、长期应付款、应付债券和递延所得税负债等。负债部分还应当包括流动负债合计项目、非流动负债合计项目和负债合计项目。

所有者权益按照永久性高低前后排列,永久性越高的排在越前面,永久性越低的排在越后面。所有者权益部分至少应当单独列示反映下列信息的项目:实收资本(或股本)、资本公积、盈余公积和未分配利润。在合并资产负债表中,少数股东权益应当在所有者权益部分以单独的项目进行列示。所有者权益部分还应当包括所有者权益合计项目。同时,与资产总计项目对应,负债和所有者权益总计项目也必须单独列示。

这种排列方式可以清楚地反映出资产、负债的结构以及资产的流动性、变现性,便于评价企业的财务状况和偿债能力。

一般企业资产负债表的基本格式如表10-1所示。

表 10-1 资产负债表

编制单位：　　　　　　　　　　　年　月　日　　　　　　　　　　　　　　　单位：元

资产	期末余额	年初余额	负债及所有者权益（或股权权益）	期末余额	年初余额
流动资产：			流动负债：		
货币资金			短期借款		
交易性金融资产			交易性金融负债		
应收票据			应付票据		
应收账款			应付账款		
预付款项			预收款项		
其他应收款			应付职工薪酬		
存货			应交税费		
一年内到期的非流动资产			应付股利		
其他流动资产			其他应付款		
流动资产合计			一年内到期的非流动负债		
非流动资产：			其他流动负债		
债权投资			流动负债合计		
其他债权投资			非流动负债：		
长期应收款			长期借款		
长期股权投资			应付债券		
其他权益工具投资			长期应付款		
投资性房地产			预计负债		
固定资产			递延所得税负债		
在建工程			其他非流动负债		
生产性生物资产			非流动负债合计		
油气资产			负债合计		
无形资产			所有者权益（或股东权益）：		
开发支出			实收资本（或股本）		
商誉			其他权益工具		
长期待摊费用			其中：优先股		
递延所得税资产			永续债		
其他非流动资产			资本公积		
非流动资产合计			减：库存股		
			其他综合收益		
			专项储备		
			盈余公积		
			未分配利润		
			所有者权益（或股东权益）合计		
资产总计			负债和所有者权益（或股东权益）总计		

三、资产负债表的编制方法

(一) 资产负债表中"上年年末余额"栏的编制方法

资产负债表中"上年年末余额"栏内各项目的数字,应根据上年末资产负债表中"期末余额"栏内所列各相同项目的数字填列。如果本年度资产负债表规定的各个项目的名称和内容与上年度不一致,应对上年末资产负债表各项目的名称和数字按照本年度的规定进行调整,填入本表"上年年末余额"栏内。在上年度决算未经批准或董事会审查确认以前,按上年末资产负债表的数字填列,上年度决算审批以后,应按审批意见调整修改后填列。

(二) 资产负债表中"期末余额"栏的编制方法

资产负债表属于静态报表,编制的基本方法是根据各有关账户的期末余额填列其各对应项目的期末数。

资产负债表项目的名称大多是与有关总分类账户的名称一致的,而且其期末余额反映的内容与同名总分类账户期末余额所反映的内容也是基本一致的。因此,大多数资产负债表项目的期末余额是根据其同名的总分类账户的期末余额直接填列的。如"交易性金融资产""其他应收款""固定资产清理""递延所得税资产""递延所得税负债"等项目的期末余额一般是根据其同名总分类账户的期末借方余额直接填列;"短期借款""应付票据""应交税费""其他应付款""实收资本(或股本)""盈余公积"等项目的期末余额一般是根据其同名总分类账户的期末贷方余额直接填列。这些同名总分类账户如出现反向余额,应以负数填列。

在资产负债表中也有一些项目找不到与其同名的总分类账户,或者其期末余额反映的内容与同名总分类账户期末余额所反映的内容不尽相同。大致可分为以下4类:

1. 需要根据有关总分类账户余额合计填列资产负债表中的相关项目

如"货币资金"项目要根据"库存现金""银行存款""其他货币资金"账户的期末借方余额合计数填列;"存货"项目要根据"在途物资""材料采购""原材料""低值易耗品""库存商品""周转材料""分期收款发出商品""委托加工材料""委托代销商品""受托代销商品""生产成本"等账户的借方余额合计数减去"受托代销商品款""存货跌价准备"账户的期末贷方余额后的金额填列。如果材料采用计划成本核算,库存商品也采用计划成本核算,还应按加或减材料成本差异的金额填列。

2. 需要根据相关账户的期末余额方向来判断应将其数额填入资产负债表的哪些项目

如"应收账款"和"预收账款"账户都是反映企业与客户之间的交易结算关系的账户,如果"应收账款"账户的期末余额在借方,自然要填在资产负债表的"应收账款"项目,但如果期末余额在贷方,则应将其期末余额填入"预收款项"项目;同样,如果"预收账款"账户的期末余额在贷方,自然也应该填在资产负债表的"预收款项"项目,但如果期末余额在借方,则应将其期末余额填入"应收账款"项目。因此,资产负债表的"应收账款"项目实质上是"应收账款"账户的期末借方余额加上"预收账款"账户的期末借方余额的合计数,"预收款项"项目实质上是"预收账款"账户的期末贷方余额加上"应收账款"账户的期末贷方余额的合计数。企业的"待摊费用"账户有期末借方余额的,也应在"预付款项"项目中反映。

又如"应付账款"和"预付账款"账户都是反映企业与供应商之间的交易结算关系的账户,如果"应付账款"账户的期末余额在贷方,自然要填在资产负债表的"应付账款"项目,但如果期末余额在借方,则应将其期末余额填入"预付款项"项目;同样,如果"预付账款"账户的期末余额在借方,自然也应该填在资产负债表的"预付款项"项目,但如果期末余额在贷方,则应将其期末余额填入"应付账款"项目。因此,资产负债表的"应付账款"项目实质上是"应付账款"账户的期末贷方余额加上"预付账款"账户的期末贷方余额的合计数,"预付款项"项目实质上是"预付账款"账户的期末借方余额加上"应付账款"账户的期末借方余额的合计数。企业的"预提费用"账户有期末贷方余额的,也应在"预收款项"项目中反映。

3. 需要根据其到期时间来判断填入资产负债表的项目

如资产负债表中"长期应收款"项目反映的是收款期限在一年以上的各种债权性质的应收款项,那么在"长期应收款"账户中将于一年内到期的长期应收款,应在流动资产类中的"一年内到期的非流动资产"项目单独反映。所以,"长期应收款"项目应根据"长期应收款"账户的期末余额减去一年内到期的长期应收款后的金额填列。而"长期应收款"账户中将于一年内到期的部分,应在资产负债表中流动资产部分的"一年内到期的非流动资产"项目填列。

与"长期应收款"项目类似的项目还有"债权投资""长期待摊费用"等。

同样,资产负债表中流动负债部分的"一年内到期的非流动负债"项目,也是指"长期借款""应付债券""长期应付款""预计负债"等长期负债总分类账户中将于一年内到期的债务。因此,资产负债表中"一年内到期的非流动负债"项目应根据"长期借款""应付债券""长期应付款""预计负债"等总分类账户所属的明细分类账户中将于一年内到期的长期负债的合计数填列。当然,在填列"长期借款""应付债券""长期应付款"等项目时,应扣除掉将于一年内到期的长期负债部分的数额。

4. 需要根据其相应账户的期末余额减去相应的减值准备后的净额填列

如资产负债表中"存货""长期股权投资""投资性房地产""固定资产""在建工程""生产性生物资产""油气资产""无形资产""商誉"等项目,一般都有相应的同名减值准备账户,在填列这些项目时,都要将其同名减值准备账户的期末贷方余额扣除以后再填列。例如,"存货"项目要根据各相关账户的期末借方余额减去"存货跌价准备"账户的贷方余额后的金额填列;"在建工程"项目要根据"在建工程"账户的期末借方余额减去"在建工程减值准备"账户的贷方余额后的金额填列等。

上述各项目如果存在相应的"累计折旧"或"累计摊销"等账户的话,还应减去相应的"累计折旧"或"累计摊销"账户的期末余额,以净值填列。

第三节 利 润 表

一、利润表的意义

利润表是反映一个会计主体在一定会计期间的经营成果的会计报表,它是反映企业财务成果的主要报表,又称为损益表。利润表是一张动态报表,是反映流量的报表,它是对一个主体某一时期财务成果的录像,列示的是一个主体某一时期的收入、费用和利润情况。利润表必须按月编制、对外报送,会计年度终了时企业应编报年度损益表,以提供企业各月以及全年实现损益的总额及构成情况。

收入是指企业或单位在日常活动中发生的、会导致所有者权益增加、与所有者投入资本无关的经济利益的总流入。为了创造收入,企业必然会发生费用,只有费用和收入进行配比后才能确定利润。费用是指企业在日常活动中发生的、会导致所有者权益减少的、与向所有者分配利润无关的经济利益的总流出。利润则是指企业在一定会计期间的经营成果,包括收入减去费用后的净额、直接计入当期利润的利得和损失等。

利润表可以综合反映企业生产经营的收益情况、成本费用情况,表明企业投入产出的比例关系、企业利润形成情况。报表使用者通过利润表可以分析企业利润增减变动的原因,评估企业的获利能力、偿债能力以及损益的变化趋势,以作出正确的决策。税务部门还可以通过利润表计算征收所得税金额。

利润表的列报必须充分反映企业经营业绩的主要来源和构成,有助于报表使用者判断净利润的质量及其风险,预测净利润的持续性,从而作出正确的决策。将利润表中的信息与资产负债表中的信息相结合,还可以提供进行财务分析的基本资料,如将赊销收入净额与应收账款平均余额进行比较,可分析应收账款周转情况;将销货成本与存货平均余额进行比较,可分析存货周转情况;将净利润与资产总额进行比较,可分析资产的盈利情况、资金周转情况及企业的盈利能力和水平,便于报表使用者判断企业未来的发展趋势,作出经济决策。

对于利润表揭示的企业财务成果信息,企业内部管理人员可据此分析企业利润计划的完成情况,并从分析利润(或亏损)的组成结构着手,抓住影响利润(或亏损)的主要因素,发现存在的问题,采取措施,提高经济效益。

二、利润表的结构和基本内容

(一)利润表的结构

利润表包括表首和正表两部分内容。

1. 表首部分

表首部分包括报表名称、编制单位、会计期间（某月、某季或某年）、记账本位币及其计量单位，它是说明利润表反映的会计信息的主要标志。

2. 正表部分

正表部分是利润表的主体和核心，它以"收入－费用＝利润"这一动态会计等式为理论依据来编制。

由于不同国家和企业对会计报表信息资料的需求不完全一样，利润表具体项目的排列也不完全一致。但目前世界各国的利润表主要有两种：多步式和单步式。

单步式利润表在反映净利润的形成时，不设置中间步骤，直接列示企业当期实现的各项收入总额和发生的各项成本费用及计入当期损益的营业外支出总额，从而计算出企业实现的净利润。

多步式利润表中的利润是通过多步计算而来的，其利润的计算通常分为如下几步：

第一步，从营业收入出发，减去营业成本、税金及附加与各项期间费用，再加上投资收益，计算出营业利润，即：

营业利润＝营业收入－营业成本－税金及附加－销售费用－管理费用－财务费用＋投资收益

第二步，从营业利润出发，加减营业外收支，计算出当期实现的利润总额（或亏损总额），即企业税前利润：

利润总额＝营业利润＋营业外收入－营业外支出

第三步，从利润总额中减去应交纳的所得税费用，计算出净利润，即：

净利润＝利润总额－所得税费用

多步式利润表注意收入与费用配比的层次性，将营业利润放在首要地位，突出营业收入的重要性。

我国企业会计制度规定，企业编制的利润表应采用多步式结构，并且正表部分需要设置"本期金额"和"上期金额"栏，以便反映企业本期及上期利润的形成情况。

利润表的格式如表 10-2 所示。

表 10-2 利润表

编制单位：　　　　　　　　　年　　月　　　　　　　　　　　单位：元

项目	本期金额	上期金额
一、营业收入		
减：营业成本		
税金及附加		

续表 10-2

项目	本期金额	上期金额
销售费用		
管理费用		
研发费用		
财务费用		
其中:利息费用		
利息收入		
加:其他收益		
投资收益(损失以"－"号填列)		
其中:对联营企业和合营企业的投资收益		
以摊余成本计量的金融资产终止确认收益(损失以"－"号填列)		
净敞口套期收益(损失以"－"号填列)		
公允价值变动收益(损失以"－"号填列)		
信用减值损失(损失以"－"号填列)		
资产减值损失(损失以"－"号填列)		
资产处置收益(损失以"－"号填列)		
二、营业利润(亏损以"－"号填列)		
加:营业外收入		
减:营业外支出		
三、利润总额(亏损总额以"－"号填列)		
减:所得税费用		
四、净利润(净亏损以"－"号填列)		
(一)持续经营净利润(净亏损以"－"号填列)		
(二)终止经营净利润(净亏损以"－"号填列)		
五、其他综合收益的税后净额		
(一)不能重分类进损益的其他综合收益		
(二)将重分类进损益的其他综合收益		
六、综合收益总额		
七、每股收益		
(一)基本每股收益		
(二)稀释每股收益		

(二)利润表的基本内容

现以一般企业为例,说明利润表的基本内容。

(1)"营业收入"项目,是企业经营主要业务和其他业务所确认的收入总额。本项目应根据"主营业务收入"和"其他业务收入"科目的发生额分析填列。

（2）"营业成本"项目，是企业经营主要业务和其他业务所发生的成本总额。本项目应根据"主营业务成本"和"其他业务成本"科目的发生额分析填列。

（3）"税金及附加"项目，是企业经营业务应负担的消费税、城市维护建设税、资源税、土地增值税和教育费附加等的合计数。本项目应根据"税金及附加"科目的发生额分析填列。

（4）"销售费用"项目，反映企业在销售商品的过程中发生的包装费、广告费等费用和为销售本企业商品而专设的销售机构的职工薪酬、业务费等经营费用。本项目应根据"销售费用"科目的发生额分析填列。

（5）"管理费用"项目，反映企业为组织和管理生产经营发生的管理费用。本项目应根据"管理费用"科目的发生额分析填列。

（6）"研发费用"项目，反映企业进行研究与开发过程中发生的费用化支出，以及计入管理费用的自行开发无形资产的摊销。本项目应根据"管理费用"科目下的"研究费用"明细科目的发生额以及"管理费用"科目下的"无形资产摊销"明细科目的发生额分析填列。

（7）"财务费用"项目，反映企业筹集生产经营所需资金而发生的筹资费用。本项目应根据"财务费用"科目的发生额分析填列。

①"财务费用"项目下的"利息费用"项目，反映企业为筹集生产经营所需资金等而发生的应予以费用化的利息支出。本项目应根据"财务费用"科目的相关明细科目的发生额分析填列，作为"财务费用"项目的其中项，以正数填列。

②"财务费用"项目下的"利息收入"项目，反映企业按照相关会计准则确认的应冲减财务费用的利息收入。本项目应根据"财务费用"科目的相关明细科目的发生额分析填列，作为"财务费用"项目的其中项，以"－"号填列。

（8）"其他收益"项目，反映计入其他收益的政府补助以及其他与日常活动相关且计入其他收益的项目。本项目应根据"其他收益"科目的发生额分析填列。企业作为个人所得税的扣缴义务人，根据《中华人民共和国个人所得税法》收到的扣缴税款手续费，应作为其他与日常活动相关的收益在该项目中填列。

（9）"投资收益"项目，反映企业以各种方式对外投资所取得的收益净额。本项目应根据"投资收益"科目的发生额分析填列；如为净损失，以"－"号填列。

（10）"净敞口套期收益"项目，反映净敞口套期下被套期项目累计公允价值变动转入当期损益的金额或现金流量套期储备转入当期损益的金额。本项目应根据"净敞口套期损益"科目的发生额分析填列；如为套期损失，以"－"号填列。

（11）"公允价值变动收益"项目，反映企业应当计入当期损益的资产或负债公允价值变动收益。本项目应根据"公允价值变动损益"科目的发生额分析填列；如为净损失，以"－"号填列。

（12）"信用减值损失"项目，反映企业按照《企业会计准则第22号——金融工具确认和计量》(财会[2017]7号)的要求计提的各项金融工具信用减值准备所确认的信用损失。本项目应根据"信用减值损失"科目的发生额分析填列。

(13)"资产减值损失"项目,反映企业各项资产发生的减值损失。本项目应根据"资产减值损失"科目的发生额分析填列。

(14)"资产处置收益"项目,反映企业出售划分为持有待售的非流动资产(金融工具、长期股权投资和投资性房地产除外)或处置组(子公司和业务除外)时确认的处置利得或损失,以及处置未划分为持有待售的固定资产、在建工程、生产性生物资产及无形资产而产生的处置利得或损失。债务重组中因处置非流动资产(金融工具、长期股权投资和投资性房地产除外)产生的利得或损失以及非货币性资产交换中换出非流动资产(金融工具、长期股权投资和投资性房地产除外)产生的利得或损失也包括在本项目内。本项目应根据"资产处置损益"科目的发生额分析填列;如为处置损失,以"－"号填列。

(15)"营业利润"项目,反映企业实现的营业利润。如为亏损,本项目以"－"号填列。

(16)"营业外收入"项目,反映企业发生的与经营业务无直接关系的各项收入。本项目应根据"营业外收入"科目的发生额分析填列。

(17)"营业外支出"项目,反映企业发生的与经营业务无直接关系的各项支出。本项目应根据"营业外支出"科目的发生额分析填列。

(18)"利润总额"项目,反映企业本期实现的利润总额。如为亏损,本项目以"－"号填列。

(19)"所得税费用"项目,反映企业应从当期利润总额中扣除的所得税费用。本项目应根据"所得税费用"科目的发生额分析填列。

(20)"净利润"项目,反映企业实现的净利润。如为亏损,本项目以"－"号填列。"持续经营净利润"和"终止经营净利润"项目,分别反映净利润中与持续经营相关的净利润和与终止经营相关的净利润;如为净亏损,以"－"号填列。这两个项目应按照《企业会计准则第42号——持有待售的非流动资产、处置组和终止经营》的相关规定分别列报。

(21)"其他综合收益的税后净额"项目,反映企业根据其他会计准则规定未在当期损益中确认的各项利得和损失。本项目应当根据其他相关会计准则的规定分为下列两类列报:

①"不能重分类进损益的其他综合收益"项目,主要包括重新计量设定受益计划变动额、权益法下不能转损益的其他综合收益、其他权益工具投资公允价值变动、企业自身信用风险公允价值变动等;

②"将重分类进损益的其他综合收益"项目,主要包括权益法下可转损益的其他综合收益、其他债权投资公允价值变动、金融资产重分类计入其他综合收益的金额、其他债权投资信用减值准备、现金流量套期储备、外币财务报表折算差额等。

(22)综合收益总额,是指企业在某一期间除与所有者以其所有者身份进行的交易之外的其他交易或事项所引起的所有者权益变动。"综合收益总额"项目反映净利润和其他综合收益扣除所得税影响后的净额相加后的合计金额。

(23)"基本每股收益"和"稀释每股收益"项目,应根据《企业会计准则第 34 号——每股收益》的规定计算填列。

三、利润表的编制方法

利润表属于动态报表,各项目的填列主要是根据损益类账户的本期发生额分析填列,这是编制利润表的基本方法。

利润表中"本期金额"栏各项目的数字一般应根据收入、费用、利得和损失等项目的本期实际发生额填列。

利润表中"上期金额"栏各项目的数字应根据上年该期利润表中"本期金额"栏内所填数字填列。如果上年度该期利润表规定的各个项目的名称和内容同本期不一致,应对上年该期利润表各项目的名称和数字按本期的规定进行调整,填入本表中"上期金额"栏。

第四节　现金流量表

一、现金流量表的意义

现金流量表是反映企业在会计年度内现金和现金等价物流入和流出情况的会计报表。该表是企业定期编制、对外报送的除资产负债表、利润表以外的第三种主要报表。

编制现金流量表的目的是为会计报表使用者提供企业一定会计期间内现金和现金等价物流入和流出的信息,以便于使用者了解和评价获取现金和现金等价物的能力,并据以预测企业未来的现金流量。

现金流量表的主要作用是能帮助企业投资者、债权人及其他报表使用者从以下几方面评估、分析和了解企业的财务状况:

(1)未来获取净现金流量的能力(净现金流量指现金流入量与现金流出量的差额)。

(2)企业偿还债务与支付股东股利的能力以及企业今后对外融资的需求。

(3)本期损益与经营活动产生的现金流量差异的原因。

(4)本期现金与非现金投资及理财活动对财务状况的影响。

二、现金流量的概念及其分类

(一)现金流量的概念

现金流量是某一段时期内企业现金流入和流出的数量,包括现金和现金等价物。

现金是指企业的库存现金以及可随时用于支付的存款,不仅包括库存现金,还包括可随时支取的银行存款及其他货币资金。

现金等价物是指企业持有的期限短(一般是指从购买日起 3 个月内到期)、流动性强、易于转换为已知金额现金、价值变动风险很小的投资。现金等价物虽然不是现金,但其支付能力与现金的差别不大,可视为现金。

一项投资被确认为现金等价物时必须同时具备 4 个条件:期限短、流动性强、易于转换为已知金额现金、价值变动风险很小。其中期限短一般是指从购买日起 3 个月内到期,例如可在证券市场上流通的 3 个月内到期的短期债券投资等。

形成企业现金流入的经济事项一般有销售商品、提供劳务、出售固定资产、向银行借款等;形成企业现金流出的经济事项一般有采购材料、接受劳务、购建固定资产、对外投资、偿还债务等。

注意:一笔经济事项是否构成现金流量,关键在于其是否引起现金总量的变动。企业现金形式的转换并未引起现金总量的变动,只是现金结构的变动,因而不构成现金流量,如企业将库存现金存入银行,购入将在 3 个月内到期的国库券,都是现金与现金等价物之间的转换,不属于现金流量。

(二)现金流量的分类

1. 经营活动产生的现金流量

经营活动是指企业投资活动和筹资活动以外的所有交易和事项。就工业企业来说,经营活动主要包括:销售产品、提供劳务、经营性租赁、购买商品、接受劳务、广告宣传、推销产品、交纳税款等。

2. 投资活动产生的现金流量

投资活动是指企业长期资产的购建和不包括在现金等价物范围内的投资及其处置活动。投资活动主要包括:取得和收回投资,购建和处置固定资产、无形资产和其他长期资产等。

3. 筹资活动产生的现金流量

筹资活动是指导致企业资本及债务规模和构成发生变化的活动。与资本有关的现金流入和流出项目包括吸收投资、发行股票、分配利润等。

三、现金流量表的结构和编制方法

编制现金流量表的操作方法比较复杂,这里仅从基本原理的角度简要说明其结构和编制方法。

现金流量表的编制基础是"现金"，即要提供企业在会计年度内现金（包括现金等价物）流入和流出的信息，其编制方法有直接法和间接法。

直接法通过现金收入和现金支出的主要类别反映来自企业经营活动的现金流量。采用直接法编制经营活动的现金流量时，一般以利润表中的营业收入为起算点，调整与经营活动有关的项目的增减变动，然后计算出经营活动的现金流量。如销售产品或提供劳务收到的现金可按以下公式确定：

销售产品或提供劳务收到的现金＝期初应收账款余额＋本期营业收入－期末应收账款余额
＝本期营业收入±本期应收账款减少额（本期应收账款增加额）

如果企业发生应收票据或预付货款业务，应与应收账款一并计算。例如：某公司本期实现销售收入200万元，支付客户退货价款8万元，应收账款期初余额为20万元，期末余额为16万元；应收票据期初余额为10万元，期末余额为12万元（均包括增值税）。则该公司销售商品或提供劳务收到的现金应为：

$$200-8+(20-16)+(10-12)=194(万元)$$

其他与经营损益相关的、按权责发生制确定的收入（或支出，如销货成本、费用等）以同样原理考虑相关应收（或应付）款项的变动，调整成以收付实现制为基础的、其他经营活动产生的现金收入或现金支出（如增值税销项税额上的现金收入或增值税进项税额及所得税等税费上的现金支出等），分别按规定的现金收入和支出项目列示，并最终确定经营活动产生的现金流量净额。

间接法以本期净利润为起点，调整不涉及现金的收入、费用、营业外收支等有关项目的增减变动，据此计算出经营活动的现金流量。

采用直接法提供的信息有助于评价企业未来现金流量。国际会计准则鼓励企业采用直接法编制现金流量表。在我国，现金流量表也以直接法编制，但在现金流量表的补充资料中还单独采用间接法反映经营活动现金流量的情况。

现金流量表也分为表首和正表两个部分。表首内容与资产负债表、利润表的表首内容相同。正表按前述的分类，分别反映企业在会计年度内经营活动、投资活动和筹资活动中所产生的各项现金流入和流出。

现金流量表可根据本会计年度的资产负债表、利润表并结合其他会计资料编制而成，其格式如表10-3所示。

第十章 会计报表

表10-3 现金流量表

编制单位： _____年度 单位：元

项目	本期金额	上期金额
一、经营活动产生的现金流量：		
销售商品、提供劳务收到的现金		
收到的税费返还		
收到的其他与经营活动有关的现金		
经营活动现金流入小计		
购买商品、接受劳务支付的现金		
支付给职工以及为职工支付的现金		
支付的各项税费		
支付其他与经营活动有关的现金		
经营活动现金流出小计		
经营活动产生的现金流量净额		
二、投资活动产生的现金流量：		
收回投资所收到的现金		
取得投资收益所收到的现金		
处置固定资产、无形资产和其他长期资产所收回的现金净额		
处置子公司及其他营业单位收到的现金净额		
收到其他与投资活动有关的现金		
投资活动现金流入小计		
购建固定资产、无形资产和其他长期资产所支付的现金		
投资支付的现金		
取得子公司及其他营业单位支付的现金净额		
支付其他与投资活动有关的现金		
投资活动现金流出小计		
投资活动产生的现金流量净额		
三、筹资活动产生的现金流量		
吸收投资所收到的现金		
取得借款所收到的现金		
收到其他与筹资活动有关的现金		
筹资活动现金流入小计		
偿还债务所支付的现金		
分配股利、利润或偿付利息所支付的现金		
支付其他与筹资活动有关的现金		
筹资活动现金流出小计		
筹资活动产生的现金流量净额		
四、汇率变动对现金及等价物的影响		
五、现金及现金等价物净增加额		
加：期初现金及现金等价物余额		
六、期末现金及现金等价物余额		

第五节 所有者权益变动表

一、所有者权益变动表的意义

所有者权益变动表是反映所有者权益的各组成部分当期的增减变动情况的报表。所有者权益变动表全面反映一定时期内所有者权益变动的情况,不仅包括所有者权益总量的增减变动,还包括所有者权益增减变动的重要结构性信息,特别是反映直接计入所有者权益的利得和损失,让报表使用者准确理解所有者权益增减变动的根源。

所有者权益变动表在一定程度上体现了企业综合收益。综合收益是指企业在某一期间内与所有者之外的其他方面进行交易或发生其他事项所引起的净资产变动。综合收益的构成包括两部分:净利润与直接计入所有者权益的利得和损失。其中,前者是企业已实现并已确认的收益,后者是企业未实现但根据会计准则的规定已确认的收益。用公式表示如下:

$$综合收益=净利润+直接计入所有者权益的利得和损失$$

其中:净利润=收入-费用+直接计入所有者权益的利得和损失

在所有者权益变动表中,净利润和直接计入所有者权益的利得和损失均单列项目反映,体现了企业综合收益的构成。

二、所有者权益变动表的结构和基本内容

(一)所有者权益变动表的结构

所有者权益变动表包括表首和正表两个部分。表首部分包括报表名称、编制单位、会计期间(某月、某季或某年)、记账本位币及其计量单位,它是说明所有者权益变动表反映的会计信息的主要标志。正表部分是所有者权益变动表的主体和核心,它以矩阵的形式编制。

为了清楚地表明构成所有者权益的各组成部分当期的增减变动情况,所有者权益变动表以矩阵的形式列示:一方面,列示导致所有者权益变动的交易或事项,改变了以往仅仅按照所有者权益的各组成部分反映所有者权益变动情况,而是按所有者权益变动的来源对一定时期所有者权益变动情况进行全面反映;另一方面,按照所有者权益各组成部分(包括实收资本、其他权益工具、资本公积、库存股、其他综合收益、专项储备、盈余公积、未分配利润)及其总额列示交易或事项对所有者权益的影响。

根据《企业会计准则第 30 号——财务报表列报》,企业需要提供比较所有者权益变动表,因此所有者权益变动表还就各项目再分为"本年金额"和"上年金额"两栏分别填列。所有者权益变动表的具体格式如表 10-4 所示。

表 10-4 所有者权益变动表

编制单位_____　　　　年度_____　　　　单位:元

项目	本年金额											上年金额											
	实收资本（或股本）	其他权益工具			资本公积	减:库存股	其他综合收益	专项储备	盈余公积	未分配利润	所有者权益合计	实收资本（或股本）	其他权益工具			资本公积	减:库存股	其他综合收益	专项储备	盈余公积	未分配利润	所有者权益合计
		优先股	永续债	其他									优先股	永续债	其他							
一、上年年末余额																						
加:会计政策变更																						
前期差错更正																						
二、本年年初余额																						
三、本年增减变动金额（减少以"-"号填列）																						
（一）综合收益总额																						
（二）所有者投入和减少资本																						
1. 所有者投入的普通股																						
2. 其他权益工具持有者投入资本																						
3. 股份支付计入所有者权益的金额																						
4. 其他																						

续表 10-4

项目	本年金额											上年金额										
	实收资本（或股本）	其他权益工具			资本公积	减：库存股	其他综合收益	专项储备	盈余公积	未分配利润	所有者权益合计	实收资本（或股本）	其他权益工具			资本公积	减：库存股	其他综合收益	专项储备	盈余公积	未分配利润	所有者权益合计
		优先股	永续债	其他									优先股	永续债	其他							
（三）利润分配																						
1. 提取盈余公积																						
2. 对所有者（或股东）的分配																						
3. 其他																						
（四）所有者权益内部结转																						
1. 资本公积转增资本（或股本）																						
2. 盈余公积转增资本（或股本）																						
3. 盈余公积弥补亏损																						
4. 设定收益计划变动额结转留存收益																						
5. 其他综合收益结转留存收益																						
4. 其他																						
四、本年末余额																						

（二）所有者权益变动表的基本内容

现以一般企业为例，说明所有者权益变动表的基本内容。

1. 所有者权益变动表的各项目说明

（1）"上年年末余额"项目，反映企业上年资产负债表中实收资本（或股本）、其他权益工具、资本公积、库存股、其他综合收益、专项储备、盈余公积、未分配利润的年末余额。

（2）"会计政策变更"和"前期差错更正"项目，分别反映企业采用追溯调整法处理的会计政策变更的累积影响金额和采用追溯重述法处理的会计差错更正的累积影响金额。

为了体现会计政策变更和前期差错更正的影响，企业应当在上期期末所有者权益余额的基础上进行调整，得出本期期初所有者权益，根据"盈余公积""利润分配""以前年度损益调整"等科目的发生额分析填列。

（3）"本年增减变动金额"项目分别反映如下内容：

① "综合收益总额"项目，反映净利润和其他综合收益扣除所得税影响后的净额相加后的合计数额。

② "所有者投入和减少资本"项目，反映企业当年所有者投入的资本或减少的资本。其中：

- "所有者投入的普通股"项目，反映企业接受投资者投入形成的实收资本（或股本）和资本溢价（或股本溢价），并对应列在"实收资本（或股本）"和"资本公积"栏。

- "其他权益工具持有者投入资本"项目，反映企业发行的除普通股以外分类为权益工具的金融工具的持有者投入资本的金额。该项目应根据金融工具类科目的相关明细科目的发生额分析填列。

- "股份支付计入所有者权益的金额"项目，反映企业处于等待期中的权益结算的股份支付当年计入资本公积的金额，并对应列在"资本公积"栏。

③ "利润分配"下各项目，反映当年对所有者（或股东）分配的利润（或股利）金额和按照规定提取的盈余公积金额，并对应列在"未分配利润"和"盈余公积"栏。其中：

- "提取盈余公积"项目，反映企业按照规定提取的盈余公积。

- "对所有者（或股东）的分配"项目，反映对所有者（或股东）分配的利润（或股利）金额。

④ "所有者权益内部结构"下各项目，反映不影响当年所有者权益总额的所有者权益各组成部分之间当年的增减变动，包括资本公积转增资本（或股本）、盈余公积转增资本（或股本）、盈余公积弥补亏损、设定收益计划变动额结转留存收益、其他综合收益结转留存收益等项金额。为了全面反映所有者权益各组成部分的增减变动情况，"所有者权益内部结构"项目也是所有者权益变动表的主要组成部分，主要指不影响所有者权益总额、所有者权益的各组成部分当期的增减变动。其中：

- "资本公积转增资本（或股本）"项目，反映企业以资本公积转增资本或股本的金额。

- "盈余公积转增资本（或股本）"项目，反映企业以盈余公积转增资本或股本的金额。
- "盈余公积弥补亏损"项目，反映企业以盈余公积弥补亏损的金额。
- "设定收益计划变动额结转留存收益"项目，反映内容参见"企业会计准则第9号——职工薪酬"。
- "其他综合收益结转留存收益"项目，主要反映：(1) 企业指定为以公允价值计量且其变动计入其他综合收益的非交易性权益工具投资终止确认时，之前计入其他综合收益的累计利得或损失从其他综合收益中转入留存收益的金额；(2) 企业指定为以公允价值计量且其变动计入当期损益的金融负债终止确认时，之前由企业自身信用风险变动引起而计入其他综合收益的累计利得或损失从其他综合收益中转入留存收益的金额等。该项目应根据"其他综合收益"科目的相关明细科目的发生额分析填列。

2. "上年金额"栏的列报

所有者权益变动表中"上年金额"栏内各数字应根据上年度所有者权益变动表中"本年金额"栏内所列数字填列。如果上年度所有者权益变动表规定的各个项目的名称和内容同本年度不一致，应对上年度所有者权益变动表各项目的名称和数字按本年度的规定进行调整，并填入所有者权益变动表的"上年金额"栏内。

3. "本年金额"栏的列报

所有者权益变动表中"本年金额"栏内各数字一般应根据"实收资本（或股本）""其他权益工具""资本公积""库存股""其他综合收益""专项储备""盈余公积""利润分配""以前年度损益调整"等科目的发生额分析填列。

企业的净利润及其分配情况作为所有者权益变动的组成部分，不需要单独设置利润表列示。

第六节　会计报表的报送和汇总

为了充分发挥财务会计报表的作用，各个单位在编好会计报表后，应按规定期限和程序及时报送上级主管部门和其他有关单位。上级主管部门对上报的会计报表应及时组织审查和汇总。由于各单位隶属关系不同、业务性质不同及经济管理要求不同，对会计报表报送、审批和汇总的办法也有差别。

一、会计报表的报送

企业在报送财务会计报表之前，必须由本单位会计主管人员和企业负责人进行认真复核。主要是复核报表的项目填列是否齐全，补充资料是否完整，是否附有必要的编制说明，报表与报表之间的有关指标是否衔接一致。经复核无误后，应将会计报表依次编定页数，加具封面，装订成册，加盖公章。封面上应注明企业的名称、地址、报表所属年度月份、送出日期等。企业会计报表必须由企业领导、总会计师(或代行会计师职权的人员)和会计主管人员签名盖章。外商投资企业、股份有限公司等单位的会计报表还必须经注册会计师签证。

对外报送的会计报表应注意两个方面的问题。一是报送的单位。应向哪些单位报送会计报表,这同企业的管理体制有关,应同时考虑国家综合平衡工作需要以及增加财政、信贷监督的要求而定。基层企业一般要向上级主管部门、开户银行、财政和投资人报送。财政、审计、税务、人民银行、证券监管等部门应依照有关法规规定的职责,对有关单位的会计资料实施监督和检查。二是报送的时间。各个报送单位需要按规定的报送期限报送会计报表。报送期限的确定,一方面应考虑需要会计报表的有关单位对报表的需要程度,另一方面要考虑编报单位的机构、组织形式、编报工作量大小以及编报单位所在地的交通条件等因素。应正确规定会计报表的报送期限,这样有利于各编表单位如期报送会计报表,便于及时汇总和利用会计报表,以发挥其应有的作用。一般规定的报送期限为:月份会计报表应于月份终了后的 6 天内报出,半年度报应于年度中期结束后的 60 天内报出,年报应于年度终了后的 4 个月内报出。

二、会计报表的审核

会计报表应当根据经过审核的账簿记录和有关资料编制,并符合国家统一的会计制度规定。上级主管部门对会计报表的审核主要包括以下内容:

(1) 审核会计报表的编制是否符合会计制度的有关规定,如报表的种类、份数是否按规定报送,报表的项目、指标是否填列齐全,报表的编制人员和企业领导、总会计师、会计主管人员是否已经签章,相关的报表及相关的项目之间的钩稽关系是否衔接一致等。

(2) 审核会计报表的内容,主要是查明会计报表所提供的各项指标是否真实可靠,企业是否在编制会计报表前已全面清查财产、核实账户;对发现的问题是否按制度规定进行处理,是否按照会计核算的一般原则进行确认和计量;审查各项计划指标完成情况,查明完成或未完成的原因,检查有无违反国家法令和财经纪律等情况。

经过审核,如果发现填报错误或手续不全,应通知编报单位更正或补办手续。如果发现违反国家法律和财经纪律、弄虚作假的现象,应查明原因,及时纠正,严肃处理。

三、会计报表的汇总

基层企业单位报送会计报表后,各级主管部门需要对其所属单位上报的会计报表逐级编制汇总会计报表。

汇总会计报表可以总括地反映所属单位的财务状况和经营成果,根据所属各单位的会计报表和汇编单位本身的会计报表加以整理、汇总而成。

编制汇总会计报表应注意的问题是:汇总单位是否齐全,对所属各单位的会计报表必须全面地加以汇编,不得漏编、漏报,不能缺编一个单位或一种报表;汇总指标要完整,即汇编所用的报表格式与基层单位所用的报表格式基本相同,表内项目和补充资料必须逐项填列;汇总的期限要统一,即各个会计期间的汇总和指标的内涵、口径要一致。在汇编以前还必须对所属单位的会计报表进行审核,经过审核认为正确后才能汇编。

月报只汇总会计报表,可不作分析说明;在汇总年度会计报表时,应包括分析说明的内容。

汇总会计报表是根据所属各企业财务会计报表和汇编单位本身的财务会计报表加以整理、汇总而成。汇总会计报表的编制方法基本与各种会计报表的编制方法相同,大部分项目都可以按照所属单位的报表数据加计总数而得,但有部分项目不能简单加计总数,而要在日常核算资料的基础上重新计算。

【巩固和实践】

思考题

1. 什么是会计报表?会计报表的作用有哪些?编制会计报表有哪些要求?我国需要编报的会计报表有哪几种?

2. 什么是资产负债表?其结构和内容有什么特点?报表上各项目如何填列?简述其作用。

3. 什么是利润表?由哪几部分组成?各部分如何计算填列?简述其作用。

4. 什么是现金流量表?有什么作用?现金流量表的结构和内容是什么?

习题一

1. 目的:练习资产负债表的编制。

2. 资料:某企业20×9年12月31日有关总分类账户和明细分类账户的余额资料如下表所示:

账户名称	余额方向	账户余额	账户名称	余额方向	账户余额
库存现金	借	2 000	无形资产	借	482 000
银行存款	借	780 000	长期待摊费用	借	150 000
交易性金融资产	借	480 000	短期借款	贷	500 000
应收票据	借	294 000	应付账款	贷	225 310
应收账款	借	396 820	其中:市粮油公司	借	153 680
其中:市南龙公司	贷	63 180	其他明细账户	贷	378 990
其他明细账户	借	460 000	其他应付款	贷	148 900
坏账准备	贷	17 000	应付职工薪酬	贷	183 000
其他应收款	借	86 430	应交税费	贷	85 000
原材料	借	659 350	应付股利	贷	395 000
周转材料	借	32 840	长期借款	贷	1 500 000
在途物资	借	12 000	其中:一年内到期的长期借款	贷	500 000
库存商品	借	456 800	实收资本	贷	6 000 000
生产成本	借	1 153 450	资本公积	贷	400 000

续表

账户名称	余额方向	账户余额	账户名称	余额方向	账户余额
预付账款——A公司	借	158 630	盈余公积	贷	700 000
长期应收款	借	950 000	利润分配——未分配利润	贷	156 830
其中:一年内到期的长期应收款	借	50 000			
固定资产	借	4 998 720			
其中:融资租入固定资产	借	500 000			
累计折旧	贷	932 000			
固定资产减值准备	贷	100 000			
在建工程	借	250 000			
合计					

3. 要求:根据上述资料编制该企业20×9年12月31日的资产负债表。

习题二

1. 目的:练习利润表的编制。
2. 资料:某企业20×9年的损益类账户的本年累计发生额资料如下表所示:

账户名称	本年累计发生额	账户名称	本年累计发生额
主营业务收入	12 563 000	财务费用	560 000
主营业务成本	7 213 600	投资收益(收益)	135 689
销售费用	354 000	营业外收入	45 000
税金及附加	243 860	营业外支出	256 000
其他业务收入	1 654 320	所得税费用	1 188 000
其他业务成本	768 100		
管理费用	1 350 000		

3. 要求:根据上述资料编制该企业的20×9年度利润表。

习题三

1. 目的:通过编制报表,熟悉资产负债表、利润表的具体编制方法,并熟练掌握利润的计算方法。
2. 资料:第十章习题一资料。
3. 要求:
(1) 根据资料编制试算平衡表。
(2) 编制资产负债表。
(3) 编制利润表。

第十一章 账务处理程序

第一节 账务处理程序的意义和要求

一、账务处理程序的意义

为了连续、系统、全面、综合地反映和监督企业的经济活动,为经济管理提供系统的会计信息,以及为了合理、科学地组织会计核算工作,必须综合运用一系列会计核算的专门方法。其中填制会计凭证、登记账簿和编制会计报表是记录、整理、贮存和提供会计核算资料必不可少的基本会计方法,通过这些基本方法可实现会计循环。但是,因为会计凭证有收款凭证、付款凭证、转账凭证以及各自的汇总凭证等,账簿又有明细账、总账、日记账等,凡此种种,各种凭证、各种账簿之间的相互关系是怎样的?又是如何相互衔接的?在进行会计核算工作之前,必须首先理解这些问题,才能做到有条不紊。

为了使会计核算工作有序地进行,保证账簿记录能够提供有关各方所需的会计信息,就必须使各种会计凭证、账簿和会计报表有机结合起来,做到相互配合、相互衔接,形成一个严密的网络,以便于有条不紊地开展会计核算工作。这种凭证组织、账簿组织、记账程序和记账方法有机结合起来的方法和步骤,就叫作账务处理程序。其中凭证组织指会计凭证的种类、格式和各种凭证之间的相互关系;账簿组织指账簿的种类、格式和各种账簿之间的相互关系;记账程序指从整理、填制和审核凭证、登记账簿直到编制会计报表的整个工作程序;记账方法是指所采用的借贷记账法或其他记账方法。账务处理程序又常常被称为会计核算形式或会计核算程序。

由于各企业的生产经营特点、规模大小、经济业务的繁简以及技术条件和管理上的要求不同,设置的凭证、账簿的种类和格式、各种账簿之间的相互关系以及相适应的记账程序、记账方法也不尽相同。不同的凭证组织、账簿组织、记账程序和记账方法的结合就形成了不同的账务处理程序。

账务处理程序是否科学合理,对于保证会计核算质量,提高会计工作效率,充分发挥会计工作在经济管理中的基础作用具有重要意义。会计凭证、账簿、会计报表的作用是否能够充分发挥,会计信息的提供是否能够满足经济管理的需要,现代先进的核算手段是否能够便利利用,会计人员之间的分工是否能够合理、明确等等,都会直接或间接地受到账务处理程序的制约。因此,合理、科学地确定账务处理程序是会计部门会计主管人员的一项重要工作。

二、账务处理程序的要求

合理的账务处理程序一般应符合以下要求：

（1）要适应本企业的性质和生产经营管理活动的特点、规模的大小以及业务的繁简等，有利于会计机构的内部分工协作和加强岗位责任制。

（2）要能够正确、及时和完整地提供会计资料，以满足本企业经济管理的需要，同时也要能够为国家和有关部门提供必要的会计资料。

（3）要在保证会计资料正确、真实和完整的前提下，力求简化核算手续，节约人力和物力，提高会计核算工作的效率，并为逐步采用现代化的核算工具创造条件。

上述各种账务处理程序有许多共同点，又各有其特点，这主要表现在登记总分类账簿的依据和方法的不同上。

在实际工作中，由于各个企业的具体情况不同，经济业务的繁简不同，需要设置的会计凭证、账簿和会计报表的种类、格式和数量不可能完全一致，因此各单位应当根据自身的具体条件和经济业务的特点，设计出适合本单位的账务处理程序。

历史上，我国曾出现过许多不同的账务处理程序，经过多年来的实践、总结和发展，目前采用得比较多的主要有记账凭证账务处理程序、汇总记账凭证账务处理程序、科目汇总表账务处理程序、多栏式日记账账务处理程序。

第二节　记账凭证账务处理程序

一、记账凭证账务处理程序的特点和核算要求

记账凭证账务处理程序是直接根据各种记账凭证逐笔登记总分类账的一种账务处理程序，它是最基本的一种账务处理程序，其他各种账务处理程序都是在其基础上发展而形成的。

在记账凭证账务处理程序下，记账凭证一般可以采用"收款凭证""付款凭证"和"转账凭证"三种格式，也可以采用一种通用格式。账簿设置一般采用三栏式日记账和三栏式总分类账，明细分类账根据需要分别设置为三栏式、数量金额式或多栏式。一般需要设置"库存现金日记账""银行存款日记账""总分类账"和"明细分类账"。

二、记账凭证账务处理程序的步骤和适用范围

在记账凭证账务处理程序下，编制会计凭证、登记账簿和编制会计报表的步骤如下：

（1）根据原始凭证或原始凭证汇总表填制记账凭证。

（2）根据收款凭证、付款凭证逐日逐笔登记库存现金日记账和银行存款日记账。

（3）根据原始凭证、原始凭证汇总表、记账凭证登记有关明细分类账。

（4）根据记账凭证登记总分类账。

（5）月终，库存现金日记账的发生额和余额、银行存款日记账的发生额和余额和各种明细分类账的发生额和余额的合计数分别与相应的总分类账的发生额和余额核对相符。

（6）月终，根据总分类账和各种明细分类账的有关资料编制会计报表。

记账凭证账务处理程序如图 11-1 所示。

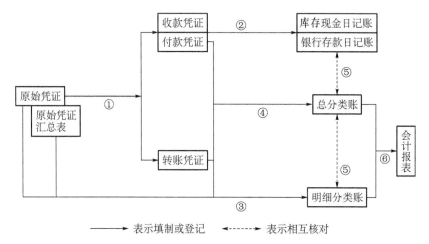

图 11-1 记账凭证账务处理程序

从上述介绍可以看出，记账凭证账务处理程序的优点是：

（1）记账手续简便。由于直接根据记账凭证登记总账，会计处理十分简便，业务记录中间环节少，便于操作。

（2）记账程序简明易懂，使用方便。

（3）层次清楚，便于查账。由于总分类账直接根据记账凭证逐笔序时记录，因此能较详细地反映经济业务的内容，账户对应关系清晰，便于查账。

记账凭证账务处理程序的缺点是：

（1）直接根据记账凭证登记总账，在业务量大时，登记总账工作量较大。

（2）账页耗用较多，难以把握预留账页的页数。由于对所发生的经济业务都要直接根据记账凭证逐笔登记总分类账，因此账页的耗用多，不易把握。

（3）当企业规模较大、业务量较多时，该种账务处理程序就不能很好地满足企业经营管理的需要。

综上所述，记账凭证账务处理程序一般只适用于一些规模较小、经济业务比较少、记账凭证不多的小型企业。

三、记账凭证账务处理程序应用举例

下面以飞翔公司的会计实务为例，说明记账凭证账务处理程序的运用。

第十一章 账务处理程序

【例 11-1】 资料一：飞翔公司 20×9 年 6 月 1 日总分类账户和部分明细分类账户的期初余额如表 11-1 所示。

表 11-1　20×9 年 6 月 1 日总分类科目及有关明细分类科目余额表

单位：元

账户名称	总分类账户 借方余额	总分类账户 贷方余额	明细分类账户 借方余额	明细分类账户 贷方余额
库存现金	1 000			
银行存款	126 000			
应收账款	40 000			
——甲工厂			50 000	
——乙工厂				10 000
原材料	44 000			
——甲材料			20 000	
——乙材料			24 000	
库存商品	10 000			
——A 产品			4 000	
——B 产品			6 000	
生产成本	6 000			
——A 产品			2 000	
——B 产品			4 000	
预付账款	1 000			
固定资产	180 000			
短期借款		40 000		
应付职工薪酬		5 000		
应交税费		22 000		
其他应付款		10 000		
实收资本		200 000		
盈余公积		11 000		
本年利润		60 000		
利润分配		30 000		
累计折旧		30 000		
合计	408 000	408 000		

资料二：飞翔公司 20×9 年 6 月份发生下列经济业务：

(1) 4 日，从津津工厂购入甲材料 1 000 千克，每千克 20 元，增值税率 13%，价税合计 22 600 元，材料已验收入库，料款及增值税已用银行存款支付（银付 1001 号）。

(2) 6 日，从上海浦东工厂购入乙材料 8 000 千克，每千克 10 元，增值税率 13%，价税合计90 400元,材料已验收入库,料款及增值税已用银行存款支付(银付1002号)。

(3) 10日,车间及行政管理部门领用各种材料,见表11-2(转1001号)。

(4) 10日,售出A产品20套,每套售价4 000元,售出B产品30套,每套售价5 000元,增值税率13%,价税合计259 900元,存入银行(银收1001号)。

(5) 13日,计算出本月应付职工薪酬,见表11-3(转1002、1003号)。

表11-2 1—10日耗用材料汇总表

单位:元

应借科目		应贷科目				金额合计
		甲材料		乙材料		
		数量(千克)	金额	数量(千克)	金额	
生产成本	A产品	500	10 000	3 000	30 000	40 000
	B产品	700	14 000	5 000	50 000	64 000
	小计	1 200	24 000	8 000	80 000	104 000
制造费用		100	2 000	1 500	15 000	17 000
管理费用		200	4 000	500	5 000	9 000
合计		1 500	30 000	10 000	100 000	130 000

表11-3 应付职工薪酬计算表

单位:元

应借科目		工资	福利费
生产成本	A产品	20 000	2 800
	B产品	30 000	4 200
	小计	50 000	7 000
制造费用		4 000	560
管理费用		6 000	840
合计		60 000	8 400

(6) 14日,从银行提取现金60 000元,以备发放工资(银付1003号)。

(7) 15日,以现金60 000元支付本月工资(现付1001号)。

(8) 16日,出售给乙工厂A产品5套,每套售价4 000元,增值税率13%,价税合计22 600元,货款尚未收到(转1004号)。

(9) 17日,以现金200元支付售出A产品的运费(现付1002号)。

(10) 18日,以银行存款支付本月水电费10 000元,其中生产A产品耗用3 000元,生产B产品耗用5 000元,生产车间照明耗用500元,行政管理部门耗用1 500元(银付1004号)。

(11) 19日,售出B产品10套给甲工厂,单价5 000元,增值税率13%,价税合计56 500元,货款尚未收到(转1005号)。

(12) 20日,以银行存款1 060元支付行政管理部门办公费(银付1005号)。

(13) 21日,收到甲工厂通过银行转来的前欠货款106 500元(银收1002号)。

(14) 22日,以银行存款支付广告费1 300元(银付1006号)。

(15) 23日,以现金440元支付生产车间零星办公用品购置费(现付1003号)。

(16) 24日,以银行存款3 600元预付下一年度报刊费(银付1007号)。

(17) 25日,从银行取得短期借款50 000元,存入银行(银收1003号)。

(18) 30日,按规定的折旧率,计提本月固定资产折旧费8 000元,其中生产车间使用固定资产折旧6 000元,行政管理部门使用固定资产折旧2 000元(转1006号)。

(19) 30日发生费用4 000元(款未付,计入其他应付款),其中生产车间3 000元,行政管理部门1 000元(转1007号)。

(20) 30日,发生租金1 660元(已预付),其中生产车间应负担500元,行政管理部门应负担1 160元(转1008号)。

(21) 30日,计算分配本月的制造费用总额32 000元,其中应由A产品负担14 200元,由B产品负担17 800元,转账(转1009号)。

(22) 30日,A产品完工35套,已经验收入库,单位成本2 300元,总成本80 500元;B产品完工40套,已经验收入库,单位成本3 000元,总成本120 000元,转账(转1010号)。

(23) 30日,本月售出A产品25套,单位成本2 300元,结转A产品销售成本57 500元;本月售出B产品40套,单位成本3 000元,结转B产品销售成本120 000元(转1011号)。

(24) 30日,归还短期借款40 000元(银付1008号)。

(25) 30日,将本月产品销售收入300 000元转入"本年利润"账户的贷方(转1012号)。

(26) 30日,将本月产品销售成本177 500元转入"本年利润"账户的借方(转1013号)。

(27) 30日,将本月所发生的销售费用1 500元转入"本年利润"账户的借方(转1014号)。

(28) 30日,将本月所发生的管理费用22 560元转入"本年利润"账户的借方(转1015号)。

(29) 30日,计算出本月应交纳的所得税34 980元,转账(转1016号)。

(30) 30日,计算出本月计提盈余公积7 102元,转账(转1017号)。

(31) 30日,将所得税费用34 980元转入"本年利润"账户,转账(转1018号)。

(32) 30日,以银行存款支付应交税费56 000元(银付1009号)。

要求:

(1) 根据以上经济业务编制记账凭证,结果如表11-4至表11-36所示。

(2) 根据收款、付款凭证登记日记账,结果如表11-37和表11-38所示。

(3) 根据记账凭证登记部分明细分类账,结果如表11-39至表11-44所示。

(4) 根据记账凭证登记总分类账,结果如表 11-45 至表 11-67 所示。

(5) 编制本月总分类账户发生额及余额试算平衡表,结果如表 11-68 所示。

(6) 编制本月资产负债表和利润表,结果分别如表 11-69 和表 11-70 所示。

表 11-4 付款凭证

贷方科目:银行存款　　　　　　　　20×9 年 6 月 4 日　　　　　　　　银付字第 1001 号

摘要	借方科目		金额	账页
	总账科目	明细科目		
购甲材料 1 000 千克	原材料	甲材料	20 000	
	应交税费	应交增值税	2 600	
合计			22 600	

表 11-5 付款凭证

贷方科目:银行存款　　　　　　　　20×9 年 6 月 6 日　　　　　　　　银付字第 1002 号

摘要	借方科目		金额	账页
	总账科目	明细科目		
购乙材料 8 000 千克	原材料	乙材料	80 000	
	应交税费	应交增值税	10 400	
合计			90 400	

表 11-6 转账凭证

　　　　　　　　　　　　　　　　　20×9 年 6 月 10 日　　　　　　　　转字第 1001 号

摘要	总账科目	明细科目	借方金额	贷方金额
各部门耗用材料	生产成本	A 产品	40 000	
	生产成本	B 产品	64 000	
	制造费用		17 000	
	管理费用		9 000	
	原材料	甲材料		30 000
		乙材料		100 000
合计			130 000	130 000

表 11-7 收款凭证

借方科目:银行存款　　　　　　　　20×9 年 6 月 10 日　　　　　　　　银收字第 1001 号

摘要	贷方科目		金额	账页
	总账科目	明细科目		
销售 A 产品 20 套、B 产品 30 套	主营业务收入		230 000	
	应交税费	应交增值税	29 900	
合计			259 900	

表11-8 转账凭证

20×9年6月13日　　　　　　　　　　　　　　　　　　　　　转字第1002号

摘要	总账科目	明细科目	借方金额	贷方金额
分配本月应付工资	生产成本	A产品	20 000	
	生产成本	B产品	30 000	
	制造费用		4 000	
	管理费用		6 000	
	应付职工薪酬			60 000
合计			60 000	60 000

表11-9 转账凭证

20×9年6月13日　　　　　　　　　　　　　　　　　　　　　转字第1003号

摘要	总账科目	明细科目	借方金额	贷方金额
结转本月计提应付福利费	生产成本	A产品	2 800	
	生产成本	B产品	4 200	
	制造费用		560	
	管理费用		840	
	应付职工薪酬			8 400
合计			8 400	8 400

表11-10 付款凭证

贷方科目：银行存款　　　　　20×9年6月14日　　　　　　　　银付字第1003号

摘要	借方科目		金额	账页
	总账科目	明细科目		
提取现金,备发工资	库存现金		60 000	
合计			60 000	

表11-11 付款凭证

贷方科目：库存现金　　　　　20×9年6月15日　　　　　　　　现付字第1001号

摘要	借方科目		金额	账页
	总账科目	明细科目		
支付本月工资	应付职工薪酬		60 000	
合计			60 000	

表 11-12　转账凭证

20×9年6月16日　　　　　　　　　　　　　　　　　　　转字第1004号

摘要	总账科目	明细科目	借方金额	贷方金额
出售A产品5套,货款未收	应收账款	乙工厂	22 600	
	主营业务收入			20 000
	应交税费	应交增值税		2 600
合计			22 600	22 600

表 11-13　付款凭证

贷方科目:库存现金　　　　20×9年6月17日　　　　　　　现付字第1002号

摘要	借方科目		金额	账页
	总账科目	明细科目		
支付A产品运费	销售费用		200	
合计			200	

表 11-14　付款凭证

贷方科目:银行存款　　　　20×9年6月18日　　　　　　　银付字第1004号

摘要	借方科目		金额	账页
	总账科目	明细科目		
支付本月水电费	生产成本	A产品	3 000	
	生产成本	B产品	5 000	
	制造费用		500	
	管理费用		1 500	
合计			10 000	

表 11-15　转账凭证

20×9年6月19日　　　　　　　　　　　　　　　　　　　转字第1005号

摘要	总账科目	明细科目	借方金额	贷方金额
出售B产品10套,货款未收	应收账款	甲工厂	56 500	
	主营业务收入			50 000
	应交税费	应交增值税		6 500
合计			56 500	56 500

表 11-16 付款凭证

贷方科目:银行存款　　　　　　　　20×9年6月20日　　　　　　　　银付字第1005号

摘要	借方科目		金额	账页
	总账科目	明细科目		
行管部门办公费	管理费用		1 060	
合计			1 060	

表 11-17 收款凭证

借方科目:银行存款　　　　　　　　20×9年6月21日　　　　　　　　银收字第1002号

摘要	贷方科目		金额	账页
	总账科目	明细科目		
甲工厂偿还货款	应收账款	甲工厂	106 500	
合计			106 500	

表 11-18 付款凭证

贷方科目:银行存款　　　　　　　　20×9年6月22日　　　　　　　　银付字第1006号

摘要	借方科目		金额	账页
	总账科目	明细科目		
支付广告费	销售费用		1 300	
合计			1 300	

表 11-19 付款凭证

贷方科目:库存现金　　　　　　　　20×9年6月23日　　　　　　　　现付字第1003号

摘要	借方科目		金额	账页
	总账科目	明细科目		
支付车间办公用品费	制造费用		440	
合计			440	

表 11-20 付款凭证

贷方科目:银行存款　　　　　　　　20×9年6月24日　　　　　　　　银付字第1007号

摘要	借方科目		金额	账页
	总账科目	明细科目		
支付下年度报刊费	预付账款		3 600	
合计			3 600	

表 11-21　收款凭证

借方科目:银行存款　　　　　　　20×9年6月25日　　　　　　　银收字第1003号

摘要	贷方科目		金额	账页
	总账科目	明细科目		
从银行借入短期借款	短期借款		50 000	
合计			50 000	

表 11-22　转账凭证

20×9年6月30日　　　　　　　　　　　　　　　　　　转字第1006号

摘要	总账科目	明细科目	借方金额	贷方金额
计提本月折旧	制造费用		6 000	
	管理费用		2 000	
	累计折旧			8 000
合计			8 000	8 000

表 11-23　转账凭证

20×9年6月30日　　　　　　　　　　　　　　　　　　转字第1007号

摘要	总账科目	明细科目	借方金额	贷方金额
发生费用	制造费用		3 000	
	管理费用		1 000	
	其他应付款			4 000
合计			4 000	4 000

表 11-24　转账凭证

20×9年6月30日　　　　　　　　　　　　　　　　　　转字第1008号

摘要	总账科目	明细科目	借方金额	贷方金额
发生租金	制造费用		500	
	管理费用		1 160	
	预付账款			1 660
合计			1 660	1 660

表 11-25　转账凭证

20×9年6月30日　　　　　　　　　　　　　　　　　　转字第1009号

摘要	总账科目	明细科目	借方金额	贷方金额
分配本月制造费用	生产成本	A产品	14 200	
	生产成本	B产品	17 800	
	制造费用			32 000
合计			32 000	32 000

表 11-26　转账凭证

20×9 年 6 月 30 日　　　　　　　　　　　　　　　　　　　转字第 1010 号

摘要	总账科目	明细科目	借方金额	贷方金额
结转本月完工产品成本	库存商品		200 500	
	生产成本	A 产品		80 500
	生产成本	B 产品		120 000
合计			200 500	200 500

表 11-27　转账凭证

20×9 年 6 月 30 日　　　　　　　　　　　　　　　　　　　转字第 1011 号

摘要	总账科目	明细科目	借方金额	贷方金额
结转已销产品销售成本	主营业务成本		177 500	
	库存商品			177 500
合计			177 500	177 500

表 11-28　付款凭证

贷方科目:银行存款　　　　　20×9 年 6 月 30 日　　　　　　　银付字第 1008 号

摘要	借方科目		金额	账页
	总账科目	明细科目		
归还短期借款	短期借款		40 000	
合计			40 000	

表 11-29　转账凭证

20×9 年 6 月 30 日　　　　　　　　　　　　　　　　　　　转字第 1012 号

摘要	总账科目	明细科目	借方金额	贷方金额
结转本月销售收入	主营业务收入		300 000	
	本年利润			300 000
合计			300 000	300 000

表 11-30　转账凭证

20×9 年 6 月 30 日　　　　　　　　　　　　　　　　　　　转字第 1013 号

摘要	总账科目	明细科目	借方金额	贷方金额
将本月销售成本转入利润	本年利润		177 500	
	主营业务成本			177 500
合计			177 500	177 500

表 11-31 转账凭证

20×9 年 6 月 30 日　　　　　　　　　　　　　　　　　　　　　　　转字第 1014 号

摘要	总账科目	明细科目	借方金额	贷方金额
将本月销售费用转入利润	本年利润		1 500	
	销售费用			1 500
合计			1 500	1 500

表 11-32 转账凭证

20×9 年 6 月 30 日　　　　　　　　　　　　　　　　　　　　　　　转字第 1015 号

摘要	总账科目	明细科目	借方金额	贷方金额
将管理费用转入利润	本年利润		22 560	
	管理费用			22 560
合计			22 560	22 560

表 11-33 转账凭证

20×9 年 6 月 30 日　　　　　　　　　　　　　　　　　　　　　　　转字第 1016 号

摘要	总账科目	明细科目	借方金额	贷方金额
结算本月应交所得税	所得税费用		34 980	
	应交税费	应交所得税		34 980
合计			34 980	34 980

表 11-34 转账凭证

20×9 年 6 月 30 日　　　　　　　　　　　　　　　　　　　　　　　转字第 1017 号

摘要	总账科目	明细科目	借方金额	贷方金额
结转本月提取盈余公积	利润分配	提取盈余公积	7 102	
	盈余公积			7 102
合计			7 102	7 102

表 11-35 转账凭证

20×9 年 6 月 30 日　　　　　　　　　　　　　　　　　　　　　　　转字第 1018 号

摘要	总账科目	明细科目	借方金额	贷方金额
将所得税转入本年利润	本年利润		34 980	
	所得税费用			34 980
合计			34 980	34 980

表 11-36 付款凭证

贷方科目：银行存款　　　　　　　　20×9 年 6 月 30 日　　　　　　　　银付字第 1009 号

摘要	借方科目		金额	账页
	总账科目	明细科目		
交纳税金	应交税费		56 000	
合计			56 000	

表 11-37 库存现金日记账

20×9 年		凭证	摘要	对方科目	借方	贷方	余额
月	日						
6	1		期初余额				1 000
6	14	银付 1003 号	提现，备发工资	银行存款	60 000		
6	15	现付 1001 号	支付本月工资	应付职工薪酬		60 000	
6	17	现付 1002 号	支付运费	销售费用		200	
6	23	现付 1003 号	支付办公用品费	制造费用		440	
6	30		本月合计		60 000	60 640	360

表 11-38 银行存款日记账

20×9 年		凭证	摘要	对方科目	借方	贷方	余额
月	日						
6	1		期初余额				126 000
	4	银付 1001 号	购甲材料	原材料等		22 600	
	6	银付 1002 号	购乙材料	原材料等		90 400	
	10	银收 1001 号	出售 A、B 产品	主营业务收入等	259 900		
	14	银付 1003 号	提取现金	库存现金		60 000	
	18	银付 1004 号	支付水电费	生产成本等		10 000	
	20	银付 1005 号	支付办公费	管理费用		1 060	
	21	银收 1002 号	收回货款	应收账款	106 500		
	22	银付 1006 号	支付广告费	销售费用		1 300	
	24	银付 1007 号	支付报刊费	预付账款		3 600	
	25	银收 1003 号	取得借款	短期借款	50 000		
	30	银付 1008 号	归还借款	短期借款		40 000	
	30	银付 1009 号	交纳税金	应交税费		56 000	
6	30		本月合计		416 400	284 960	257 440

表 11-39 应收账款明细账

户名:甲工厂

20×9年		凭证	摘要	借方	贷方	借或贷	余额
月	日						
6	1		期初余额			借	50 000
	19	转1005号	售B产品10套	56 500			
	21	银收1002号	收回甲工厂欠款		106 500		
6	30		本月合计	56 500	106 500	平	0

表 11-40 应收账款明细账

户名:乙工厂

20×9年		凭证	摘要	借方	贷方	借或贷	余额
月	日						
6	1		期初余额			贷	10 000
	16	转1004号	售A产品5套	22 600			
6	30		本月合计	22 600		借	12 600

表 11-41 原材料明细账

材料名称:甲材料

计量单位:千克

20×9年		凭证	摘要	收入			发出			结存		
月	日			数量	单价	金额	数量	单价	金额	数量	单价	金额
6	1		期初余额							1 000	20	20 000
	4	收1001	购入	1 000	20	20 000						
	10	领1001	耗用				1 500	20	30 000	500	20	10 000
6	30		本月合计	1 000		20 000	1 500		30 000	500	20	10 000

表 11-42 原材料明细账

材料名称:乙材料

计量单位:千克

20×9年		凭证	摘要	收入			发出			结存		
月	日			数量	单价	金额	数量	单价	金额	数量	单价	金额
6	1		期初余额							2 400	10	24 000
	6	收1002	购入	8 000	10	80 000						
	10	领1002	耗用				10 000	10	100 000	400	10	4 000
6	30		本月合计	8 000		80 000	10 000		100 000	400	10	4 000

表11-43　生产成本明细账

产品名称：A产品

20×9年		凭证	摘要	借方发生额					转出
月	日			原材料	动力	工资	制造费用	合计	
6	1		期初余额	1 000	200	500	300	2 000	
	10	转1001号	本月耗用	40 000				40 000	
	13	转1002号	本月工资			20 000		20 000	
	13	转1003号	本月福利费			2 800		2 800	
	18	银付1004号	本月水电费		3 000			3 000	
	30	转1009号	本月制造费用				14 200	14 200	
6	30		本月合计	40 000	3 000	22 800	14 200	80 000	
	30	转1010号	本月完工转出	40 200	3 100	22 900	14 300		80 500
6	30		期末余额	800	100	400	200	1 500	

表11-44　生产成本明细账

产品名称：B产品

20×9年		凭证	摘要	借方发生额					转出
月	日			原材料	动力	工资	制造费用	合计	
6	1		期初余额	2 400	300	600	700	4 000	
	10	转1001号	本月耗用	64 000				64 000	
	13	转1002号	本月工资			30 000		30 000	
	13	转1003号	本月福利费			4 200		4 200	
	18	银付1004号	本月水电费		5 000			5 000	
	30	转1009号	本月制造费用				17 800	17 800	
6	30		本月合计	64 000	5 000	34 200	17 800	121 000	
	30	转1010号	本月完工转出	62 400	5 100	34 300	18 200		120 000
6	30		期末余额	4 000	200	500	300	5 000	

表11-45　总分类账

会计科目：库存现金

20×9年		凭证	摘要	借方	贷方	借或贷	余额
月	日						
6	1		期初余额			借	1 000
	14	银付1003号	提现金	60 000		借	61 000
	15	现付1001号	发放工资		60 000	借	1 000
	17	现付1002号	支付运费		200	借	800
	23	现付1003号	支付办公用品费		440	借	360
6	30		本月合计	60 000	60 640	借	360

表 11-46 总分类账

会计科目:银行存款

20×9年		凭证	摘要	借方	贷方	借或贷	余额
月	日						
6	1		期初余额			借	126 000
	4	银付1001号	购材料		22 600	借	103 400
	6	银付1002号	购材料		90 400	借	13 000
	10	银收1001号	销售产品	259 900		借	272 900
	14	银付1003号	提取现金		60 000	借	212 900
	18	银付1004号	支付水电费		10 000	借	202 900
	20	银付1005号	支付办公费		1 060	借	201 840
	21	银收1002号	收回货款	106 500		借	308 340
	22	银付1006号	支付广告费		1 300	借	307 040
	24	银付1007号	支付下年报刊费		3 600	借	303 440
	25	银收1003号	取得借款	50 000		借	353 440
	30	银付1008号	归还借款		40 000	借	313 440
	30	银付1009号	交纳税金		56 000	借	257 440
6	30		本月合计	416 400	284 960	借	257 440

表 11-47 总分类账

会计科目:应收账款

20×9年		凭证	摘要	借方	贷方	借或贷	余额
月	日						
6	1		期初余额			借	40 000
	16	转1004号	销售产品,款未收	22 600		借	62 600
	19	转1005号	销售产品,款未收	56 500		借	119 100
	21	银收1002号	甲工厂偿还货款		106 500	借	12 600
6	30		本月合计	79 100	106 500	借	12 600

表 11-48 总分类账

会计科目:原材料

20×9年		凭证	摘要	借方	贷方	借或贷	余额
月	日						
6	1		期初余额			借	44 000
	4	银付1001号	购入甲材料	20 000		借	64 000
	6	银付1002号	购入乙材料	80 000		借	144 000
	10	转1001号	各部门耗用材料		130 000	借	14 000
6	30		本月合计	100 000	130 000	借	14 000

表 11-49 总分类账

会计科目:生产成本

20×9年		凭证	摘要	借方	贷方	借或贷	余额
月	日						
6	1		期初余额			借	6 000
	10	转1001号	耗用材料	104 000		借	110 000
	13	转1002号	分配工资	50 000		借	160 000
	13	转1003号	分配本月福利费	7 000		借	167 000
	18	银付1004号	水电费	8 000		借	175 000
	30	转1009号	分配制造费用	32 000		借	207 000
	30	转1010号	产品完工入库		200 500	借	6 500
6	30		本月合计	201 000	200 500	借	6 500

表 11-50 总分类账

会计科目:制造费用

20×9年		凭证	摘要	借方	贷方	借或贷	余额
月	日						
6	10	转1001号	耗用材料	17 000		借	17 000
	13	转1002号	分配工资	4 000		借	21 000
	13	转1003号	分配本月福利费	560		借	21 560
	18	银付1004号	水电费	500		借	22 060
	23	现付1003号	车间办公用品费	440		借	22 500
	30	转1006号	计提折旧费	6 000		借	28 500
	30	转1007号	发生费用	3 000		借	31 500
	30	转1008号	租金	500		借	32 000
	30	转1009号	分配制造费用		32 000	平	0
6	30		本月合计	32 000	32 000	平	0

表 11-51 总分类账

会计科目:预付账款

20×9年		凭证	摘要	借方	贷方	借或贷	余额
月	日						
6	1		期初余额			借	1 000
	24	银付1007号	预付下年报刊费	3 600		借	4 600
	30	转1008号	租金		1 660	借	2 940
6	30		本月合计	3 600	1 660	借	2 940

表 11-52 总分类账

会计科目：库存商品

20×9年		凭证	摘要	借方	贷方	借或贷	余额
月	日						
6	1		期初余额			借	10 000
	30	转1010号	产品完工入库	200 500		借	210 500
	30	转1011号	结转销售成本		177 500	借	33 000
6	30		本月合计	200 500	177 500	借	33 000

表 11-53 总分类账

会计科目：固定资产

20×9年		凭证	摘要	借方	贷方	借或贷	余额
月	日						
6	1		期初余额			借	180 000
6	30		本月合计	0	0	借	180 000

表 11-54 总分类账

会计科目：累计折旧

20×9年		凭证	摘要	借方	贷方	借或贷	余额
月	日						
6	1		期初余额			贷	30 000
	30	转1006号	计提折旧		8 000	贷	38 000
6	30		本月合计	0	8 000	贷	38 000

表 11-55 总分类账

会计科目：短期借款

20×9年		凭证	摘要	借方	贷方	借或贷	余额
月	日						
6	1		期初余额			贷	40 000
	25	银收1003号	从银行取得借款		50 000	贷	90 000
	30	银付1008号	归还借款	40 000		贷	50 000
6	30		本月合计	40 000	50 000	贷	50 000

表 11-56 总分类账

会计科目：其他应付款

20×9年		凭证	摘要	借方	贷方	借或贷	余额
月	日						
6	1		期初余额			贷	10 000
	30	转1007号	发生费用		4 000	贷	14 000
6	30		本月合计	0	4 000	贷	14 000

表 11-57 总分类账

会计科目:应付职工薪酬

20×9年		凭证	摘要	借方	贷方	借或贷	余额
月	日						
6	1		期初余额			贷	5 000
	13	转 1002 号	分配本月工资		60 000	贷	65 000
	13	转 1003 号	分配本月福利费		8 400	贷	73 400
	15	现付 1001 号	发放工资	60 000		贷	13 400
6	30		本月合计	60 000	68 400	贷	13 400

表 11-58 总分类账

会计科目:应交税费

20×9年		凭证	摘要	借方	贷方	借或贷	余额
月	日						
6	1		期初余额			贷	22 000
	4	银付 1001 号	增值税进项税额	2 600		贷	19 400
	6	银付 1002 号	增值税进项税额	10 400		贷	9 000
	10	银收 1001 号	增值税销项税额		29 900	贷	38 900
	16	转 1004 号	增值税销项税额		2 600	贷	41 500
	19	转 1005 号	增值税销项税额		6 500	贷	48 000
	30	转 1016 号	计提所得税		34 980	贷	82 980
	30	银付 1009 号	应交税费	56 000		贷	26 980
6	30		本月合计	69 000	73 980	贷	26 980

表 11-59 总分类账

会计科目:实收资本

20×9年		凭证	摘要	借方	贷方	借或贷	余额
月	日						
6	1		期初余额			贷	200 000
6	30		本月合计	0	0	贷	200 000

表 11-60 总分类账

会计科目:盈余公积

20×9年		凭证	摘要	借方	贷方	借或贷	余额
月	日						
6	1		期初余额			贷	11 000
	30	转 1017 号	提取盈余公积		7 102	贷	18 102
6	30		本月合计	0	7 102	贷	18 102

表 11-61 总分类账

会计科目:本年利润

20×9年		凭证	摘要	借方	贷方	借或贷	余额
月	日						
6	1		期初余额			贷	60 000
	30	转1012号	结转本月销售收入		300 000	贷	360 000
	30	转1013号	结转本月销售成本	177 500		贷	182 500
	30	转1014号	结转本月销售费用	1 500		贷	181 000
	30	转1015号	结转本月管理费用	22 560		贷	158 440
	30	转1018号	结转所得税费用	34 980		贷	123 460
6	30		本月合计	236 540	300 000	贷	123 460

表 11-62 总分类账

会计科目:利润分配

20×9年		凭证	摘要	借方	贷方	借或贷	余额
月	日						
6	1		期初余额			贷	30 000
	30	转1017号	提取盈余公积	7 102		贷	22 898
6	30		本月合计	7 102	0	贷	22 898

表 11-63 总分类账

会计科目:主营业务收入

20×9年		凭证	摘要	借方	贷方	借或贷	余额
月	日						
6	10	银收1001号	销A 20套、B 30套		230 000	贷	230 000
	16	转1004号	销售A产品5套		20 000	贷	250 000
	19	转1005号	销售B产品10套		50 000	贷	300 000
	30	转1012号	结转本年利润	300 000		平	0
6	30		本月合计	300 000	300 000	平	0

表 11-64 总分类账

会计科目:主营业务成本

20×9年		凭证	摘要	借方	贷方	借或贷	余额
月	日						
6	30	转1011号	结转已销产品成本	177 500		借	177 500
	30	转1013号	结转本年利润		177 500	平	0
6	30		本月合计	177 500	177 500	平	0

表 11-65 总分类账

会计科目：销售费用

20×9年		凭证	摘要	借方	贷方	借或贷	余额
月	日						
6	17	现付1002号	A产品运费	200		借	200
	22	银付1006号	支付广告费	1 300		借	1 500
	30	转1014号	结转本年利润		1 500	平	0
6	30		本月合计	1 500	1 500	平	0

表 11-66 总分类账

会计科目：管理费用

20×9年		凭证	摘要	借方	贷方	借或贷	余额
月	日						
6	10	转1001号	耗用材料	9 000		借	9 000
	13	转1002号	分配本月工资	6 000		借	15 000
	13	转1003号	分配本月福利费	840		借	15 840
	18	银付1004号	水电费	1 500		借	17 340
	20	银付1005号	办公费	1 060		借	18 400
	30	转1006号	计提折旧	2 000		借	20 400
	30	转1007号	发生费用	1 000		借	21 400
	30	转1008号	发生租金	1 160		借	22 560
	30	转1015号	转入本年利润		22 560	借	0
6	30		本月合计	22 560	22 560	平	0

表 11-67 总分类账

会计科目：所得税费用

20×9年		凭证	摘要	借方	贷方	借或贷	余额
月	日						
6	30	转1016号	本月应交所得税	34 980		借	34 980
	30	转1018号	所得税转入本利润		34 980	平	0
6			本月合计	34 980	34 980	平	0

表 11-68 总分类账发生额及余额试算平衡表

20×9年6月

序号	会计科目	期初余额		本期发生额		期末余额	
		借方	贷方	借方	贷方	借方	贷方
1	库存现金	1 000		60 000	60 640	360	
2	银行存款	126 000		416 400	284 960	257 440	
3	应收账款	40 000		79 100	106 500	12 600	
4	原材料	44 000		100 000	130 000	14 000	
5	生产成本	6 000		201 000	200 500	6 500	

续表 11-68

序号	会计科目	期初余额 借方	期初余额 贷方	本期发生额 借方	本期发生额 贷方	期末余额 借方	期末余额 贷方
6	制造费用			32 000	32 000		
7	预付账款	1 000		3 600	1 660	2 940	
8	库存商品	10 000		200 500	177 500	33 000	
9	固定资产	180 000		0	0	180 000	
10	累计折旧		30 000	0	8 000		38 000
11	短期借款		40 000	40 000	50 000		50 000
12	其他应付款		10 000	0	4 000		14 000
13	应付职工薪酬		5 000	60 000	68 400		13 400
14	应交税费		22 000	69 000	73 980		26 980
15	实收资本		200 000	0	0		200 000
16	盈余公积		11 000	0	7 102		18 102
17	本年利润		60 000	236 540	300 000		123 460
18	利润分配		30 000	7 102	0		22 898
19	主营业务收入			300 000	300 000		
20	主营业务成本			177 500	177 500		
21	销售费用			1 500	1 500		
22	管理费用			22 560	22 560		
23	所得税费用			34 980	34 980		
	合计	408 000	408 000	2 041 782	2 041 782	506 840	506 840

表 11-69 资产负债表

编制单位:飞翔公司　　　　　20×9年6月　　　　　单位:元

资产	期初数	期末数	负债及所有者权益	期初数	期末数
流动资产:			流动负债:		
货币资金		257 800	短期借款		50 000
交易性金融资产		—	应付职工薪酬		13 400
应收账款		12 600	应交税费		26 980
预付款项		2 940	其他应付款		14 000
存货		53 500	流动负债合计		104 380
流动资产合计		326 840	非流动负债:		
非流动资产:			负债合计		104 380
固定资产原值		180 000	所有者权益:		
累计折旧		38 000	实收资本		200 000
固定资产净值		142 000	盈余公积		18 102
无形资产		—	本年利润		123 460
非流动资产合计		142 000	利润分配		22 898
			所有者权益合计		364 460
资产合计		468 840	负债及所有者权益合计		468 840

表 11-70 利润表

编表单位:飞翔公司　　　　　　20×9年6月　　　　　　　　　　　　单位:元

项目	上年数	本年数
一、营业收入		300 000
减:营业成本		177 500
税金及附加		—
管理费用		22 560
财务费用		—
销售费用		1 500
加:投资收益		—
二、营业利润		98 440
加:营业外收入		—
减:营业外支出		—
三、利润总额		98 440
减:所得税费用		34 980
四、净利润		63 460

第三节　汇总记账凭证账务处理程序

一、汇总记账凭证账务处理程序的特点和核算要求

汇总记账凭证账务处理程序是从前述记账凭证账务处理程序发展、演变而来的。这种核算形式的特点与前述记账凭证账务处理程序的区别主要是在总分类账的登记上。在记账凭证账务处理程序下,总分类账是根据记账凭证逐笔登记的。在汇总记账凭证账务处理程序下,总分类账不是直接根据记账凭证逐笔登记的,而是先将记账凭证定期加以汇总,再将总数记入总分类账。

在这种账务处理程序下,除设置收款凭证、付款凭证和转账凭证外,还需设置汇总收款凭证、汇总付款凭证和汇总转账凭证。账簿的设置与记账凭证账务处理程序的基本相同。由于汇总记账凭证清晰地反映了账户的对应关系,所以总分类账也采用有对方账户名称的三栏式账页。

二、汇总记账凭证的编制及登记总分类账的方法

(一)汇总收款凭证的编制

汇总收款凭证是根据收款凭证汇总编制的,它是按"库存现金"或"银行存款"科目的借

方分别设置,并根据一定时期内的全部收款凭证按贷方科目加以归类汇总,定期(5 天或 10 天,一般不超过 10 天)汇总填列一次,每月编制一张。月终时,结算出汇总收款凭证的合计数,以便于登记总分类账。汇总收款凭证的编制方法如表 11-71 所示。

表 11-71 汇总收款凭证

借方科目:银行存款　　　　　　　　　　20×9 年 6 月　　　　　　　　　　　第　号

贷方科目	发生额				总账页数	
	1—10 日	11—20 日	21—30 日	合计	借方	贷方
主营业务收入	230 000			230 000		
应交税费	29 900			29 900		
应收账款		106 500		106 500		
短期借款		50 000		50 000		
合计	259 900	156 500		416 400		

(二) 汇总付款凭证的编制

汇总付款凭证是根据付款凭证汇总编制的,它是按"库存现金"或"银行存款"科目的贷方分别设置,并根据一定时期内的全部付款凭证按借方科目加以归类汇总,定期(5 天或 10 天,一般不超过 10 天)汇总填列一次,每月编制一张。月终时,结算出汇总付款凭证的合计数,以便于登记总分类账。汇总付款凭证的编制方法如表 11-72 所示。

表 11-72 汇总付款凭证

贷方科目:银行存款　　　　　　　　　　20×9 年 6 月　　　　　　　　　　　第　号

借方科目	发生额				总账页数	
	1—10 日	11—20 日	21—30 日	合计	借方	贷方
原材料	100 000			100 000		
应交税费	13 000			13 000		
库存现金		60 000		60 000		
生产成本		8 000		8 000		
制造费用		500		500		
管理费用		2 560		2 560		
销售费用			1 300	1 300		
预付账款			3 600	3 600		
短期借款			40 000	40 000		
应交税费			56 000	56 000		
合计	113 000	71 060	100 900	284 960		

(三) 汇总转账凭证的编制

汇总转账凭证是根据转账凭证汇总编制的。在编制汇总转账凭证时,从理论上说既可以按借方科目设置,也可以按贷方科目设置。但习惯上,为了避免漏汇和重汇,汇总转账凭证一般都按每一贷方科目分别设置,并按借方科目(对应账户)归类汇总,定期(5天或10天,一般不超过10天)汇总填列一次,每月编制一张。月终时,结算出汇总转账凭证的合计数,分别记入总分类账应贷账户的贷方以及各个应借账户的借方。综上所述,为了避免在汇总时重复和漏掉,所有转账凭证的填制应该是一个贷方科目同一个或几个借方科目相对应,不能以一个借方科目同几个贷方相对应。如果月份内对应关系相同的转账凭证不多,也可不填制汇总转账凭证,直接根据转账凭证逐笔记入总分类账即可。

注意,汇总转账凭证如果是按贷方账户设置的,则在平时编制转账凭证时只能一贷多借,不能一借多贷。如果发生一借多贷的经济业务,在编制转账凭证时可以分拆为几张,并注明为同一经济业务。

汇总转账凭证的编制方法如表11-73所示。

表11-73 汇总转账凭证

贷方科目:原材料　　　　　　　　20×9年6月　　　　　　　　第　　号

借方科目	发生额				总账页数	
	1—10日	11—20日	21—30日	合计	借方	贷方
生产成本	104 000			104 000		
制造费用	17 000			17 000		
管理费用	9 000			9 000		
合计	130 000			130 000		

(四)总分类账的登记方法

如前所述,汇总记账凭证反映了账户之间的对应关系,在设计总分类账的格式时也应该同这一特点相适应,即为了使总分类账的内容与各种汇总记账凭证的内容相一致,总分类账应采用借、贷栏内设有对方科目专栏的三栏式账页,以便于清晰地反映科目之间的对应关系。

总分类账的登记方法如下:

(1)月末,根据汇总收款凭证的合计数记入总分类账"库存现金"或"银行存款"账户的借方,根据各贷方科目的合计数记入有关账户的贷方。

(2)月末,根据汇总付款凭证的合计数记入总分类账"库存现金"或"银行存款"账户的贷方,根据各借方科目的合计数记入有关账户的借方。

(3)月末,根据汇总转账凭证的合计数记入总分类账户的贷方,根据各借方科目的合计数记入有关账户的借方。

三、汇总记账凭证账务处理程序的核算步骤和适用范围

在汇总记账凭证账务处理程序下,编制会计凭证、登记账簿和编制会计报表的步骤如下:

(1) 根据原始凭证或原始凭证汇总表编制收款凭证、付款凭证和转账凭证。

(2) 根据收款凭证、付款凭证逐日逐笔登记库存现金日记账和银行存款日记账。

(3) 根据原始凭证或原始凭证汇总表、收款凭证、付款凭证和转账凭证逐笔登记各种明细分类账。

(4) 根据收款凭证、付款凭证和转账凭证定期编制汇总收款凭证、汇总付款凭证和汇总转账凭证。

(5) 月末,根据汇总收款凭证、汇总付款凭证和汇总转账凭证登记总分类账。

(6) 月末,库存现金日记账和银行存款日记账的发生额和余额以及各种明细分类账的发生额和余额的合计数分别与相应的总分类账的发生额和余额核对相符。

(7) 月末,根据总分类账和各种明细分类账的有关资料编制会计报表。

汇总记账凭证账务处理程序如图11-2所示。

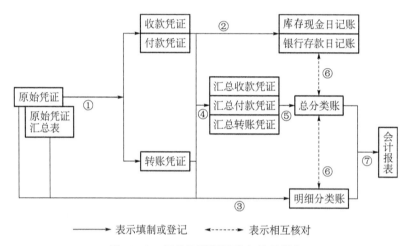

图11-2 汇总记账凭证账务处理程序

从上述程序可以看出,汇总记账凭证账务处理程序的优点是:由于汇总记账凭证是根据一定时期内的全部记账凭证,按照科目的对应关系进行归类、汇总编制的,便于通过有关科目之间的对应关系了解经济业务的来龙去脉,便于经常检查经济业务的发生情况,有利于提供准确的会计信息,克服了记账凭证账务处理程序的缺点;同时,根据汇总记账凭证登记总分类账于月终时一次进行,大量减轻了总分类账的登记工作,简化了核算手续,克服了记账凭证账务处理程序的缺点。

汇总记账凭证账务处理程序的缺点是:在经营规模较小、经济业务不多的单位,同一贷方科目的转账凭证一般为数不多,如果采用这种账务处理程序,也需要编制汇总记账凭证,这不仅没有减少登记总分类账的工作,反而增加了凭证的汇总手续。

因此,汇总记账凭证账务处理程序的优缺点决定了该种账务处理程序只适用于规模较大、业务较多的企业。

第四节 科目汇总表账务处理程序

一、科目汇总表账务处理程序的特点和核算要求

科目汇总表账务处理程序的特点是：根据记账凭证编制科目汇总表，并据以登记总分类账。同前述的记账凭证账务处理程序一样，它同样需要设置日记账、总分类账和明细分类账。所不同的是，科目汇总表账务处理程序除了必须设置收款凭证、付款凭证和转账凭证外，还要求设置科目汇总表。由于科目汇总表不反映科目之间的对应关系，因而总分类账可采用三栏式账页，栏内不再设置对方科目。

二、科目汇总表的编制及登记总分类账的方法

（一）科目汇总表的编制

科目汇总表的编制方法是：根据一定时期内所有记账凭证（包括收款凭证、付款凭证和转账凭证），按照相同的会计科目进行归类，定期（5天或10天，一般不超过10天）汇总出每一个会计科目的借方发生额合计数和贷方发生额合计数，并填入科目汇总表的有关栏内。对于"库存现金"和"银行存款"科目的借方本期发生额和贷方本期发生额，可以直接根据现金日记账和银行存款日记账的收入、支出合计数填列，而不必根据收款凭证和付款凭证汇总填列，以简化核算手续。

科目汇总表汇总的时间应根据业务量的多少而定，业务较多的单位可以每日汇总，业务较少的单位可以定期汇总，但一般不能超过10天，以便及时了解总分类账户各科目在月份内经济业务的发生情况。科目汇总表可以每汇总一次就编制一张，也可以定期汇总，每月编制一张。科目汇总表的一般格式如表11-74、表11-75和表11-76所示，表中数据系根据本章第二节中的案例资料填写。

表11-74 科目汇总表

20×9年6月1日至10日　　　　　　　　　　　　　编号：01

账户	总账页数	本期发生额	
		借方	贷方
银行存款		259 900	113 000
原材料		100 000	130 000
生产成本		104 000	
制造费用		17 000	
应交税费		13 000	29 900
管理费用		9 000	
主营业务收入			230 000
合计		502 900	502 900

表11-75 科目汇总表

20×9年6月11日至20日　　　　　　　　　　　　　　　　　　　　　　　编号:02

账户	总账页数	本期发生额	
		借方	贷方
库存现金		60 000	60 200
银行存款			71 060
应收账款		79 100	
生产成本		65 000	
制造费用		5 060	
应付职工薪酬		60 000	68 400
应交税费			9 100
管理费用		9 400	
销售费用		200	
主营业务收入			70 000
合计		278 760	278 760

表11-76 科目汇总表

20×9年6月21日至30日　　　　　　　　　　　　　　　　　　　　　　　编号:03

账户	总账页数	本期发生额	
		借方	贷方
库存现金			440
银行存款		156 500	100 900
应收账款			106 500
生产成本		32 000	200 500
制造费用		9 940	32 000
库存商品		200 500	177 500
预付账款		3 600	1 660
累计折旧			8 000
短期借款		40 000	50 000
应交税费		56 000	34 980
其他应付款			4 000
管理费用		4 160	22 560
销售费用		1 300	1 500
所得税费用		34 980	34 980
本年利润		236 540	300 000
利润分配		7 102	
盈余公积			7 102
主营业务收入		300 000	
主营业务成本		177 500	177 500
合计		1 260 122	1 260 122

（二）科目汇总表登记总账方法

如前所述,科目汇总表反映了一定期间所有记账凭证涉及的会计科目的借方和贷方发生额,总分类账一般采用借、贷、余三栏式,登记日期依据科目汇总表编制时间而定,汇总编制科目汇总表后即可根据科目汇总表登记一次总分类账。

三、科目汇总表账务处理程序的核算步骤和适用范围

在科目汇总表账务处理程序下,编制会计凭证、登记账簿和编制会计报表的步骤如下：

（1）根据原始凭证或原始凭证汇总表编制收款凭证、付款凭证和转账凭证。

（2）根据收款凭证、付款凭证逐日逐笔登记库存现金日记账和银行存款日记账。

（3）根据原始凭证或原始凭证汇总表、收款凭证、付款凭证和转账凭证逐笔登记各种明细分类账。

（4）根据收款凭证、付款凭证和转账凭证定期编制科目汇总表。

（5）根据科目汇总表登记总分类账。

（6）月末,库存现金日记账和银行存款日记账的发生额和余额以及各种明细分类账的发生额和余额的合计数分别与相应的总分类账的发生额和余额核对相符。

（7）月末,根据总分类账和有关明细分类账的相关资料编制会计报表。

科目汇总表账务处理程序如图 11-3 所示。

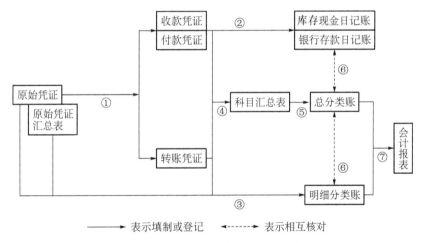

———▶ 表示填制或登记　　◀----▶ 表示相互核对

图 11-3　科目汇总表账务处理程序

从上述程序可以看出,科目汇总表账务处理程序的优点是：与记账凭证账务处理程序相比,大大减少了登记总账的工作量,并可以起到对本期各账户发生额进行试算平衡的作用。

科目汇总表账务处理程序的缺点是：科目汇总表不能反映会计科目之间的对应关系,不便于根据账簿记录了解经济业务的来龙去脉,不便于检查核对账目。

因此,科目汇总表账务处理程序的优缺点决定了该种账务处理程序一般适用于经济业

务发生频繁、业务量较多的大企业。

第五节　多栏式日记账账务处理程序

一、多栏式日记账账务处理程序的特点和核算要求

多栏式日记账账务处理程序的特点,是利用多栏式库存现金日记账和多栏式银行存款日记账中设置的各个专栏,将各个对应账户的发生额加以汇总,然后据以登记总分类账,以简化收款、付款凭证的登账工作。对于转账业务,则要根据业务量的大小,根据转账凭证逐笔登记总分类账,或者根据转账凭证编制转账凭证科目汇总表或汇总转账凭证,据以登记总分类账。这种账务处理程序由于根据多栏式日记账登记总账,因而得名。

在这种账务处理程序下,应该设置的凭证种类和账簿格式,除库存现金日记账和银行存款日记账是多栏式外,其他类别和前面几种账务处理程序的基本相同。

多栏式日记账一般应设置库存现金收入日记账、库存现金支出日记账、银行存款收入日记账和银行存款支出日记账这4本日记账。如果需要设置专栏的对应账户不多,也可以只设库存现金支出日记账和银行存款支出日记账两本日记账,以简化账簿登记。

二、多栏式日记账和总分类账的登记方法

（一）多栏式日记账的登记方法

在多栏式日记账账务处理程序下,库存现金日记账、银行存款日记账的收入部分(或单独设置的收入日记账)按对应的贷方账户设置专栏;支出部分(或单独设置的支出日记账)按对应的借方账户设置专栏,根据收款、付款记账凭证逐日逐笔登记,并在各有关栏目登记对方科目的每一笔发生额,月终时即可根据这些日记账的本月收、支发生额合计数,登入总分类账"库存现金""银行存款"账户的借方和贷方,并计算出各对应账户的借、贷发生额合计数,作为登记各总分类账的依据。对于现金和银行存款之间相互划转的业务,由于已分别包括在库存现金日记账和银行存款日记账的收入部分和支出合计数内,所以无须再根据对应账户的专栏登记总分类账。

一般来讲,与"库存现金""银行存款"账户发生对应关系的账户很多,但也有些经济业务并不经常发生。例如,"银行存款"账户与"实收资本"账户不经常发生对应关系,因此对于这些账户也可不设置单独的专栏,而是将其合并为一栏,在月终时另行汇总或逐笔过入总账。

因此,在多栏式日记账账务处理程序下,库存现金日记账、银行存款日记账具有收款、付款凭证、科目汇总表和汇总收款、付款记账凭证的作用。

多栏式日记账的格式如表11-77、表11-78和表11-79所示。

表 11-77 库存现金收入日记账

20×9年		凭证号数	摘要	贷方账户			支出	余额
月	日			银行存款	其他应收款	收入合计		
6	1		月初余额					1 000

表 11-78 库存现金支出日记账

20×9年		凭证号数	摘要	借方账户				支出合计
月	日			应付职工薪酬	制造费用	管理费用	其他应收款	

表 11-79 银行存款日记账

20×9年		凭证号数	摘要	收入				支出				余额
月	日			预收账款	短期借款	主营业务收入	合计	管理费用	制造费用	预付账款	合计	

(二) 总分类账的登记方法

在多栏式日记账账务处理程序下,由于库存现金日记账和银行存款日记账都按对应账户设置专栏,所以在登记总分类账时,可以直接根据日记账的本月收、付发生额和各对应账户的发生额登记。登记时,根据库存现金日记账、银行存款日记账收入栏的本月合计数登记"库存现金"和"银行存款"账户的借方,根据各专栏中的对应科目的本月发生额合计数登记有关账户的贷方;根据现金日记账和银行存款日记账支出栏的本月合计数登记"库存现金"和"银行存款"账户的贷方,根据各对应科目的本月发生额合计数登记有关账户的借方。"库存现金"和"银行存款"科目之间的收、付金额因已分别包括在它们的日记账的收入和支出合计数的本月发生额之内,所以不必再根据有关对应账户专栏的合计数登记总分类账,以免重复。

三、多栏式日记账账务处理程序的核算步骤和适用范围

在多栏式日记账账务处理程序下,编制会计凭证、登记账簿和编制会计报表的步骤如下:

(1) 根据原始凭证或原始凭证汇总表编制收款凭证、付款凭证和转账凭证。

(2) 根据收款凭证、付款凭证逐日逐笔登记多栏式库存现金日记账和银行存款日记账。

(3) 根据原始凭证、原始凭证汇总表或记账凭证登记各种明细分类账。

(4) 根据各转账凭证定期或于月终编制汇总转账凭证或转账凭证汇总表。

(5) 月终,根据多栏式日记账、转账凭证汇总表或汇总转账凭证登记总分类账。

(6) 月终,根据对账要求,将各明细分类账和总分类账相核对。

(7) 月终,根据总分类账和各种明细分类账的有关资料编制会计报表。

多栏式日记账账务处理程序如图 11-4 所示。

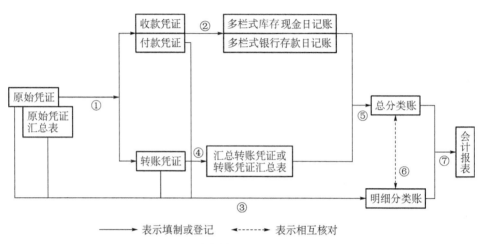

图 11-4　多栏式日记账账务处理程序

多栏式日记账账务处理程序是在前面几种账务处理程序的基础上简化而来的。在汇总记账凭证和科目汇总表账务处理程序下,日记账的登记和汇总记账凭证或科目汇总表的编制存在重复工作。如果采用多栏式日记账账务处理程序,由于多栏式库存现金日记账和银行存款日记账同时具有日记账和汇总收付款凭证及科目汇总表的作用,对于收付业务就可以直接根据日记账登记总分类账,不用再编制汇总收款、付款凭证或收款、付款汇总表,这样就大大地简化了会计核算工作。

但是,由于日记账设置了专栏用来反映对方科目,会导致专栏栏次过多、账页庞大,不便于记账,也不利于分工协作。同时由于根据日记账登记总账,使日记账与总账的核对关系不复存在,不利于建立会计的内部牵制制度。

所以,多栏式日记账账务处理程序一般适用于经济业务较多,特别是货币资金收付较多,但是涉及的会计科目较少的企业。

【巩固和实践】

思考题

1. 建立合理的账务处理程序有什么意义?其要求是什么?

2. 我国主要的账务处理程序有哪几种?

第十一章 账务处理程序

3. 什么是记账凭证账务处理程序？其优缺点和适用范围如何？
4. 什么是汇总记账凭证账务处理程序？其优缺点和适用范围如何？
5. 什么是科目汇总表账务处理程序？其优缺点和适用范围如何？
6. 不同的账务处理程序的主要区别是什么？

习题一

1. 目的：练习记账凭证账务处理程序。
2. 资料：某企业 20×9 年 3 月初有关账户余额如下表所示。

账户名称	借方余额	账户名称	贷方余额
库存现金	5 000	短期借款	90 000
银行存款	800 000	应付账款	100 000
应收账款	40 000	应付职工薪酬	20 000
原材料	109 000	其他应付款	6 000
其他应收款	500	应交税费	20 000
库存商品	39 000	实收资本	4 582 500
预付账款	5 000	盈余公积	90 000
固定资产	5 000 000	利润分配	140 000
生产成本	50 000	累计折旧	1 000 000
合计	6 048 500	合计	6 048 500

20×9 年 3 月份发生的经济业务如下：

(1) 2 日，王勇某出差预借差旅费 1 000 元，以现金支付。

(2) 5 日，以银行存款偿还货款 100 000 元。

(3) 6 日，购进材料 4 000 千克，材料已验收入库，货款 200 000 元，增值税 26 000 元，已用银行存款付清。

(4) 6 日，结转上项材料实际采购成本。

(5) 7 日，职工陆某出差回来报销差旅费 800 元，余款 700 元交回。

(6) 9 日，收到外单位所欠货款 20 000 元。

(7) 9 日，以银行存款购买管理部门的办公用品 700 元。

(8) 10 日，销售产品取得货款 100 000 元，增值税 13 000 元，通过银行收到款项。

(9) 11 日，仓库发出材料，生产产品耗用 40 000 元，车间管理耗用 3 000 元，行政管理部门耗用 900 元。

(10) 12 日，开出转账支票 57 000 元，发放工资。

(11) 13 日，出纳拿着 10 000 元现金支票去银行提取现金备用。

(12) 20 日，以银行存款预付下季度财产保险费 7 500 元。

(13) 31 日，结转本月工资 57 000 元，其中生产工人工资 40 000 元，车间管理人员工资 10 000 元，行政管理人员工资 7 000 元。

(14) 31日,按工资总额的14%计提职工福利费并以银行存款支付了这笔福利费。

(15) 31日,计提本月固定资产折旧费10 000元,其中生产用固定资产折旧7 000元,行政管理用固定资产折旧3 000元。

(16) 31日,计提借款利息2 000元。

(17) 31日,结转本月制造费用。

(18) 31日,结转已完工产品的生产成本77 000元。

(19) 31日,结转已售产品的生产成本60 000元。

(20) 31日,结转本月各损益类账户。

(21) 31日,按25%的税率计算本月应交所得税。

(22) 31日,将所得税费用转入利润账户。

(23) 31日,按税后利润的10%提取法定盈余公积金,然后按5%的比例提取任意盈余公积。

3. 要求:设置有关总分类账、库存现金日记账和银行存款日记账;编制收款、付款和转账凭证,并据以登记总分类账;编制试算平衡表,并根据总分类账资料编制月末资产负债表和本月利润表。

习题二

1. 目的:练习汇总记账凭证账务处理程序。
2. 资料:习题一的资料。
3. 要求:编制汇总记账凭证并据以登记总分类账。

习题三

1. 目的:练习科目汇总表账务处理程序。
2. 资料:习题一的资料。
3. 要求:编制科目汇总表并据以登记总分类账。

第十二章 会计工作组织

会计工作组织是为了进行会计管理活动所要采取的各种组织措施,主要包括会计机构的设置、会计人员的配备、会计制度的制定与执行等项工作。

科学地组织会计工作,对于充分发挥会计的作用具有重要的意义。科学地组织会计工作,可以提高会计工作的质量和效率,使严密细致的会计工作按照事先规定的手续和处理程序有条不紊地进行,防止错漏;科学地组织会计工作,可以使会计工作同其他经济管理工作更好地分工协作,相互配合,共同完成管好经济的任务;科学地组织会计工作,可以促使会计单位内部各部门更好地履行自己的经济责任,管好和用好资金,厉行节约,增产增收,提高经济管理水平。

正确地组织会计工作,要遵循以下几项原则:遵守国家对会计工作的统一规定,保证能够提供国家为加强国民经济宏观调控所需要的重要指标;适应本单位经营管理的特点,使会计真正成为企业经济管理工作的一个组成部分;符合精简节约的原则,既要把工作做好,又要少耗人力、物力、财力。

第一节 会计规范

一、会计规范的含义

会计规范是管理会计活动,规范会计行为的法律、法令、条例、规章、制度和道德守则等的总和。它是以一定的会计理论为基础,根据国家的有关方针、政策,对会计工作所作出的一系列约束,是会计行为的标准和评价会计工作质量的客观依据。

二、会计规范的主要内容

会计规范已经成为会计工作顺利进行和健康发展的有力保障,是社会主义市场经济发展的重要保证。在我国,企业会计核算和会计监督必须强制性地接受两个层次的法规和制度的制约与控制,即国家的会计法规体系和企业自行制定的企业会计制度。对于前者,我国会计法规建设目前基本上已经形成了以《中华人民共和国会计法》为中心、国家统一的会计制度为基础的相对比较完整的法规体系;对于后者,则需要企业根据国家会计法规的规定,结合本单位具体情况予以制定,确保国家会计法规在基层单位得到贯彻落实。

(一)《中华人民共和国会计法》

《中华人民共和国会计法》(以下简称《会计法》)是我国会计工作的母法,是国家机关、社会团体、公司、企业、事业单位和其他组织在处理会计事项时必须遵守的法律。《会计法》是会计制度的最高表现形式,它就我国会计核算的主要方面作出了规定,涉及我国会计核算的所有领域,是制定包括企业会计核算法规在内的所有会计法规的基本依据。

1985年1月21日《会计法》在第六届全国人民代表大会常务委员会第九次会议通过,1999年10月31日由第九届全国人民代表大会常务委员会第十二次会议审议通过了第二次修订草案,2017年11月4日第十二届全国人民代表大会常务委员会第三十次会议通过了第三次修订草案,也就是现行的《会计法》,并于2017年11月5日正式施行。全文共有七章五十二条,包括:总则,会计核算,公司、企业会计核算的特别规定,会计监督,会计机构和会计人员,法律责任,附则。

2017年新修订的《会计法》与原来的《会计法》相比,在若干条款上进行了修订,分别是:

(1) 将第三十二条第一款第四项修改为:从事会计工作的人员是否具备专业能力、遵守职业道德。

(2) 将第三十八条修改为:会计人员应当具备从事会计工作所需要的专业能力。担任单位会计机构负责人(会计主管人员)的,应当具备会计师以上专业技术职务资格或者从事会计工作三年以上经历。本法所称会计人员的范围由国务院财政部门规定。

(3) 将第四十条第一款中的"不得取得或者重新取得会计从业资格证书"修改为"不得再从事会计工作",并删去第二款。

(4) 将第四十二条第三款修改为:会计人员有第一款所列行为之一,情节严重的,五年内不得从事会计工作。

(5) 将第四十三条第二款、第四十四条第二款中的"对其中的会计人员,并由县级以上人民政府财政部门吊销会计从业资格证书"修改为"其中的会计人员,五年内不得从事会计工作"。

(二) 会计准则

《会计法》第八条规定:"国家实行统一的会计制度。"《会计法》中所讲的"统一的会计制度"包含两方面的内容:一是会计准则;二是会计制度。

会计准则包括适用于企业的企业会计准则和适用于企业之外的其他单位的非企业会计准则,后者主要包括《事业单位会计准则》。

现行的企业会计准则包括适用于小企业的《小企业会计准则》和适用于小企业之外的其他企业的《企业会计准则》,其中《企业会计准则》又包括基本准则、具体准则和应用指南。

基本准则是制定会计核算制度的依据,也是制定具体准则的依据。基本准则规定了会计核算的一般原则、会计要素、各主要项目的核算原则以及财务会计报告的基本要求。基本准则发布于1992年11月30日,于1993年7月1日起在全国所有企业施行。2006年2月15日,财政部第33号令颁布了《企业会计准则——基本准则》,自2007年1月1日起正式实施,2014年7月23日财政部决定进行修订。当然,随着经济环境的变化和会计核算要求的提高,基本准则所规定的内容也会随之进一步修订。

具体准则是有关企业会计核算的具体要求,是根据基本准则制定的。按规范对象的不同,具体准则大体上可以分为三类:一是有关共同业务的具体准则,如收入、存货、投资等;二是有关特别行业基本业务的具体准则,如银行基本准则、农业基本准则、保险基本准则等;三是有关披露的具体准则,如现金流量表、关联方关系及其交易、资产负债表日后事项等。

(三) 会计制度

会计制度包括适用于企业的企业会计制度和适用于企业之外的其他单位的非企业会计制度,后者主要包括《事业单位会计制度》。国家统一的会计监督制度主要包括《会计法》和根据《会计法》制定的《会计基础工作规范》。国家统一的会计机构和会计人员制度主要包括《会计人员继续教育暂行规定》。国家统一的会计管理制度主要包括《会计档案管理办法》和《企业会计信息化工作规范》。

第二节 会计机构的设置

会计机构是各单位进行会计管理工作的职能机构。根据单位的管理要求设置会计机构,配备一定数量具有从业资格的会计人员是各单位进行会计管理工作的前提条件,也是各单位充分发挥会计职能作用的重要保证。

一、设置独立的会计机构

为了科学、合理地组织和开展会计工作,保证本单位会计管理工作的正常进行,各单位原则上应当设置独立的会计机构。实行企业化管理的事业单位,大、中型企业(包括集团公司、股份有限公司、有限责任公司等),业务较多的行政单位、社会团体和其他组织都应设置独立的会计机构,配备一定数量的会计人员。

(一) 独立设置会计机构应当遵循的原则

设置独立的会计机构时,一般应遵循以下原则:会计机构的设置要与各单位的规模和管理要求相适应;会计机构设置应符合精简、高效率的原则;会计机构的设置应注意专业分工原则,每一项分工都要有明确的职责,以利于充分发挥专业特长,提高工作质量;会计机构的设置应当符合内部控制原则,防止出现差错和舞弊。

(二) 会计机构内部组织方式设计

以企业为例,会计机构内部组织方式一般的情况是:企业内部各职能部门如工业企业的车间、商业企业的柜组等,根据业务需要,可以设置专职或兼职的核算人员;二级单位规模较大的,也可设置专门的财务会计机构。按此要求,会计工作的组织形式视企业的具体情况不同有集中核算和非集中核算两种情况。

采用集中核算组织形式时,经济业务的明细核算、总分类核算、会计报表编制和各有关项目的考核分析等会计工作集中由企业总部会计机构进行;其他职能部门、车间、仓库的会计机构或会计人员只负责登记原始记录和填制原始凭证,经初步整理,为企业总部会计机构的进一步核算提供资料。

采用非集中核算组织形式,就是把某些业务的凭证整理、明细核算、有关会计报表,特别是适应企业内部单位日常管理需要的内部报表的编制和分析分散到直接从事该项业务的车间、部门进行,如材料的明细核算由供应部门及其所属的仓库进行,但总分类核算、企业会计报表的编制和分析仍由企业总部会计机构集中进行,总部会计机构还应对企业内部各单位的会计机构进行业务上的指导和监督。

在实际工作中,有的企业往往对某些会计业务采用集中核算,而对另一些业务又采用非集中核算。但无论采用哪种形式,企业对外的现金往来、物资购销、债权债务的结算都应由企业总部会计机构集中办理。

企业与下属单位之间的会计核算组织形式也可采用集中核算与非集中核算两种组织形式。如果下属单位是独立核算单位,该企业采用的就是非集中核算组织形式;如果下属单位是非独立核算单位(也称为报账制单位),该企业采用的就是集中核算组织形式。

二、不设置独立的会计机构,在有关机构中设置会计人员

根据《会计法》的规定,不具备单独设置会计机构条件的单位,应当在有关机构中设置会计人员,并且指定会计主管人员。这是提高工作效率、明确岗位责任的内在要求,目的是强化会计责任制度,防止出现会计工作无人负责的局面。

三、会计委派制

会计委派制是由政府部门直接向独立核算的会计单位委派会计机构负责人或财务总监,为被委派单位提供会计业务服务并代表所有者对经营者进行监督的制度。其实质是对会计人员管理体制的一种改革,即把现行的会计"单位所有制"改为"国家委派制",以防止国有资产严重流失。

四、代理记账

《会计法》第三十六条第一款规定,不具备设置会计机构和会计人员条件的,"应当委托经批准设立从事会计代理记账业务的中介机构代理记账"。相应地,在《会计基础工作规范》第八条也规定了,没有设置会计机构和配备会计人员的单位,应当根据《代理记账管理暂行办法》委托会计师事务所或者持有代理记账许可证书的其他代理记账机构进行代理记账。从事代理记账业务的中介机构是我国近年来发展起来的新的社会性服务机构。财政部于1994年6月23日发布了《代理记账管理暂行办法》,作为《会计法》的配套规章,对代理记账

机构设置的条件、代理记账的业务范围、代理记账机构与委托人的关系、代理记账人员应遵循的道德规范等作了具体的规定。

第三节　会计岗位设置与会计人员配备

一、会计人员从业能力的基本要求

《会计法》第三十八条规定："会计人员应当具备从事会计工作所需要的专业能力。担任单位会计机构负责人（会计主管人员）的，应当具备会计师以上专业技术职务资格或者从事会计工作三年以上经历。"

二、会计专业技术职务

（一）会计专业技术职务的种类

会计专业技术职务是区分会计人员从事业务工作的技术等级。会计专业技术职务分为正高级会计师、高级会计师、会计师、助理会计师、会计员。正高级会计师和高级会计师为高级职务，会计师为中级职务，助理会计师和会计员为初级职务。

（二）会计专业技术职务的基本职责

1. 会计员

负责具体审核和办理财务收支，编制记账凭证，登记会计账簿，编制会计报表和办理其他会计事务。

2. 助理会计师

负责草拟一般的财务会计制度、规定、办法；解释、解答财务会计法规、制度中的一般规定；分析检查某一方面或某些项目的财务收支和预算的执行情况。

3. 会计师

负责草拟比较重要的财务会计制度、规定、办法；解释、解答财务会计法规、制度中的重要问题；分析检查财务收支和预算的执行情况；培养初级会计人才。

4. 高级会计师

负责草拟和解释、解答在一个地区、一个部门、一个系统或在全国施行的财务会计法规、制度、办法；组织和指导一个地区、一个部门或一个系统的经济核算和财务会计工作；培养中级以上会计人才。

5. 正高级会计师

正高级会计师相当于正高级工程师、研究员级高工、教授级高工，与高级会计师同为高级职称级别，财政部仅在部分经济发达省份试点，将逐步推广，以充分尊重和体现长期从事财会工作,具有相当于研究员的研究能力、取得重大研究成果和成就,具有相当于教授的学术教研水平、培养高级会计人才、取得重大教学理论成果,具有正高级工程师的实务经验和业绩、为财务会计管理和实务作出突出贡献的高级会计师人才。

(三)会计专业技术职务的取得

考核和确认会计人员的专业知识和业务技能,从目前来讲,主要是通过设置会计专业技术职务和会计专业技术资格考试来进行。会计专业技术资格考试是一种通过考试确认担任会计专业职务任职资格的制度。1992年以前,我国对会计专业技术职务一直采用的是评审制度。1992年3月,财政部、劳动人事部制定发布了《会计专业技术资格考试暂行规定》和《〈会计专业技术资格考试暂行规定〉实施办法》,规定会计专业技术资格实行全国统一考试,不再进行相应会计专业职务的评审工作,并对考试的种类、科目设置、报考要求等作出了具体规定。2000年1月,财政部、劳动人事部修订印发的《会计专业技术资格考试暂行规定》和《〈会计专业技术资格考试暂行规定〉实施办法》,规定通过全国统一考试,取得会计专业技术资格的会计人员,表明其已具备担任相应级别会计专业技术职务的任职资格。用人单位可根据工作需要和德才兼备的原则,从获得会计专业技术资格的会计人员中择优聘任。

三、会计岗位的设置及分工

会计工作岗位的设置,就是在会计机构内部按照会计工作的内容、会计内部控制的要求和提高会计工作效率的原则进行合理的分工,使每项工作都有专人负责,每位会计人员都明确自己的岗位职责。

(一)会计工作岗位的设置

为了科学地组织会计工作,应当建立、健全会计部门内部的岗位责任制,将会计部门的工作分为若干岗位,并且为每个岗位规定相应的职责和要求。《会计基础工作规范》第十一条规定,各单位应当根据会计业务需要设置会计工作岗位。会计工作岗位一般可分为:会计机构负责人或者会计主管人员,出纳,财产物资核算,工资核算,成本费用核算,财务成果核算,资金核算,往来结算,总账报表,稽核,档案管理等。开展会计电算化和管理会计的单位,可以根据需要设置相应工作岗位,也可以与其他工作岗位相结合。

(二)会计工作岗位的分工

《会计基础工作规范》第十二条和第十三条规定,会计工作岗位可以一人一岗、一人多岗或者一岗多人,但出纳人员不得兼管稽核、会计档案保管以及收入、费用和债权债务账目的登记工作。会计人员的工作岗位应当有计划地进行轮换。

(三)会计机构内部稽核制度和内部牵制制度

1. 内部稽核制度

稽核是稽查和复核的简称。内部稽核制度是内部控制制度的重要组成部分。会计稽核是会计机构本身对于会计核算工作进行的一种自我检查或审核工作。建立会计机构内部稽核制度,其目的在于防止会计核算工作上的差错和有关人员的舞弊。通过稽核,可对日常会计核算工作中出现的疏忽、错误等及时加以纠正或者制止,以提高会计核算工作的质量。会计稽核是会计工作的重要内容,也是规范会计行为、提高会计资料质量的重要保证。因此,各单位应该建立、健全内部稽核制度。

2. 内部牵制制度

按照内部牵制原则,会计工作岗位设置中不相容的业务不得由同一会计人员执行,这又可表述为钱、账、物的分管制度。这是保护企业和行政事业单位财产安全、会计人员顺利工作的必要措施。内部牵制制度是凡是涉及款项和财物的收付、结算及登记的任何一项工作,必须由两人或两人以上分工办理,以起到相互制约作用的一种工作制度。

四、会计人员职业道德

按照《会计基础工作规范》的规定,会计人员职业道德内容主要包括以下几方面:

1. 敬业爱岗

会计人员应当热爱本职工作,努力钻研业务,使自己的知识和技能适应所从事工作的要求。

2. 熟悉法规

会计人员应当熟悉财经法律、法规和国家统一会计制度,并结合会计工作进行广泛宣传。

3. 依法办事

会计人员应当按照会计法律、法规、规章所规定的程序和要求进行会计工作,保证所提供的会计信息合法、真实、准确、及时、完整。

4. 客观公正

会计人员办理会计事务应当实事求是、客观公正。

5. 搞好服务

会计人员应当熟悉本单位的生产经营和业务管理情况,运用掌握的会计信息和会计方法,为改善单位内部管理、提高经济效益服务。

6. 保守秘密

会计人员应当保守本单位的商业秘密,除法律规定和单位领导人同意外,不能私自向外界提供或者泄露单位的会计信息。

同时要求,财政部门、业务主管部门和各单位应当定期检查会计人员遵守职业道德的情况,并作为会计人员晋升、晋级、聘任专业职务、表彰奖励的重要考核依据;会计人员违反职业道德的,由所在单位进行处罚。

第四节 会计档案管理

一、会计档案管理的重要意义

会计档案指会计凭证、会计账簿和财务报告等会计核算专业材料,是记录和反映单位经济业务的重要史料和证据,具体包括:会计凭证、会计账簿、财务报告、其他应当保存的会计核算专业资料,包括通过计算机等电子设备形成、传输和存储的电子会计档案。会计档案是各项经济活动的历史记录,它既是企业总结经验、进行决策的重要依据,也是企业检查各种责任事故的重要证据。认真保管会计档案,无论对加强和改善企业经营管理,还是对查验经济财务问题,防止贪污舞弊都具有十分重要的意义。

二、会计档案的管理

各单位每年形成的会计档案应当由会计机构按照归档要求,负责整理立卷,装订成册,编制会计档案保管清册。当年形成的会计档案,在会计年度终了后,可暂由会计机构保管一年,期满之后,应当由会计机构编制移交清册,移交本单位档案机构统一保管;未设立档案机构的,应当在会计机构内部指定专人保管。出纳人员不得兼管会计档案。移交本单位档案机构保管的会计档案,原则上应当保持原卷册的封装;个别需要拆封重新整理的,档案机构应当会同会计机构和经办人员共同拆封整理,以分清责任。

各单位保存的会计档案不得借出。如有特殊需要,经本单位负责人批准,可以提供查阅或者复制,并办理登记手续。查阅或者复制会计档案的人员,严禁在会计档案上涂画、拆封和抽换。各单位应当建立、健全会计档案查阅、复制登记制度。

会计档案的保管期限分为永久、定期两类,定期保管期限又可分为 10 年和 30 年两类。会计档案的保管期限(见表 12-1)从会计年度终了后的第一天算起。

保管期满的会计档案可以按照以下程序销毁:① 由本单位档案机构会同会计机构提出销毁意见,编制会计档案销毁清册,列明销毁会计档案的名称、卷号、册数、起止年度和档案编号、应保管期限、已保管期限、销毁时间等内容。② 单位负责人在会计档案销毁清册上签署意见。③ 销毁会计档案时,应当由档案机构和会计机构共同派员监销。国家机关销毁会计档案时,应当由同级财政部门、审计部门派员参加监销;财政部门销毁会计档案时,应当由同级审计部门派员参加监销。④ 监销人在销毁会计档案前,应当按照会计档案销毁清册所列内容清点核对所要销毁的会计档案;销毁后,应当在会计档案销毁清册上签名盖章,并将监销情况报告本单位负责人。电子会计档案的销毁还应当符合国家有关电子档案的规定,并由单位档案管理机构、会计管理机构和信息系统管理机构共同派员监销。

撤销、合并的单位,会计人员要会同有关人员编制财产、资金、债权、债务移交清册,办理交接手续。

表12-1 企业和其他组织会计档案保管期限表

序号	档案名称	保管期限	备注
一	会计凭证类		
1	原始凭证	30年	
2	记账凭证	30年	
二	会计账簿类		
3	总账	30年	包括日记总账
4	明细账	30年	
5	日记账	30年	
6	固定资产卡片		固定资产报废清理后保管5年
7	辅助账簿	30年	
三	财务报告类		包括各级主管部门汇总财务报告
8	月度、季度、半年度财务报告	10年	包括文字分析
9	年度财务报告（决算）	永久	包括文字分析
四	其他类		
10	银行余额调节表	10年	
11	银行对账单	10年	
12	纳税申报表	10年	
13	会计档案移交清册	30年	
14	会计档案保管清册	永久	
15	会计档案销毁清册	永久	
16	会计档案鉴定意见书	永久	

【巩固和实践】

思考题

1. 为什么要正确地组织会计工作？正确地组织会计工作应当遵循哪些原则？
2. 试说明独立核算和非独立核算的区别。
3. 试比较集中核算和非集中核算的优缺点。
4. 什么叫会计制度？试说明会计制度与会计法和会计准则的关系。
5. 为什么要建立会计档案？怎样建立会计档案？

附录　中华人民共和国会计法

（1985年1月21日第六届全国人民代表大会常务委员会第九次会议通过,根据1993年12月29日第八届全国人民代表大会常务委员会第五次会议《关于修改〈中华人民共和国会计法〉的决定》第一次修正。1999年10月31日第九届全国人民代表大会常务委员会第十二次会议修订。根据2017年11月4日第十二届全国人民代表大会常务委员会第三十次会议《关于修改〈中华人民共和国会计法〉等十一部法律的决定》第二次修正。）

第一章　总　　则

第一条　为了规范会计行为,保证会计资料真实、完整,加强经济管理和财务管理,提高经济效益,维护社会主义市场经济秩序,制定本法。

第二条　国家机关、社会团体、公司、企业、事业单位和其他组织（以下统称单位）必须依照本法办理会计事务。

第三条　各单位必须依法设置会计账簿,并保证其真实、完整。

第四条　单位负责人对本单位的会计工作和会计资料的真实性、完整性负责。

第五条　会计机构、会计人员依照本法规定进行会计核算,实行会计监督。

任何单位或者个人不得以任何方式授意、指使、强令会计机构、会计人员伪造、变造会计凭证、会计账簿和其他会计资料,提供虚假财务会计报告。

任何单位或者个人不得对依法履行职责、抵制违反本法规定行为的会计人员实行打击报复。

第六条　对认真执行本法,忠于职守,坚持原则,做出显著成绩的会计人员,给予精神的或者物质的奖励。

第七条　国务院财政部门主管全国的会计工作。

县级以上地方各级人民政府财政部门管理本行政区域内的会计工作。

第八条　国家实行统一的会计制度。国家统一的会计制度由国务院财政部门根据本法制定并公布。

国务院有关部门可以依照本法和国家统一的会计制度制定对会计核算和会计监督有特殊要求的行业实施国家统一的会计制度的具体办法或者补充规定,报国务院财政部门审核批准。

中国人民解放军总后勤部可以依照本法和国家统一的会计制度制定军队实施国家统一的会计制度的具体办法,报国务院财政部门备案。

第二章 会计核算

第九条 各单位必须根据实际发生的经济业务事项进行会计核算,填制会计凭证,登记会计账簿,编制财务会计报告。

任何单位不得以虚假的经济业务事项或者资料进行会计核算。

第十条 下列经济业务事项,应当办理会计手续,进行会计核算:

(一)款项和有价证券的收付;

(二)财物的收发、增减和使用;

(三)债权债务的发生和结算;

(四)资本、基金的增减;

(五)收入、支出、费用、成本的计算;

(六)财务成果的计算和处理;

(七)需要办理会计手续、进行会计核算的其他事项。

第十一条 会计年度自公历1月1日起至12月31日止。

第十二条 会计核算以人民币为记账本位币。

业务收支以人民币以外的货币为主的单位,可以选定其中一种货币作为记账本位币,但是编报的财务会计报告应当折算为人民币。

第十三条 会计凭证、会计账簿、财务会计报告和其他会计资料,必须符合国家统一的会计制度的规定。

使用电子计算机进行会计核算的,其软件及其生成的会计凭证、会计账簿、财务会计报告和其他会计资料,也必须符合国家统一的会计制度的规定。

任何单位和个人不得伪造、变造会计凭证、会计账簿及其他会计资料,不得提供虚假的财务会计报告。

第十四条 会计凭证包括原始凭证和记账凭证。

办理本法第十条所列的经济业务事项,必须填制或者取得原始凭证并及时送交会计机构。

会计机构、会计人员必须按照国家统一的会计制度的规定对原始凭证进行审核,对不真实、不合法的原始凭证有权不予接受,并向单位负责人报告;对记载不准确、不完整的原始凭证予以退回,并要求按照国家统一的会计制度的规定更正、补充。

原始凭证记载的各项内容均不得涂改;原始凭证有错误的,应当由出具单位重开或者更正,更正处应当加盖出具单位印章。原始凭证金额有错误的,应当由出具单位重开,不得在原始凭证上更正。

记账凭证应当根据经过审核的原始凭证及有关资料编制。

第十五条 会计账簿登记,必须以经过审核的会计凭证为依据,并符合有关法律、行政法规和国家统一的会计制度的规定。会计账簿包括总账、明细账、日记账和其他辅助性账簿。

会计账簿应当按照连续编号的页码顺序登记。会计账簿记录发生错误或者隔页、缺号、跳行的,应当按照国家统一的会计制度规定的方法更正,并由会计人员和会计机构负责人(会计主管人员)在更正处盖章。

使用电子计算机进行会计核算的,其会计账簿的登记、更正,应当符合国家统一的会计制度的规定。

第十六条 各单位发生的各项经济业务事项应当在依法设置的会计账簿上统一登记、核算,不得违反本法和国家统一的会计制度的规定私设会计账簿登记、核算。

第十七条 各单位应当定期将会计账簿记录与实物、款项及有关资料相互核对,保证会计账簿记录与实物及款项的实有数额相符、会计账簿记录与会计凭证的有关内容相符、会计账簿之间相对应的记录相符、会计账簿记录与会计报表的有关内容相符。

第十八条 各单位采用的会计处理方法,前后各期应当一致,不得随意变更;确有必要变更的,应当按照国家统一的会计制度的规定变更,并将变更的原因、情况及影响在财务会计报告中说明。

第十九条 单位提供的担保、未决诉讼等或有事项,应当按照国家统一的会计制度的规定,在财务会计报告中予以说明。

第二十条 财务会计报告应当根据经过审核的会计账簿记录和有关资料编制,并符合本法和国家统一的会计制度关于财务会计报告的编制要求、提供对象和提供期限的规定;其他法律、行政法规另有规定的,从其规定。

财务会计报告由会计报表、会计报表附注和财务情况说明书组成。向不同的会计资料使用者提供的财务会计报告,其编制依据应当一致。有关法律、行政法规规定会计报表、会计报表附注和财务情况说明书须经注册会计师审计的,注册会计师及其所在的会计师事务所出具的审计报告应当随同财务会计报告一并提供。

第二十一条 财务会计报告应当由单位负责人和主管会计工作的负责人、会计机构负责人(会计主管人员)签名并盖章;设置总会计师的单位,还须由总会计师签名并盖章。

单位负责人应当保证财务会计报告真实、完整。

第二十二条 会计记录的文字应当使用中文。在民族自治地方,会计记录可以同时使用当地通用的一种民族文字。在中华人民共和国境内的外商投资企业、外国企业和其他外国组织的会计记录可以同时使用一种外国文字。

第二十三条 各单位对会计凭证、会计账簿、财务会计报告和其他会计资料应当建立档案,妥善保管。会计档案的保管期限和销毁办法,由国务院财政部会同有关部门制定。

第三章 公司、企业会计核算的特别规定

第二十四条 公司、企业进行会计核算,除应当遵守本法第二章的规定外,还应当遵守本章规定。

第二十五条 公司、企业必须根据实际发生的经济业务事项,按照国家统一的会计制度的规定确认、计量和记录资产、负债、所有者权益、收入、费用、成本和利润。

第二十六条 公司、企业进行会计核算不得有下列行为:

(一)随意改变资产、负债、所有者权益的确认标准或者计量方法,虚列、多列、不列或者少列资产、负债、所有者权益;

(二)虚列或者隐瞒收入,推迟或者提前确认收入;

(三)随意改变费用、成本的确认标准或者计量方法,虚列、多列、不列或者少列费用、成本;

(四)随意调整利润的计算、分配方法,编造虚假利润或者隐瞒利润;

(五)违反国家统一的会计制度规定的其他行为。

第四章 会 计 监 督

第二十七条 各单位应当建立、健全本单位内部会计监督制度。单位内部会计监督制度应当符合下列要求:

(一)记账人员与经济业务事项和会计事项的审批人员、经办人员、财物保管人员的职责权限应当明确,并相互分离、相互制约;

(二)重大对外投资、资产处置、资金调度和其他重要经济业务事项的决策和执行的相互监督、相互制约程序应当明确;

(三)财产清查的范围、期限和组织程序应当明确;

(四)对会计资料定期进行内部审计的办法和程序应当明确。

第二十八条 单位负责人应当保证会计机构、会计人员依法履行职责,不得授意、指使、强令会计机构、会计人员违法办理会计事项。

会计机构、会计人员对违反本法和国家统一的会计制度规定的会计事项,有权拒绝办理或者按照职权予以纠正。

第二十九条 会计机构、会计人员发现会计账簿记录与实物、款项及有关资料不相符的,按照国家统一的会计制度的规定有权自行处理的,应当及时处理;无权处理的,应当立即向单位负责人报告,请求查明原因,作出处理。

第三十条 任何单位和个人对违反本法和国家统一的会计制度规定的行为,有权检举。收到检举的部门有权处理的,应当依法按照职责分工及时处理;无权处理的,应当及时移送有权处理的部门处理。收到检举的部门、负责处理的部门应当为检举人保密,不得将检举人姓名和检举材料转给被检举单位和被检举人个人。

第三十一条 有关法律、行政法规规定,须经注册会计师进行审计的单位,应当向受委托的会计师事务所如实提供会计凭证、会计账簿、财务会计报告和其他会计资料以及有关情况。

任何单位或者个人不得以任何方式要求或者示意注册会计师及其所在的会计师事务所

出具不实或者不当的审计报告。

财政部门有权对会计师事务所出具审计报告的程序和内容进行监督。

第三十二条 财政部门对各单位的下列情况实施监督：

（一）是否依法设置会计账簿；

（二）会计凭证、会计账簿、财务会计报告和其他会计资料是否真实、完整；

（三）会计核算是否符合本法和国家统一的会计制度的规定；

（四）从事会计工作的人员是否具备专业能力、遵守职业道德。

在对前款第（二）项所列事项实施监督，发现重大违法嫌疑时，国务院财政部门及其派出机构可以向与被监督单位有经济业务往来的单位和被监督单位开立账户的金融机构查询有关情况，有关单位和金融机构应当给予支持。

第三十三条 财政、审计、税务、人民银行、证券监管、保险监管等部门应当依照有关法律、行政法规规定的职责，对有关单位的会计资料实施监督检查。

前款所列监督检查部门对有关单位的会计资料依法实施监督检查后，应当出具检查结论。有关监督检查部门已经作出的检查结论能够满足其他监督检查部门履行本部门职责需要的，其他监督检查部门应当加以利用，避免重复查账。

第三十四条 依法对有关单位的会计资料实施监督检查的部门及其工作人员对在监督检查中知悉的国家秘密和商业秘密负有保密义务。

第三十五条 各单位必须依照有关法律、行政法规的规定，接受有关监督检查部门依法实施的监督检查，如实提供会计凭证、会计账簿、财务会计报告和其他会计资料以及有关情况，不得拒绝、隐匿、谎报。

第五章　会计机构和会计人员

第三十六条 各单位应当根据会计业务的需要，设置会计机构，或者在有关机构中设置会计人员并指定会计主管人员；不具备设置条件的，应当委托经批准设立从事会计代理记账业务的中介机构代理记账。

国有的和国有资产占控股地位或者主导地位的大、中型企业必须设置总会计师。总会计师的任职资格、任免程序、职责权限由国务院规定。

第三十七条 会计机构内部应当建立稽核制度。

出纳人员不得兼任稽核、会计档案保管和收入、支出、费用、债权债务账目的登记工作。

第三十八条 会计人员应当具备从事会计工作所需要的专业能力。

担任单位会计机构负责人（会计主管人员）的，应当具备会计师以上专业技术职务资格或者从事会计工作三年以上经历。

本法所称会计人员的范围由国务院财政部门规定。

第三十九条 会计人员应当遵守职业道德，提高业务素质。对会计人员的教育和培训工作应当加强。

第四十条 因有提供虚假财务会计报告,做假账,隐匿或者故意销毁会计凭证、会计账簿、财务会计报告,贪污,挪用公款,职务侵占等与会计职务的有关违法行为被依法追究刑事责任的人员,不得再从事会计工作。

第四十一条 会计人员调动工作或者离职,必须与接管人员办清交接手续。

一般会计人员办理交接手续,由会计机构负责人(会计主管人员)监交;会计机构负责人(会计主管人员)办理交接手续,由单位负责人监交,必要时主管单位可以派人会同监交。

第六章　法　律　责　任

第四十二条 违反本法规定,有下列行为之一的,由县级以上人民政府财政部门责令限期改正,可以对单位并处三千元以上五万元以下的罚款;对其直接负责的主管人员和其他直接责任人员,可以处二千元以上二万元以下的罚款;属于国家工作人员的,还应当由其所在单位或者有关单位依法给予行政处分:

(一) 不依法设置会计账簿的;
(二) 私设会计账簿的;
(三) 未按照规定填制、取得原始凭证或者填制、取得的原始凭证不符合规定的;
(四) 以未经审核的会计凭证为依据登记会计账簿或者登记会计账簿不符合规定的;
(五) 随意变更会计处理方法的;
(六) 向不同的会计资料使用者提供的财务会计报告编制依据不一致的;
(七) 未按照规定使用会计记录文字或者记账本位币的;
(八) 未按照规定保管会计资料,致使会计资料毁损、灭失的;
(九) 未按照规定建立并实施单位内部会计监督制度或者拒绝依法实施的监督或者不如实提供有关会计资料及有关情况的;
(十) 任用会计人员不符合本法规定的。

有前款所列行为之一,构成犯罪的,依法追究刑事责任。

会计人员有第一款所列行为之一,情节严重的,五年内不得从事会计工作。

有关法律对第一款所列行为的处罚另有规定的,依照有关法律的规定办理。

第四十三条 伪造、变造会计凭证、会计账簿,编制虚假财务会计报告,构成犯罪的,依法追究刑事责任。

有前款行为,尚不构成犯罪的,由县级以上人民政府财政部门予以通报,可以对单位并处五千元以上十万元以下的罚款;对其直接负责的主管人员和其他直接责任人员,可以处三千元以上五万元以下的罚款;属于国家工作人员的,还应当由其所在单位或者有关单位依法给予撤职直至开除的行政处分;其中的会计人员,五年内不得从事会计工作。

第四十四条 隐匿或者故意销毁依法应当保存的会计凭证、会计账簿、财务会计报告,构成犯罪的,依法追究刑事责任。

有前款行为,尚不构成犯罪的,由县级以上人民政府财政部门予以通报,可以对单位并处五千元以上十万元以下的罚款;对其直接负责的主管人员和其他直接责任人员,可以处三千元以上五万元以下的罚款;属于国家工作人员的,还应当由其所在单位或者有关单位依法给予撤职直至开除的行政处分;其中的会计人员,五年内不得从事会计工作。

第四十五条 授意、指使、强令会计机构、会计人员及其他人员伪造、变造会计凭证、会计账簿,编制虚假财务会计报告或者隐匿、故意销毁依法应当保存的会计凭证、会计账簿、财务会计报告,构成犯罪的,依法追究刑事责任;尚不构成犯罪的,可以处五千元以上五万元以下的罚款;属于国家工作人员的,还应当由其所在单位或者有关单位依法给予降级、撤职、开除的行政处分。

第四十六条 单位负责人对依法履行职责、抵制违反本法规定行为的会计人员以降级、撤职、调离工作岗位、解聘或者开除等方式实行打击报复,构成犯罪的,依法追究刑事责任;尚不构成犯罪的,由其所在单位或者有关单位依法给予行政处分。对受打击报复的会计人员,应当恢复其名誉和原有职务、级别。

第四十七条 财政部门及有关行政部门的工作人员在实施监督管理中滥用职权、玩忽职守、徇私舞弊或者泄露国家秘密、商业秘密,构成犯罪的,依法追究刑事责任;尚不构成犯罪的,依法给予行政处分。

第四十八条 违反本法第三十条规定,将检举人姓名和检举材料转给被检举单位和被检举人个人的,由所在单位或者有关单位依法给予行政处分。

第四十九条 违反本法规定,同时违反其他法律规定的,由有关部门在各自职权范围内依法进行处罚。

第七章 附 则

第五十条 本法下列用语的含义:

单位负责人,是指单位法定代表人或者法律、行政法规规定代表单位行使职权的主要负责人。

国家统一的会计制度,是指国务院财政部门根据本法制定的关于会计核算、会计监督、会计机构和会计人员以及会计工作管理的制度。

第五十一条 个体工商户会计管理的具体办法,由国务院财政部门根据本法的原则另行规定。

第五十二条 本法自2000年7月1日起施行。

发布日期:2017年11月29日

参考文献

[1] 全国人大常委会办公厅. 中华人民共和国会计法(2017年最新修订)[M]. 北京:中国法制出版社,2017.

[2] 中华人民共和国财政部. 企业会计准则(合订本)[M]. 北京:经济科学出版社,2019.

[3] 陆萍,王妹. 会计学基础[M]. 北京:科学技术文献出版社,2008.

[4] 陈国辉,迟旭升. 基础会计[M]. 6版. 大连:东北财经大学出版社,2018.

[5] 师萍. 基础会计学[M]. 广州:华南理工大学出版社,2019.

[6] 赵捷,曾晓霞. 基础会计[M]. 上海:上海交通大学出版社,2018.

[7] 竟玉梅,李俊伟,崔奇. 基础会计[M]. 上海:上海财经大学出版社,2018.

[8] 李贞. 基础会计[M]. 武汉:武汉大学出版社,2017.

[9] 刘永泽,陈立军. 中级财务会计[M]. 6版. 大连:东北财经大学出版社,2018.